U1010134

扬雄研究丛书

王勇 编著

百年扬雄研究

文献综录语言学卷

巴蜀书社

图书在版编目（CIP）数据

百年扬雄研究文献综录·语言学卷 / 王勇编著. —成都：巴蜀书社，2021.12
ISBN 978-7-5531-1589-4

Ⅰ. ①百… Ⅱ. ①王… Ⅲ. ①扬雄（前53—18）—学术研究—文集②语言学—研究—中国—西汉时代—文集
Ⅳ. ①B234.995-53②H1-53

中国版本图书馆CIP数据核字（2021）第248738号

BAINIAN YANGXIONG YANJIU WENXIAN ZONGLU YUYANXUEJUAN
百年扬雄研究文献综录·语言学卷
王　勇　编著

策划组稿　施　维
责任编辑　沈泽如
封面设计　周　明
出　　版　巴蜀书社
　　　　　成都市锦江区三色路238号新华之星A座36层　邮编610023
　　　　　总编室电话：(028)86361843
网　　址　www.bsbook.com
发　　行　巴蜀书社
　　　　　发行科电话：(028)86361856
经　　销　新华书店
照　　排　四川胜翔数码印务设计有限公司
印　　刷　成都蜀通印务有限责任公司
　　　　　电话：(028) 64715762
版　　次　2022年5月第1版
印　　次　2022年5月第1次印刷
成品尺寸　152mm×215mm
印　　张　17.75
字　　数　350千
书　　号　ISBN 978-7-5531-1589-4
定　　价　39.00元

本书若有印装质量问题，请与工厂调换

前　言

扬雄是汉代最著名的学者之一，在哲学、语言学、历史学、文学创作和文学理论方面皆取得很大成就，当时就有学者推崇其为“西道孔子”①，“能入圣道，卓绝于众，汉兴以来，未有此人也”②。扬雄生平、著述皆记载于《汉书》，尤其是《扬雄传》，因其采扬雄自序所作，成为扬雄研究最为可靠的材料。

一

关于扬雄的姓氏是“杨”还是“扬”，《汉书·扬雄传》有专门的记载说明：“以支庶初食采于晋之杨，因氏焉。”不过后来有了变化，“雄亡（无）它杨于蜀”③，说与蜀中杨姓不同，因其高祖杨季避仇至郫，“始改从木之杨为从手之扬”④。

---

① 桓谭：《新论·启寤》，严可均《全上古三代秦汉三国六朝文》，中华书局，1985年，第544页。

② 桓谭：《新论·闵友》，严可均《全上古三代秦汉三国六朝文》，中华书局，1985年，第551页。

③ 王先谦：《汉书补注》，中华书局，1983年，第1485页、第1486页。

④ 徐复观：《两汉思想史》（二），华东师范大学出版社，2001年，第276页。

又如《太玄》的写作年代，有学者认为："他在反对丁、傅、董贤专权的时候，已经开始《太玄》的写作……因此也可以推知《太玄》的完成，是在王莽篡位之后。"① 有学者表达不同意见："可以确定扬雄作《太玄》的时间，是在元延四年到绥和二年的三年中间。"② 又有人认为"《太玄》的写作年当在公元前6年到公元前1年这5年之间"③。其实《扬雄传》有比较明确的记载："由是言之，赋劝而不止，明矣。又颇似俳优淳于髡、优孟之徒，非法度所存贤人君子诗赋之正也，于是辍不复为……故有《首》《衡》《错》《测》《摛》《莹》《数》《文》《捝》《图》《告》十一篇，皆以解剥玄体，离散其文，章句尚不存焉。"④ 本传还提到一个明确的时间："哀帝时，丁（明）、傅（晏）、董贤用事，诸附离之者或起家至二千石，时雄方草《太玄》。"⑤ 当时有人质疑《太玄》，扬雄写《解嘲》说"作《太玄》五千文，支叶扶疏，独说十余万言"⑥。从元延四年（前9）"辍不复为"赋"大潭思浑天"开始，到"丁、傅、董贤用事"的元寿元年（前2）完成定稿十一篇，又解说"十余万言"。这可以解释刘向所言十二篇只是初稿，从而证明"丁、傅、董贤用事"，"雄方草《玄》"，并不是才开始写作，也不是已经完成，而是正在写作之中。

扬雄的著作中也有不见于《扬雄传》和《汉书》的，例如《方言》的著作权宋代以来一直有争论。当代著名语言学家罗常培先生"相信应劭的话"，肯定《方言》是扬雄的著作；他的学生周

---

① 吴则虞：《扬雄思想平议》，《哲学研究》1957年6期，第125—126页。
② 束景南：《〈太玄〉创作年代考》，《历史研究》1981年5期，第143页、第146页。
③ 王青：《扬雄评传》，南京大学出版社，2000年，第124页。
④ 王先谦：《汉书补注》，中华书局，1983年，第1509页。
⑤ 同上书，第1505页。
⑥ 同上。

祖谟却说："《方言》是不是杨著不容易断定。"（《〈方言〉校笺自序》）

二

有人评价扬雄的著作善于摹拟。《汉书·扬雄传》："意欲求文章成名于后世，以为经莫大于《易》，故作《太玄》；传莫大于《论语》，作《法言》；史篇莫善于《苍颉》，作《训纂》；箴莫善于《虞箴》，作《州箴》；赋莫深于《离骚》，反而广之；辞莫丽于相如，作四赋。皆斟酌其本，相与放依而驰骋云。"① 这不是扬雄的自序，而是班固的评述。该怎样判断这个评价呢？我们只能拿扬雄的作品来检验。首先，班固说他"放依"《易》而作《太玄》，扬雄则说其是具有开创性的著述："或曰：'述而不作，《玄》何以作？'曰：'其事则述，其书则作'。"② 班固还解释《太玄》与《易》的不同："观《易》者见其卦而名之，观《玄》者数其画而定之。《玄》首四重者非其卦也，数也。"③ 我们看《易》以—、— —两爻作为基本符号，以两爻不同组合的三画构成八卦，重合六爻构成不同的六十四个卦象，每卦又由阴阳两爻的不同次序位置构成三百八十四爻。《太玄》则是以 —、— —、— — —为三种基本符号，以三种符号不同组合的四画构成一首，共八十一首。每首九条赞辞，共七百二十九赞。首四重即四画，表征方、州、部、家，所谓三方、九州、二十七部、八十一家，皆以三进制方式推

---

① 王先谦：《汉书补注》，中华书局，1983 年，第 1512 页。
② 汪荣宝：《法言义疏》，陈仲夫点校，中华书局，1987 年，第 164 页。
③ 王先谦：《汉书补注》，中华书局，1983 年，第 1509 页。

演。所谓“一以三生。以三起者，方州部家也。”① 其次，“《易》有太极，是生两仪”“有天地然后万物生焉”。《太玄》则是以“玄”为世界万物生成的本源，所谓“玄者，幽摛万类而不见形者也”“万物资形”“夫玄也者，天道也，地道也，人道也，兼三道而天名之”。② 再次，就思想体系看，有学者这样概括：“扬雄另创一套符号数式”，“将儒、道、律、易、历组成一个大系统”③。《太玄》中有《易》的思想及传统，但却不能因此认定《太玄》就是对《易》的模仿。

关于赋的创作，扬雄确实说过：“蜀有司马相如作赋甚弘丽、温雅，雄心壮之。每作赋常拟之以为式。”④ 但是，从扬雄早年所作的四大赋开始，可以看到其题材、结构体式、风格特点与司马相如之赋多有不同，学界中有不少论说，兹不赘述。此外，扬雄的作品还具有“纪实”的特点，反映出汉赋由凭虚向征实的风格转向。四篇大赋都有明确的时间记载。《甘泉赋》“惟汉十世将郊上玄，定泰畤”⑤，《河东赋》则载“伊年暮春，将瘗后土”⑥，《羽猎赋》纪为“于是玄冬季月，天地隆烈，万物权舆于内，徂落于外，帝将惟田于灵之囿”⑦，《长杨赋》借子墨客卿之口道出：“今年猎长杨。”⑧ 而且四大赋所述事件，都有《汉书》记载的史实印证。《汉书·成帝纪》载：“（元延）二年春正月，行幸甘泉，郊泰

---

① 郑万耕：《太玄校释》，中华书局，2014 年，第 349 页。
② 同上书，第 255 页，第 1 页，第 349 页。
③ 徐复观：《两汉思想史》（二），华东师范大学出版社，2001 年，第 305 页。
④ 王先谦：《汉书补注》，中华书局，1983 年，第 1486 页。
⑤ 同上书，第 1489 页。
⑥ 同上书，第 1494 页。
⑦ 同上书，第 1497 页。
⑧ 同上书，第 1502 页。

時。三月，行幸河东，祠后土。”“冬，行幸长杨宫，从胡客大校猎。”① 这里的“二年春正月，行幸甘泉”，三月“祠后土”，与《甘泉赋》《河东赋》叙述完全一致，也可在《汉书·扬雄传》自序中得到佐证。只有“行幸长杨宫，从胡客大校猎”的记载与《羽猎赋》不一致，学术界中早有论辨，多认为《成帝纪》有误。《资治通鉴》载校猎事于元延三年：“上将大夸胡人以多禽兽”②，胡三省《考异》辨：“按《扬雄传》：祀甘泉、河东之岁，十二月，羽猎，雄上《校猎赋》；明年，从至射熊馆还，上《长杨赋》，然则从胡客校猎当在今年；《纪》因去年冬有羽猎事，致此误耳。”③由于扬雄作品的纪实性特点，连《反离骚》这样的作品都有时间记述：“汉十世之阳朔兮，招摇纪于周正”④，更不用说《蜀都赋》。《蜀都赋》载述蜀地历史、地理、物产、习俗，多以稽之方志、图籍。扬雄“贵事实，贱虚辞”，主张“君子事之为尚”⑤，“务其事而不务其辞，多其意而不多其文”⑥。这些是司马相如赋中看不到的。

他因重视、强调辞赋的讽喻功能，故批评司马相如“文丽用寡”。可是有人却认为：“在赋中讽谏的意义，子云实不如相如。”“他在《自序》中对自己的赋所作的政治性的解释，乃是事后为自己装点门面的解释。”“子云作赋，已不关时代的风气，也不关政

① 王先谦：《汉书补注》，中华书局，1983年，第134页。
② 司马光：《资治通鉴》，中华书局，1956年，第1038页。
③ 同上书，第1039页。
④ 王先谦：《汉书补注》，中华书局，1983年，第1487页。
⑤ 汪荣宝：《法言义疏》，中华书局，1987年，第60页。
⑥ 郑万耕：《太玄校释》，中华书局，2014年，第275页。

治的出身。”① 而我们读扬雄《甘泉赋》《长杨赋》，看到的是对汉成帝时期重大的社会现实问题的关注。《甘泉赋》讽刺汉成帝在甘泉宫祭祀泰一的奢靡以及宠幸赵飞燕以求继嗣的荒谬。赋借用神话描述：“想西王母欣然而上寿兮，屏玉女而却虙妃。玉女无所眺其清卢兮，虙妃曾不得施其蛾眉。”② 扬雄《自序》直言意图：“故雄聊盛言车骑之众，参丽之驾，非所以感动天地，逆釐三神。又言屏玉女，却虙妃，以微戒齐肃之事。”③ 而《长杨赋》则是因为汉成帝“将大夸胡人以多禽兽”，命令民众“入南山，西自褒斜，东至弘农，南驱汉中”④，大规模捕捉禽兽至射熊馆供胡人捕猎，造成“农民不得收敛”，影响了农民的生产活动，完全不符合圣主养民的仁义之道。扬雄赋“藉翰林以为主人，子墨为客卿以风”⑤，批评十分尖锐激烈：“此天下之穷览极观也，虽然，亦颇扰于农民。三旬有余，其廑至矣，而功不图。恐不识者，外之则以为娱乐之游，内之则不以为乾豆之事，岂为民乎哉！”⑥ 这几乎是对“大夸胡人以多禽兽”的全面否定。这些是赋中的描写，而非后来的序。可知扬雄重视发挥辞赋讽谏的社会功能，正是他与司马相如的区别之一。

扬雄著述具有创新性有深刻的思想原因，不能只看到他宗经、征圣的主张，还要看到主张的变化发展：“或曰：‘经可损益与?’曰：‘《易》始八卦，而文王六十四，其益可知也。《诗》《书》

---

① 徐复观：《两汉思想史》(二)，华东师范大学出版社，2001年，第290页，285页，287页。

② 王先谦：《汉书补注》，中华书局，1983年，第1493页。

③ 同上书，第1494页。

④ 同上书，第1502页。

⑤ 同上。

⑥ 同上。

《礼》《春秋》，或因或作，而成于仲尼，其益可知也。故夫道非天然，应时而造者，损益可知也。’”① 经典在“损益”中形成，事物在因循中变化发展。扬雄说这就是生成之道：“夫道有因有循，有革有化。因而循之，与道神之。革而化之，与时宜之。”“夫物不因不生，不革不成。故知因而不知革，物失其则；知革而不知因，物失其均。”②

所以，对班固《汉书·扬雄传》的赞语，我们不应简单理解“放依”二字。在那个时代，著述传承经典是极高的评价。班固对扬雄极其推崇，《汉书·艺文志》在《七略》的基础上增入刘向、杜林、扬雄三家，且扬雄一人就增入三种著作：小学入扬雄《苍颉训纂》一篇，儒家“入扬雄一家十八篇”，诗赋“入扬雄八篇”。就连班氏父子评述司马迁《史记》，都能看到《法言》的话头：“或问‘太史迁’，曰：‘实录’。”因此，与其将班固所谓“放依”理解为仿照、模仿，不如理解为班固对扬雄学说的发扬、赓续经典的推崇。

三

2017 年，扬雄被确定为四川省首批历史文化名人、在此背景下，四川省哲学社会科学重点研究基地扬雄研究中心成立。狮子山上的学者不曾想过，他们对扬雄的关注迎来了新时代的机遇。在中华人民共和国成立以前，老一辈学者已有不少研究成果，如汤炳正《扬雄年谱》（1936），杜道生《方言用古地名说》（1944），

① 汪荣宝：《法言义疏》，陈仲夫点校，中华书局，1987 年，第 144 页。
② 郑万耕：《太玄校释》，中华书局，2014 年，第 276 页。

刘君惠《方言疏证续补》（1945）。后来，刘君惠、李恕豪、杨钢、华学诚出版了专著《扬雄〈方言〉研究》（1992），李恕豪有《扬雄〈方言〉与方言地理学研究》（2003），哲学方面有黄开国《扬雄思想研究》（1989），文学领域有扬雄辞赋、文学思想以及巴蜀文化研究论著，还包括多篇研究生的学位论文。

对于扬雄的评论、研究已有近两千年的历史，只是近百年才开始分学科专业系统地研究，无论是在研究领域，还是在学术问题、研究方法上，都涌现了大批富于创见的学术成果。因为扬雄的著作涉及了哲学、历史学、语言学、文学等多门学科，所以单一的学科领域难以展现其知识构成、寻绎其学说之间的相互关系。比如，扬雄不复作赋，"大潭思浑天"而作《太玄》，是否辞赋不能产生的社会作用，《太玄》就能产生呢？扬雄宣称作《太玄》态度"自守，泊如也"，而学者解读《太玄》文字，或讽刺王莽，或影射成帝、哀帝等现实政治。那么应该怎样解释他自称的"自守，泊如也"的态度与文中实际表现的对现实现政治的关注之间的巨大差异，从而确定《太玄》的学术性质？扬雄《自序》称"不为章句"，而言《太玄》"章句尚不存焉"。古人有称"《玄》中之文虽有章句，其旨深妙，尚不能尽存"①。章句关涉扬雄学风，这又该如何判断？这些都是摆在我们面前的重要问题。因而推进综合研究，成为新时代扬雄研究的重大课题。而现今尚无一部系统整理扬雄全部著作的文献，更不用说扬雄研究的文献集成。

千里之行，始于足下。我们编撰《百年扬雄研究文献综录》丛书，就是这个课题的先期调查。丛书分为哲学卷、语言学卷、文学卷、文艺美学卷，另设海外扬雄研究卷。根据学科特点，各

---

① 王先谦：《汉书补注》，中华书局，1983年，第1509页。

卷分别设置研究综述，疏理百年来本学科研究的基本面貌，突出学术论题、研究方法、研究领域的开拓与创新，揭示研究的不同阶段的特点和发展趋势。论著提要选择百年来最为重要的学术专著，介绍作者生平、学术背景、研究领域，突出著作的学术价值和贡献。论著选登选录具有代表性的学术论著，直接呈现他们独特的学术观点、研究方法、领域视野。论著目录，按时间先后载录这一时期的专著、论文等文献材料。或许只有像这样有了实在的根据，我们的研究才能找到前进的方向。

当然，由于我们的学识水平有限，书中尚存许多不足，还请业界学者批评指正。

熊良智
2019 年 11 月

目　录

20 世纪以来扬雄语言学研究综述

扬雄（前 53—18），字子云，西汉末年蜀郡成都人，《汉书》有传。成帝时任给事黄门郎，王莽时升为大夫，曾校书天禄阁。早年好辞赋，作品有《长扬赋》《甘泉赋》《羽猎赋》《反离骚》等；后转而研究哲学，作《法言》《太玄》。语言文字方面的著作有《训纂》《方言》等①。明人辑有《杨子云集》，清人严可均所编《全上古三代秦汉三国六朝文》收有扬雄所作赋、箴等共四卷。

20 世纪以来的扬雄语言学研究紧密围绕《方言》展开，研究成果可概括为以下几个方面：第一，文献研究，包括《方言》的作者、版本、体例，对《方言》的校释整理，古书引《方言》考索等方面；第二，文字研究，包括《方言》"奇字"、《方言》用字原则等方面；第三，语音研究；第四，词汇研究，包括《方言》词汇的构成、构词法、词义、词源及词的历史演变等方面；第五，方言研究，包括《方言》与汉代方言、《方言》与现代方言等方面。下面逐类述评。

① 《训纂》沿袭《仓颉》而编写，是当时通行的识字课本。《方言》是一部训诂和方言专著，收录汉代方言词及通语词共 1000 余词。

一、文献研究

扬雄的作品中被纳入语言学研究范畴的主要有《方言》和《扬雄集》。《扬雄集》的文献情况可参考马莲的《〈扬雄集〉词汇研究》①，此处仅就《方言》的文献研究略作评述。

（一）关于《方言》的作者②

《方言》的作者是不是扬雄，这是语言学史上的一个悬案。《汉书·艺文志》和《汉书·扬雄传》都没有记载《方言》，因此宋代的洪迈对扬雄作《方言》提出了怀疑③。清代学者戴震等认为《方言》的作者是扬雄④，但是由于他不能从正面提出证据，所以《四库全书总目提要》说"是非皆无显据"，周祖谟、王力、黄典诚等也采取不予论定的态度⑤。

此后，对这个问题的讨论不绝如缕，其中清代两位肯定派学者的观点一直影响到今天。一是陶方琦的"《扬雄仓颉训纂》即在《方言》中说"⑥。马学良在陶方琦观点的启发下，提出《汉书·艺文志》所载"扬雄的《训纂》和《扬雄仓颉训纂》实为一书"的观点，他认为"《训纂》是仿《尔雅》的诂训为《仓颉》释义"，"《扬雄仓颉训纂》是在《训纂》的基础上，又以方言作释"，故

① 马莲：《〈扬雄集〉词汇研究》，高等教育出版社2011年版。

② 该部分主要参考华学诚：《近15年来的扬雄〈方言〉研究与我们对〈方言〉的整理》，《南开语言学刊》2007年第1期。

③ 洪迈：《容斋三笔》卷十五，中华书局2007年版。

④ 戴震：《方言疏证序》，张岱年主编：《戴震全书》（三），黄山书社1994年版。

⑤ 周祖谟：《方言校笺自序》，周祖谟校，吴晓铃编：《〈方言〉校笺及通检》，科学出版社1956年版；王力：《中国语言学史》，山西人民出版社1981年版；黄典诚：《〈方言〉及其注本》，《辞书研究》1982年第3期。

⑥ 陶方琦：《汉孳室文钞》卷一，《续修四库全书》本。

“《方言》实为《扬雄仓颉训纂》篇中之注释……汉志既收《扬雄仓颉训纂》其书，则《方言》即在其中矣”①。另一个是钱大昕所持的“《别字》十三篇即扬雄所撰《方言》十三卷”说。束景南采用钱氏的这一观点，从三个方面搜罗了《别字》即《方言》的证据②。王祎、张玉春同样支持这一观点③。白彦认为这种观点猜测成分较多，部分推论有失审慎④。

罗常培相信扬雄是《方言》的作者⑤，持同样态度的还有华学诚等。华先生综合前人提到的证据和他自己的一些思考，共概括出五条理由⑥。

除了肯定和怀疑两派外，还有存疑一派。例如濮之珍主张在得到有力新证之前，暂且仍将《方言》放在扬雄名下⑦。胡朴安认为：“现在对于《方言》之价值，在于确定作于何时，而不在于确定作于何人。作者是扬雄，固为训诂言语史上有价值之书，即非

① 马学良：《〈方言〉考原》，北京市语言学会编：《罗常培纪念论文集》，商务印书馆1984年版。

② 束景南：《〈别字〉即〈方言〉考》，《文史》1994年第39辑。

③ 王祎、张玉春：《〈汉书·艺文志〉著录小学类文献琐议》，《兰州大学学报》（社会科学版）2008年第1期。

④ 白彦：《近60年来〈方言〉学研究》，兰州大学硕士学位论文，2011年。

⑤ 罗常培在《方言校笺·罗序》中明确表示“我自己却很相信应劭的话”，并且引用应劭的记述讨论《方言》的成书过程和价值。见周祖谟校，吴晓铃编：《方言校笺及通检》，科学出版社1956年版。

⑥ 第一，东汉应劭距离扬雄生活的时代最近，他本人很关注方言俗语并且有著作，他已经开始引用扬雄《方言》，我们应该相信应劭；第二，《汉书》本传和《艺文志》不载是有原因的，这一点不足以否定扬雄作《方言》，就像《隋书》未载《切韵》，我们并没有因此否定陆法言撰《切韵》一样；第三，《方言》多奇字，《太玄》多奇语，而《方言》奇字恰有可以从《太玄》中见到的用例；第四，《方言》首创精神与扬雄的通变意识和变革精神完全吻合，这种精神同样贯穿在他的历史观以及天文学、哲学、文学思想之中；第五，扬雄采用和现代语言工作进行田野调查相类似的方法研究活语言，绝不可能出自魏晋之际的好事者。详见华学诚：《周秦汉晋方言研究史》，上海人民出版社2014年版，第67—68页。

⑦ 濮之珍：《〈方言〉与〈尔雅〉的关系》，《学术月刊》1957年第12期。

出于扬雄，并不稍减其价值。”①

无论是肯定还是怀疑，都需要更为直接的证据。鲁国尧提出了一个论证思路，他说：“如能从词汇、语法、风格等方面鉴定刘歆、扬雄遗答二书也许是解决扬雄是否著《方言》这一悬案的办法之一。”② 王雪波《从语言风格角度试证〈方言〉作者》依循这一思路，以刘歆、扬雄的叙事类文章为参照对象，从语法结构和反映个人使用倾向的词句两个角度，对比往返书信和刘歆、扬雄二人语言风格的异同，发现往返书信中呈现出多处与二人语言风格相吻合的特点，为“《方言》的作者是扬雄”这一论断提供了一个旁证。

（二）关于扬雄《方言》的成书过程③

远藤光晓《从编集史的角度剖析扬雄〈方言〉》一文方法新颖、见解独到。“编集史是圣经学的一个术语，这个方法根据同一文献内部所存在的体例不统一的现象识别出各种不同的数据源，据此进而考察其成书过程。”运用这种方法的依据是：“几乎所有的大著作都不是一气呵成的，而是使用各种各样的先行数据经过复杂的加工过程编集而成。因此某一部著作好比是一个语言的共时态，既有系统性又有历史遗留下来的不规则性。”运用这一方法的目的就是要给这种不规则性以合理的解释。他首先列出全文的基本依据，即文中所谓“偏在特征”，包括注释体例的类型、“谓之”和“曰”的分布特征、地名的分布特征，将各类数据绘制成表，然后进行各项及综合的频率统计，最后从统计结果中归纳分

---

① 胡朴安：《中国训诂学史》，上海书店 1984 年版，第 234 页。

② 鲁国尧：《“方言”的涵义》，《语言教学与研究》1992 年第 1 期。

③ 该部分主要参考华学诚：《近 15 年来的扬雄〈方言〉研究与我们对方言的整理》，《南开语言学刊》2007 年第 1 期。

布特点和含义。文章指出，笼统地认为《方言》是一个整体的观点是不正确的。作者又从对词汇内容的比较上指出《方言》和《急就篇》之间存在承袭关系，并提出应将《方言》与《尔雅》《仓颉篇》《急就篇》及《诗经》《左传》等进行比较，从而最终探索出《方言》的成书过程①。

（三）关于《方言》版本的研究②

郭璞之前的《方言》版本现在已无从知道了。传世的《方言》是郭璞的注本。郭注《方言》现存最早的版本是南宋庆元庚申年（1200）会稽李孟传浔阳郡斋刊本。该本为宋椠孤本，此书在季振宜散出后200年未曾出现。至清末《方言》为盛昱、傅增湘二家所得，覆刻、影印了几种版本，宋本《方言》从此才得以流传，浔阳郡斋刊本则在后来由傅氏捐给北京图书馆。

最早对宋刊本《方言》的情况进行介绍的是李致忠，李先生在《北京图书馆藏宋版书叙录》③ 中详尽介绍了宋刊本的版式、刻工及历代收藏情况，并梳理了宋刊本流传中各家辗转收藏的过程。

日本学者佐藤进也对《方言》的版本做了很多研究工作，其成果主要体现在《宋刊〈方言〉四种影印集成》④ 一书和《各种覆刻影印宋刊〈方言〉之异同与卢文弨所据宋本之检讨》⑤ 一文中。

---

① ［日］远藤光晓：《从编集史的角度剖析扬雄〈方言〉》，《语苑撷英》编辑组编：《语苑撷英——庆祝唐作藩教授七十寿辰学术论文集》，北京语言文化大学出版社1998年版。

② 该部分主要参考华学诚：《近15年来的扬雄〈方言〉研究与我们对〈方言〉的整理》，《南开语言学刊》2007年第1期。

③ 李致忠：《北京图书馆藏宋版书叙录》，《文献》1994年第3期。

④ ［日］远腾光晓等：平成9—11年度科学研究费基盘（A）研究成果报告书（第2分册），未正式出版。

⑤ ［日］佐藤进：《各种覆刻影印宋刊〈方言〉之异同与卢文弨所据宋本之检讨》，［日］太田斋编：《庆谷寿教授记念·中国语学论集》，好文出版社2002年版。

《宋刊〈方言〉四种影印集成》具有重要的版本价值，收载了日本所藏的四种宋刊本《方言》，包括文化研究所所藏珂罗版宋刊本、静嘉堂文库所藏影宋抄本、远藤光晓所藏天壤阁翻刻本、《四部丛刊》影印本，在书中依次以 A、B、C、D 标记。该书的编印方式是每一页分四个区域，将各本内容对应列出，非常利于对照校勘。华学诚评价道："佐藤先生所设计的编印方式很方便学者，可以这样概括：展一页四本皆见，核一字异同顿显。"①

佐藤进的《各种覆刻影印宋刊〈方言〉之异同与卢文弨所据宋本之检讨》是《方言》版本研究有史以来最重要的论文之一。戴震校《方言》使用的是明本（明正德己巳影宋曹毅之刻本），卢文弨也是直到《重校方言》完成后才见到宋本，故只能将部分依宋本新校的内容附到《方言校正补遗》之中，补充说明据"李文授本"。但是，这个"李文授本"到底是一个什么性质的本子，是刻本还是抄本，学界一直没有人做过认真的考究。周祖谟曾指出卢文弨所记的李孟传本与宋刻原书并不一致，所以推测可能是根据过录的本子写的，但是他没有对此作进一步的分析。佐藤进则在文中证明，卢文弨所依据的宋本确实不是刊本，而是影抄本，而且该抄本和静嘉堂抄本极其相近。他通过考辨古今学者的记述和比较现存不同的版本，以统计数据首次说明了宋庆元李孟传刻本、静嘉堂文库所藏的影宋抄本和卢文弨所记李文授本三者之间的关系。

---

① 华学诚：《20 世纪以来的〈方言〉整理》，《中文自学指导》2007 年第 5 期。

（四）关于《方言》纲目来源、体例、术语的研究①

1.《方言》纲目的来源

学者们对这个问题的看法大致可分为三种：宗《尔雅》说，严君平、林闾翁孺所授说，多源说。

第一，宗《尔雅》说。即认为《方言》乃模仿《尔雅》而作，或者认为是专门注释《尔雅》的。晋代的常璩、郭璞，唐代的孔颖达，明代的陈与郊等持此观点②。濮之珍的《〈方言〉与〈尔雅〉的关系》一文是20世纪“宗《尔雅》说”的代表作。濮先生详细考察了《方言》与《尔雅》的体例。她发现《方言》每个条目的前半部分都与《尔雅》极其相似，都是列举一组语词（群诂例字）、以一个词（母题）统括作释；而后半部分是《方言》独有的，主要是指出这些词所通行的区域。她将前者称为“雅诂”，后者称为“方言”。

《方言》中“雅诂”与“方言”不完全对应，后几卷很多条目只有“雅诂”没有“方言”，因此濮先生推测，《方言》的编写程序是根据先有的“雅诂”去求“方言”，而这些“雅诂”的来源就是《尔雅》。她从“雅诂”的编排形式、内容、母题的选择几个方面比较了二书的体例，证明《方言》的“雅诂”与《尔雅》确实有很高的重合度，因此她认为《方言》是以《尔雅》为提纲去求“方言”的。黄典诚也同意这一推论，并进一步总结说，《尔雅》

① 该部分主要参考白彦：《近60年来〈方言〉学研究》，兰州大学硕士学位论文，2011年。

② 常璩《华阳国志》卷十：“典莫正于《尔雅》，作《方言》。”郭璞在其《〈方言注〉序》自称：“少玩雅训，旁味方言。”孔颖达也说：“扬雄以《尔雅》释古今语，作书拟之，采异方之语，谓之《方言》。”（见《春秋左传正义》）明代陈与郊直接以《尔雅》的目次编排《方言》，作《方言类聚》。

是《方言》的调查提纲，而《方言》恰是《尔雅》的疏证[①]。赵振铎认为《尔雅》旨在明语词古今的异同，而《方言》在于明语词的地域差异，《方言》是对《尔雅》的发展[②]。

华学诚从整体上归纳出《尔雅》可能给《方言》的几点启发：一是《尔雅》重视方言资料收集的思想；二是《尔雅》古今并重的原则；三是《尔雅》所使用的词义训释方式，以及其中所蕴含的方法论原则；四是《尔雅》把一组组同义词类聚在一起用通俗常言予以解释的体例。最后一点直接为扬雄所采用[③]。

第二，严君平、林闾翁孺所授说。"宗《尔雅》说"抛开了《风俗通义序》和扬雄、刘歆的书信，直接从西汉及以前的文献中寻找答案；而主张"严君平、林闾翁孺所授说"的学者则采用了应劭之言和刘歆、扬雄往返书这两种材料，相信《方言》是在辅轩使者留下的材料的基础上写成的，如丁介民、何九盈等[④]。

第三，多源说。有些学者认为《方言》不是凭借单一底本写就的，它在不同方面、不同程度上借鉴了当时的各种字书、训诂书，如沈兼士认为《方言》是多方收集多次增补而成的，一部分来自先秦旧籍，一部分来自孝廉卫卒之口，一部分可能来自扬雄之后应劭之前流传中所补[⑤]。马学良则认为《方言》不仅材料来源多途，而且材料和训释方法各有所本，其中材料取自以《仓颉》为主的字书，训释方法则取自包括《尔雅》在内的训诂书、字书。

① 黄典诚：《〈方言〉及其注本》，《辞书研究》1982年第3期。
② 赵振铎：《扬雄〈方言〉是对〈尔雅〉的发展》，《社会科学研究》1979年第4期。
③ 华学诚：《周秦汉晋方言研究史》，上海人民出版社2014年版，第113页。
④ 丁介民：《方言考》，台湾中华书局1969年版；何九盈：《中国古代语言学史》，商务印书馆2013年版，第91页。
⑤ 沈兼士：《国语问题之历史的研究》《文字形义学》，《沈兼士学术论文集》，中华书局1986年版。

在分类方法上，释诂仿《尔雅》同义词类聚成条的方法，释名物则仿照《急就篇》以类相从的方法①。殷孟伦指出，《方言》资料的依据有两个方面：一是前代輶轩之使留下的方言资料，包括君平的千言，翁孺的梗概之法，以及观书于石室的资料；二是作者历经二十七载访得的方言口语，后一方面是《方言》的主要资料。殷先生还认为严君平、翁孺不仅提供了《方言》底本，《方言》的研究方法当亦有二人功绩②。

2.《方言》的体例

《方言》的总体编写方式是把意义相近或相同的词排列在一起作为一个词条，用一个比较通行的词作解释，并指出这些词的地域分布。王念孙《〈方言疏证〉补》就已指出《方言》的这种体例："《方言》一书，皆上列字目，而下载方言。"20世纪以来，《方言》的学术价值受到更多关注，不少学者对其体例进行了抉发。1949年以前，对《方言》体例的归纳最有影响的是刘师培"一义数字，一物数名"③ 和魏建功的"标题罗话法"④；1949年以后，《方言》研究全面展开，相关的研究基本都涉及对体例的探讨，并且出现了一系列发明体例的专文。濮之珍在魏建功的基础上，进一步分析了标题罗话格式的内部结构，在"标题"中又分出群诂例字和母题两部分，并揭示了"母题重见"这一现象⑤。20世纪90年代以后发表的专文也从不同角度对《方言》的体例进行

① 马学良：《〈方言〉考原》，北京市语言学会编：《罗常培纪念论文集》，商务印书馆1984年版。

② 殷孟伦：《〈方言〉与汉语方言研究的古典传统》，《子云乡人类稿》，齐鲁书社1985年版。

③ 刘师培：《转注说》，《刘申叔先生遗书·左盦集》，宁武南氏校印1934年版。

④ 魏建功：《方音研究》，转引自周祖谟：《方言校笺自序》，周祖谟校，吴晓铃编：《〈方言〉校笺及通检》，科学出版社1956年版。

⑤ 濮之珍：《〈方言〉与〈尔雅〉的关系》，《学术月刊》1957年第12期。

了归纳，如李开《〈方言〉总体结构及其对〈尔雅〉古今语的记述》[①]、杨钢《〈方言〉体例发凡》[②]、王智群《〈方言〉与扬雄词汇学》[③] 等。王智群从条目的结构方式、训释方式、训释术语三个角度全面归纳了《方言》的训释体系，分析十分详尽，与已有研究相较更系统。

《方言》体例的研究主要涉及以下几个问题：

（1）卷数，条目，各卷内容。今本《方言》全书共十三卷，但刘歆、扬雄往返书和郭注序言皆称十五卷。十三卷之说源于《隋书·经籍志》，一般认为《方言》可能在六朝期间做过合并[④]。

学者们对字数、卷数的差异问题做了一些推测，最多的是将《方言》与《仓颉》《训纂》等已失传的古书联系起来。马学良认为“殊言十五卷”是扬雄以《训纂》为提纲拟定的，今本只剩十三卷也许是因后两卷未来得及整理，体例与前面各卷差异太大，无法相合，故郭璞弃而不注。郭注成为定本后，后人便不再收这两卷[⑤]。马先生的说法虽有可取之处，但猜测成分居多，尤其郭璞弃注后两卷的说法经不住推敲：既然郭璞会因体例不合而弃注，为何没有将今天所能见到的十二、十三卷也一并弃置？而且两卷共 2300 字也不可能合乎《训纂》的分卷比例，这一点何九盈已经有过批评[⑥]。

---

① 李开：《〈方言〉总体结构及其对〈尔雅〉古今语的记述》，《古汉语研究》1990 年第 4 期。

② 杨钢：《〈方言〉体例发凡》，《昭通师专学报》（社会科学版）1993 年第 2 期。

③ 王智群：《〈方言〉与扬雄词汇学》，高等教育出版社 2011 年版。

④ 如戴震《方言疏证序》云：“其并十五为十三在郭注后隋以前矣。”

⑤ 马学良：《〈方言〉考原》，北京市语言学会编：《罗常培纪念论文集》，商务印书馆 1984 年版。

⑥ 何九盈：《中国古代语言学史》，商务印书馆 2013 年版，第 94 页。

研究者还发现十二、十三卷在全书中比较特殊，不仅缺少方言区域说明，内容所占比重也相当大，两卷就占全书词条总数的38%，所以何九盈推断十二、十三两卷可能是由原书的四卷合并而成的①。

在字数问题上，何九盈进一步推断，《风俗通义序》是只就扬雄采集方言的工作来讲的，因此，应劭所说的9000字仅包括每条中罗列方言的部分，如果计算全书字数应当再加上每条正文内容的2800多字，就与今本《方言》的11900余字基本吻合了②。这一推断与陶方琦的意见一致，但是此说要想成立，除非应劭见到的版本是"标题"和"罗话"分开的。否则很难想象应劭会拆开正文专门统计方言部分的字数。

就《方言》的字数和卷数问题发表过意见的学者并不多，鉴于目前资料有限，大多数学者倾向于存疑。

关于全书词条的总数，各家统计的结果略有差异。胡朴安参照陈与郊《方言类聚》对《方言》的内容进行统计，得到词条669条③；周祖谟《方言校笺》的词条共计675条；何九盈据戴震《方言疏证》统计出658条④；华学诚汇释《方言》，整理出671条⑤。数目的差异主要是由于各家对某些词条的分合处理不同，并没有本质上的分歧。

（2）基本编排方式。《方言》各卷的内容没有像《尔雅》那样明确地以类编排，但总体上还是关照了语义：卷一、卷二、卷三

① 何九盈：《中国古代语言学史》，商务印书馆2013年版，第94页。

② 同上。

③ 胡朴安：《中国训诂学史》，上海书店1984年版，第235—242页。

④ 何九盈：《中国古代语言学史》，商务印书馆2013年版，第94页。

⑤ 华学诚：《扬雄方言校释汇证》，中华书局2006年版。

主要解释普通词语，卷四释服制，卷五释器物，卷六、卷七、卷十又释普通词语，卷八释兽，卷九释器，卷十一释虫，最后十二、十三两卷内容复杂，各类词都有收录，通常认为这两卷是扬雄未完成调查的部分。以上是《方言》各条编排的总体情况，具体到每一条的编排方式，则主要是"标题罗话法"。

最早对此问题作出阐发的是刘师培，他将《方言》的编排方式归纳为"一义数字"和"一物数名"两类。魏建功将其概括为"标题罗话法"，将《方言》的条目分成"标题"和"罗话"两大部分：前一部分是"标题"，其基本公式为"A、B、C、D：X也"；后一部分是"罗话"，基本公式是"a地谓A为X，b地谓B为X"①。

《方言》中有些条目只有"标题"缺少"罗话"，主要集中在十二、十三两卷，现在普遍认为是扬雄列出提纲而未来得及调查的部分，故不适合作为观察全书体例的材料。黄典诚曾作过统计，如果不计这两卷，《方言》中缺"罗话"的条目就只有19%，因此全书的基本编排体例是"标题罗话法"②。

濮之珍在魏建功的基础上将每一条前一部分称为"雅诂"，后一部分称为"方言"。"雅诂"内又分两部分，先是罗列要训释的词，濮先生称之为"群诂例字"，然后用一个词来解释，称作"母题"。濮先生还指出了《方言》里的"母题重见"现象（即"雅诂"部分用以作训释语的词在书中出现不止一次）③。

华学诚以濮先生的研究为基础，首先根据有无方言分布将词

---

① 编者按："罗话"的基本公式应表述为"a地谓X为A，b地谓X为B"。

② 黄典诚：《〈方言〉及其注本》，《辞书研究》1982年第3期。

③ 濮之珍：《〈方言〉与〈尔雅〉的关系》，《学术月刊》1957年第12期；《〈方言〉母题重见研究》，《中国语文》1966年第1期。

条的结构分为两大类，并进一步考察其特点及内部组成（被释词、释词、方言分布）。为了展现《方言》词条的组织结构，华先生使用了一套术语，包括“条目的结构方式”“标准式”“变化式”“常例”“变例”等。“条目的结构方式”指词条的组织结构，可分为有方言分布和无方言分布两大类。有方言分布的结构方式又分标准式和变化式两种。标准式最常见，其结构是：“被释词＋释词＋方言分布”；变化式的结构是：“释词＋方言分布”，此式相对较少。无方言分布的也有两种形式：“某某，某也”（被释词＋释词），“某谓之某”（释词谓之被释词）。“常例”和“变例”用来描写释词的性质和出现频率，释词是通语词的属常例，释词是方言词的属变例，这一类方言词的流行区域一般较广。对于某个具体的释词来说，若只在一个条目中出现是常例，若在不同条目中出现则是变例（即“母题重见”）①。

王智群将《方言》的条目结构按有无方言分成完成式（335条）和未完成式（336条）两大类。前人对完成式关注较多，王智群则更加关注未完成式。她通过统计发现，未完成式以“群诂例字＋训诂字”和“某，某也”两种形式为主，分别占34.83%和47.02%②。

（3）说解方式。殷孟伦归纳出《方言》的解说条例共10条：第一，以通语释别语；第二，明著其为古今语或古雅之别语或古语之遗；第三，以别语解别语；第四，词同而义有别则区分为二词；第五，词异义同而仍有分别的则著于说解；第六，词虽异而音义相关者，则明著如转语或代语；第七，词虽同义有别异，则

① 华学诚：《周秦汉晋方言研究史》，上海人民出版社2014年版，第74—78页。

② 王智群：《〈方言〉与扬雄词汇学》，高等教育出版社2011年版，第12—16页。

别作一解以附其后；第八，有因类而及者也并著其语，又有异语同语之别；第九，嫌本条目说解还有不明白者则取若（犹）某之言以为比例；第十，词义虽同，但因地异而用别的则为详加说明[①]。杨钢在上述基础上，从训释的一般方法、被释词、训释词、词义的阐释、音义关系的说明五个角度，对《方言》的训释体例作了详尽分析，钩稽出通例及变例共20条[②]。殷、杨两位先生的分析都很细致，但各类之间常有交叉重合，未能将《方言》的训释结构明晰地展现出来。

后来华学诚、王智群两位先生更加强调《方言》训释方式的结构性和系统性，华先生从词汇学的角度进行了归纳，王先生则借鉴偏在特征统计法的思想，通过穷尽统计，分析了不同说解方式的特点。《方言》说解体例的发掘至杨钢已经比较详尽，华学诚、王智群等的相关研究结果与其基本一致，不同的是华、王两位先生更加倾向于将《方言》训释方式作为一个体系来考察。

3.《方言》的训释术语

厘清《方言》的训释术语对理解《方言》的内容、考察训诂学史都有重要意义。在此问题上做过细致研究的有刘敏和王智群。

刘敏《由〈尔雅〉〈方言〉〈说文〉〈释名〉看汉代训诂的发展》[③] 对《方言》《尔雅》《说文》《释名》4部书从术语、条例、编排等方面做了比较，由此出发讨论了汉代训诂在创作背景、研究对象、训诂思想等方面的发展脉络。刘敏穷尽统计了4部书的

---

① 殷孟伦：《〈方言〉与汉语方言研究的古典传统》，《子云乡人类稿》，齐鲁书社1985年版。

② 杨钢：《〈方言〉体例发凡》，《昭通师专学报》（社会科学版）1993年第2期。

③ 刘敏：《由〈尔雅〉〈方言〉〈说文〉〈释名〉看汉代训诂的发展》，暨南大学硕士学位论文，2003年。

训诂术语，并指出哪些是《方言》与《尔雅》《说文》《释名》共有的，哪些是《方言》独有的，为《方言》体例的研究提供了很大方便。王智群在《〈方言〉与扬雄词汇学》① 中详细地描写和分析了《方言》中使用“谓之”“曰”“为”“谓”“称”“言”等术语时条目的基本格式，各术语出现的次数，各术语的含义等内容。同时还讨论了“转语”“代语”“古今语”“通语”等《方言》专用的术语，以及《方言》中较为常见的“凡”“或”“亦”“又”等辅助解说词。白彦《近 60 年来〈方言〉学研究》② 在刘敏研究的基础上，将《方言》与《尔雅》的训释术语进行比较，指出《方言》中新出的训释术语包括：引进另一名称者、引进另一义项者、标明词语性质或来源者、表明语音关系者。此外，汉人注释常用“貌”“然”作为摹状词的标志，这两个术语在《尔雅》中未见，在《方言》中已经有了“貌”。

（五）各家对《方言》的整理③

20 世纪以来的《方言》整理，主要有条校条释和全本整理两大类型。

先后做过条校条释的学者有王国维、吴承仕、吴予天、刘君惠、胡芷藩、徐复诸家。刘君惠 1945 年著《方言疏证续补》三卷，1984 年曾经摘出 8 条以《〈方言〉笺记》为题在四川省语言学会第二届年会上发表，或订或补，条条精审④。胡芷藩的条校是针对周祖谟《方言校笺》中的一篇论文而作。徐复的《〈方言〉补

① 王智群：《〈方言〉与扬雄词汇学》，高等教育出版社 2011 年版。

② 白彦：《近 60 年来〈方言〉学研究》，兰州大学硕士学位论文，2011 年。

③ 该部分内容转录自华学诚：《20 世纪以来的〈方言〉整理》，《中文自学指导》2007 年第 5 期。转录过程中略去原文的多数例证，仅保留原文观点。

④ 此文是唯一成文面世的内容，先生过世后不知遗稿今存何处。

释》共涉十二卷计 54 条①，徐先生所补释的条目虽然不多，但均属难题，且上稽历代古籍，下考今语方言，结论信而有征。

全本整理的有五个本子，各有目标，所以也各具特点：丁惟汾的《方言音释》属于词语疏解型，周祖谟的《方言校笺》属于文本校勘型，佐藤进的《宋刊方言四种影印集成》属于版本资料型，松江崇的《扬雄〈方言〉逐条地图集》属于研究资料整理型，华学诚的《扬雄方言校释汇证》属于集校集释型。丁惟汾《方言音释》的旨趣在于“以音释音，以音释义”②，校理方面的内容极少。松江崇的《扬雄〈方言〉逐条地图集》对《方言》中有方言区域分布描写的词逐字（词）用地图呈现了出来，这项研究工作本身非常有意义，但是并不包括文本校理，所以此处也不作评述③。

1. 诸家对《方言》的条校

下面依照时间先后，对王国维、吴承仕、吴予天三家的条校进行评述。

王国维的《方言》校理成果收录在《书郭注方言后三》④ 中。其中校《方言》正文 8 条，校郭璞注文 8 条。王氏所校，或补证旧说，或发前人所未发，皆信而有征。王氏校勘之所以能够取得好成绩，最主要的原因就是利用了清儒没有见到的古书——《原本玉篇》《慧琳音义》以及宋李孟传刊本。

吴承仕有关《方言》郭璞注音的校正内容收在《经籍旧音辨

---

① 徐复：《〈方言〉补释》，《徐复语言文字学论稿》，江苏教育出版社 1996 年版。

② 丁惟汾：《方言音释》，齐鲁书社 1985 年版。初稿作于 1932 年，上世纪 40 年代收入作者的《诂雅堂丛书》。

③ 此外，本书只关注 20 世纪以来国内的扬雄语言学研究文献，因此 20 世纪以前此方面的研究成果不在评述之列。

④ 王国维：《书郭注方言后三》，《观堂集林》（第一册），中华书局 1959 年版。

证》卷七[①]中，共有 28 条。对郭璞注音旧校的辨证，是吴承仕最主要的工作，共有 20 条，或者辨正误说，或者折衷取舍，或者补证旧说。在 7 个条目中吴氏提出了新见，另有 1 条存疑。上述 28 条中个别校勘意见不一定成立，但是总的说来，吴氏的校勘水平较高，多可采信。

吴予天《方言注商》[②] 的主要目标是就“关乎语音之转徙”的方言词进行诠释，所以大多数条目的内容并不是校理。根据华学诚的初步统计，全书中涉及校理的内容有 32 条 39 处，可粗略分为两种类型：一是折衷是非，二是自出心裁。前者有 14 条 17 处，后者有 18 条 22 处[③]。属于折衷是非者，吴氏的意见大多较为稳妥；而属于自出心裁者，则是非参半。吴氏的校理有三个明显的特点：一是对清代以来学者的意见搜罗较全；二是注重运用《原本玉篇》等新材料；三是注意结合以音释义来进行校理。

2. 周祖谟的《方言》校理

周祖谟的《方言校笺》是 20 世纪最好的《方言》校本，印行 50 多年来一直嘉惠学林。罗常培称之为“后出转精的‘定本’”[④]。胡芷藩概括该书的特点说：“一是总结旧说，对戴、段、刘、钱诸家之说加以品核论定，并旁采清儒著作里有关《方言》的校语；二是运用清儒所未见的新材料加以系统地校勘。由于有了新材料，就有可能在许多地方足以补充清儒所未校及之处；同时也可以判别旧来校语是否得当。另外，如使用新材料的审慎、校勘方法的谨严；语必有据，闻疑载疑，不逞意必之说；严守条

① 本书所据吴承仕《经籍旧音辨证》为中华书局 1986 年版《吴检斋遗书》本。
② 吴予天：《方言注商》，商务印书馆 1936 年版。
③ 华学诚：《20 世纪以来的〈方言〉整理》，《中文自学指导》2007 年第 5 期。
④ 罗常培：《〈方言校笺〉序》，周祖谟：《方言校笺及通检》，科学出版社 1956 年版。

例，凡所改字，皆信而有征。这都是值得称道的。”① 在前辈专家评论的基础上，华学诚对《方言校笺》的成就做了更为具体的论述，把《方言校笺》最为突出的优点概括为六条：一是品核论定，信而有征；二是考核详密，颇多创获；三是证据不足，宁存不断；四是贯通全书，尤重内证；五是察文字之变，通《方言》之解，辨古音之微；六是比量群籍，反复推勘②。

《方言校笺》也存在一些问题，这些问题的存在既有著述时条件限制的原因，也有著者所虑不周的原因。胡芷藩指出《方言校笺》在总结旧说上主要存在下列问题：漏引清儒有价值的校勘意见，存而不论的条目中有可以论定的，对新材料的采用偶有未能详审等③。丁介民对《方言校笺》改字的做法提出了批评，他认为“书中方言字凡古体改从今体，别体改从正体，似有未安。盖雄书多存古文奇字，且《方言》中字，非尽形义相关，亦兼有标声之字，此类非仅无干正俗，且正宜据以考见古言、古字，周氏并改从今体，殊属不当”④。华学诚则从案断旧说、存而不论、发疑创获、漏举旧说、当校未校五个方面具体举证说明了《方言校笺》的不足⑤。

3. 华学诚的《方言》整理

华学诚《扬雄〈方言〉校释汇证》是《方言》的最新整理本。华先生在该书中所做的主要工作有以下三方面：一是校勘汇证，

---

① 胡芷藩：《书周祖谟〈方言校笺〉后》，《中国语文》1963年第5期。
② 华学诚：《周祖谟〈方言校笺〉浅探》，《潜斋语文丛稿》，南京大学出版社1991年版。
③ 胡芷藩：《书周祖谟〈方言校笺〉后》，《中国语文》1963年第5期。
④ 丁介民：《方言考》，台湾中华书局1969年版，第40页。
⑤ 华学诚：《周祖谟〈方言校笺〉浅探》，《潜斋语文丛稿》，南京大学出版社1991年版。

二是疏释汇证，三是研究资料汇编；并做了三方面的努力：一是尽量搜求可能多的古今版本，二是努力搜集可能全的研究成果，三是积极探索“校”和“释”上所存在的问题。

不论是“校”还是“释”，该书首先进行的基本工作都是“汇”。在汇证中著者总是先描述各种本子的文字异同，引述各家的校勘意见，然后才用“按”字领起自己的校勘意见。词语疏解也遵循这样的先后顺序。因此，该书的“汇”字体现了资料的“全”，“按”字则体现着“新”。该书希望实现的一个很重要的目标是对历代校注成果进行总结，因此在处理方式上努力体现客观的精神，这一努力主要表现在三个方面：一是校勘采用的是“底本式”，而不是通行的“定本式”；二是在“汇证”中客观转述既有校勘和疏解意见，各家的主要观点和关键证据都原文引录；三是自己的观点和看法以按语的形式与其他内容相区别。如果自己没有新的见解，“汇证”部分就只有“汇”了。著者认为，这样的处理方式能够给使用者留下充分的选择空间，同时，也是最重要的，没有人为掩盖任何问题，能够给以后治《方言》的人提供极大的方便，包括对该书的弼谬纠违。该书使用了很大篇幅附录相关资料，也是对历代研究成果的总结。

（六）古书所引《方言》考索

对古书征引《方言》进行考索具有文献学意义，其可为《方言》的校理提供材料。这方面的研究已有较为丰富的成果，目前学界已考察过的古书有《说文》、李善《文选注》《广韵》《类篇》、玄应《一切经音义》、《蜀语》等。如马宗霍《〈说文解字〉引方言考》[①] 抉发出 60 条《说文》所引方言材料中见于扬雄《方言》者；

① 马宗霍：《〈说文解字〉引方言考》，科学出版社 1959 年版。

顿嵩元《〈方言〉及〈方言〉对〈说文〉的影响》[①] 着眼于《说文》所解释的方言词与《方言》相吻合的内容，讨论《方言》对《说文》的影响；冯蒸"《说文》中方言和非汉语同义词考"[②] 是对《说文》中的方言和非汉语同义词的考辨，对《方言》研究也多有帮助；汪寿明《〈广韵〉与方言》《〈广韵〉引扬雄〈方言〉考》[③] 对《广韵》所引《方言》逐条进行了研究；马重奇《〈类篇〉方言考——兼评张慎仪〈方言别录〉所辑唐宋方言》[④] 详尽考察了《类篇》中所引方言，包括所引《方言》；刘红花《〈广韵〉所记"方言"词》[⑤] 探讨《广韵》中所记载的方言词，也涉及来自《方言》的材料；柏亚东《〈文选〉李善注引〈方言〉考》[⑥] 则全面辑录了《文选》李善注所引《方言》材料，并逐条考辨，分类论述。

古书引《方言》考索还有很多研究可以做。前人在校勘《方言》时非常重视古注、类书、辞书所引用的材料，但是他们的条件不如今天：首先，今天能够看到前人未能寓目的一些非常珍贵的古书（比如《慧琳音义》）；其次，各类索引、电子数据库为我们查找材料提供了空前的便利。清代学者的训诂名著中所引《方言》也值得做专题研究，比如《广雅疏证》《说文解字注》，因为这些著作中所引《方言》常常反映出这些训诂大家的校勘意见。

---

① 顿嵩元：《〈方言〉及〈方言〉对〈说文〉的影响》，河南省语言学会编：《汉语论丛》(第 2 辑)，河南大学出版社 1992 年版。

② 冯蒸：《说文同义词研究》，首都师范大学出版社 1995 年版。

③ 汪寿明：《〈广韵〉与方言》，《华东师范大学学报》(哲学社会科学版) 1991 年第 6 期；《〈广韵〉引扬雄〈方言〉考》，《语言文学学刊》(第 1 辑)，汉语大词典出版社 1998 年版。

④ 马重奇：《〈类篇〉方言考——兼评张慎仪〈方言别录〉所辑唐宋方言》，马重奇：《汉语音韵学论稿》，巴蜀书社 1998 年版。

⑤ 刘红花：《〈广韵〉所记"方言"词》，《古汉语研究》2003 年第 2 期。

⑥ 柏亚东：《〈文选〉李善注引〈方言〉考》，华东师范大学硕士学位论文，2004 年。

二、文字研究

专门讨论《方言》用字的成果不多，涉及这一问题的论述多散见于《方言》校释著作的序、跋中。20 世纪以前的情况可参王彩琴在《扬雄〈方言〉用字研究》中的评述[①]，此处从略。20 世纪以来，罗常培、周祖谟、华学诚和王彩琴等学者讨论了该问题。

（一）《方言》“奇字”研究

最先对《方言》“奇字”的性质和作用作出科学阐释的是罗常培、周祖谟两位先生。罗常培说：“《方言》里所用的文字有好些只有标音的作用：有时沿用古人已造的字……有时迁就音近假借的字……另外还有扬雄自己造的字……这三类中，除了第一类还跟意义有关系外，实际上都是标音符号。”[②] 周祖谟同样认为：“前人说《方言》多奇字，是就文字的写法来讲的，如果从语言的观点来看，这些字只是语音的代表，其中尽管和古书上应用的文字不同，实际上仍是一种语言。”[③] 周祖谟将《方言》用字分为两种情况：一是《方言》用字与古书不同，二是《方言》用字与现代不同。曹先擢、杨润陆则进一步把扬雄用字的情况分为四种类型：一是沿用典籍当中音义相当的字，二是使用不见于经传的古字，三是运用假借字，四是扬雄自己造字[④]。

华学诚《扬雄〈方言〉“奇字”考——兼析〈方言〉“奇字”

① 王彩琴：《扬雄〈方言〉用字研究》，高等教育出版社 2011 年版，第 11 页。

② 罗常培：《〈方言校笺〉序》，周祖谟：《方言校笺及通检》，科学出版社 1956 年版，第 11 页。

③ 周祖谟：《方言校笺自序》，周祖谟校，吴晓铃编：《方言校笺及通检》，科学出版社 1956 年版，第Ⅺ页。

④ 曹先擢、杨润陆：《古代词书讲话》，上海教育出版社 1990 年版，第 146—148 页。

的表词特点》是最早对《方言》"奇字"进行专门讨论的论文。该文把"奇字"分为"不见之奇"和"不用之奇"两类。"所谓'不见之奇'，就是在传世的先秦两汉文献中没有见到这个字，这类字都是古字、俗字或扬雄自己造的字；所谓'不用之奇'，就是字虽然在传世的先秦两汉文献中见到过，但是与《方言》中的用法不同，这些字都是扬雄根据方音而借来记录方言的词。"① 华先生利用自己设定的方法，对"不见之奇"的"奇字"进行了系统考辨，最后得到的结论是：《方言》中真正"不见之奇"的"奇字"，包括扬雄所制字，共有 132 个。文中确定的"奇字"有一些仍需商榷，但华先生的研究方法很有启发性，其结果也大部分可信。

王彩琴《扬雄〈方言〉用字研究》是唯一一部全面研究《方言》用字的专著。她对《方言》本身的被释词和解释词的全部用字进行了统计，认为《方言》共 2033 个字，其中解释语用字 367 个，被解释语用字 1666 个。经逐一考察 2033 个字，认为"不见之奇"的"奇字"有 295 个（新出字 102 个），"不用之奇"的"奇字"有 424 个②。

（二）对《方言》用字的全面考察

华学诚的研究针对的是"不见之奇"的"奇字"，即未见于先秦两汉文献中的《方言》用字。王彩琴则进一步考证了华先生未重点关注的"不用之奇"的部分，并对"不见之奇"部分进行了补充研究。她对记录被释词和解释词的全部用字进行计量分析，

① 华学诚：《扬雄〈方言〉"奇字"考——兼析〈方言〉"奇字"的表词特点》，《汉语方言学史研究》，台湾艺文印书馆 2001 年版。

② 王彩琴：《扬雄〈方言〉用字研究》，高等教育出版社 2011 年版，第 203 页。此外，富翠红的《扬雄〈方言〉疑难字疏说》（兰州大学硕士学位论文，2007 年）对《现代汉语大词典》未收的 412 个《方言》疑难字进行了疏解，主要工作是将历代重要辞书中对某字的解释罗列于该字之下。

对《方言》被解释语用字的情况进行穷尽考察，对表义字、记音字的表词情况和词汇特点进行分类研究，并在此基础上，对《方言》用字的规律、“奇字”的具体所指，以及《说文》不收的《方言》用字的特点进行总结，试图全面、科学地解释《方言》“奇字”，最终得出了一些重要结论①。

三、词汇研究②

《方言》是世界上第一部方言比较词汇集③，但其词汇学价值直到20世纪60年代仍是一个新问题。殷孟伦在1961年指出：“从词汇角度来研究《方言》，尚是一个新问题。”④ 20多年之后，这方面的研究取得了一些进展。20世纪80年代李敬忠《〈方言〉中的少数民族语词试析》⑤ 和赵振铎《扬雄〈方言〉里的同源词》⑥ 相继发表，这两篇文章在《方言》词汇研究上有开创之功。20世纪90年代，杨钢《〈方言〉研究三题》⑦ 提出了对《方言》词汇进行系统描写的构想，并对《方言》中的复音词和同义词做了初步探讨，从构词和词义两个方面初步架构了《方言》的词汇系统。

① 关于《扬雄〈方言〉用字研究》的主要结论，请参本书第二部分对该书的评述，此处从略。

② 该部分主要参考华学诚：《近15年来的扬雄〈方言〉研究与我们对〈方言〉的整理》，《南开语言学刊》2007年第1期；白彦：《近60年来〈方言〉学研究》，兰州大学硕士学位论文，2011年。

③ 罗常培：《扬雄〈方言〉在中国语言学史上的地位——〈方言校笺及通检〉序》，《光明日报》1950年10月22日。

④ 殷孟伦：《〈尔雅〉〈方言〉简析》，《山东大学学报》1961年第2期。

⑤ 李敬忠：《〈方言〉中的少数民族语词试析》，《民族语文》1987年第3期。

⑥ 赵振铎：《扬雄〈方言〉里的同源词》，吕叔湘等著：《语言文字学术论文集——庆祝王力先生学术活动五十周年》，知识出版社1989年版。

⑦ 杨钢：《〈方言〉研究三题》，《古汉语研究》1992年第3期。

同年，杨钢在《扬雄方言研究》① 第一编《扬雄与他的〈方言〉》中，揭示了《方言》的描写词汇学价值和历史词汇学价值，他的研究思路成为后来研究者的路线图。此外还有赵振铎、黄峰的《扬雄〈方言〉里的外来词》②、白兆麟的《〈方言〉双音词探析》③等论文。21世纪初，出现了此方面的研究专著——王智群的《〈方言〉与扬雄词汇学》④，该著作全面描写和分析了《方言》词汇。

目前在《方言》的词汇学研究中，词义、构词、同源词、词汇构成等方面均有所涉及，并且都分别从共时和历时两个方向进行了探讨，但总体来说仍以词的古今地域转移和双音节化研究为主。此外，《方言》中的同源词和外来词也是关注热点。

（一）构词研究

20世纪以来关于《方言》词汇构词的研究，主要集中于考察《方言》体现的汉代词汇的构词特点、构词方式由汉至晋的变化两个问题之上。

1.《方言》体现的汉代构词特点

杨钢最先在《〈方言〉研究三题》⑤ 中较系统地从构词角度讨论了《方言》中的词汇。杨先生统计发现，《方言》共载有1284个词。其中，单音词979个，复音词305个。他将《方言》中的复音词总结为5种形式：（1）平行的二字组合，（2）“形容词＋端语”的二字组合⑥，（3）其他复音词的组合形式⑦，（4）特别名

---

① 刘君惠等：《扬雄方言研究》，巴蜀书社1992年版。
② 赵振铎、黄峰：《扬雄〈方言〉里的外来词》，《中华文化论坛》1998年第2期。
③ 白兆麟：《〈方言〉双音词探析》，《古籍整理研究学刊》1999年第2期。
④ 王智群：《〈方言〉与扬雄词汇学》，高等教育出版社2011年版。
⑤ 刘君惠、杨钢等：《扬雄方言研究》，巴蜀书社1992年版。
⑥ 相当于通常所说的定中结构。
⑦ 包括状中结构、述宾结构、述补结构3种。

词，（5）重叠形式。这 5 种形式是以构词形式为主，结合义类、数量等多种因素归纳出来的，没有采用单一标准，不算是严格意义上的分类。若从词汇史角度考察《方言》，还需要对这些词的构词方式再进一步作严格细致的描写。不过，杨先生的统计结果在一定程度上反映了《方言》词汇的特点，例如在西汉末年，汉语中的复音词少于单音词，单音词仍然占明显优势，《方言》中没有主谓结构的复合词。

以上是将《方言》词汇当作一个整体来研究其构词方式，还可以研究不同方言区词汇在构词方式上的差异。杨钢统计了 305 个复音词在各方言区的分布情况，发现赵魏自黄河以北方言区复音词相对较多，占 39.1%，陈汝颍江淮方言区最少，仅 12%，其余各方言区之间单、复音词的比例总体相差不大[①]。王智群《〈方言〉与扬雄词汇学》也涉及“别国方言”的构词情况。她对各方言中联绵词与复音词的数量及二者的比例做了统计。从联绵词和复音词在总词数中的比例来看，各方言间差异不大，因此她认为构词基本没有受到方言区的影响。此外，王智群还注意到特定词汇类型（如昆虫）的造词、构词有自身的特点。她以陈与郊的义类划分为基础进行了观察，发现方言词、复音词、联绵词这三类词在不同义类中的分布很不平衡：“释土”“释水”“释宫”“释舟”类的复音词接近于零，而“释鸟”“释虫”“释衣”类的复音词则明显多于其他类[②]。白彦认为王智群的工作以统计为主，没有对数据进行更深入的分析和解释，上述统计中其实还有许多有价值的

① 刘君惠、杨钢等：《扬雄方言研究》，巴蜀书社 1992 年版，第 42 页。
② 王智群：《〈方言〉与扬雄词汇学》，高等教育出版社 2011 年版，第 97—98 页。

材料尚待挖掘[①]。王彩琴《扬雄〈方言〉联绵词初探》[②]对《方言》中的联绵词作了专门探讨。她从《方言》联绵词来源、语音结构和词性三个角度对《方言》中的191个联绵词进行了考察。该文还从以上三方面将《方言》联绵词与《诗经》《楚辞》作了比较，发现《方言》中联绵词的情况与《诗经》更加接近而与《楚辞》相差较大。

2. 构词方式由汉至晋的变化

郭璞的《方言注》贯彻了"释古以今"的原则，"注《方言》时，全以晋时方言为根据"[③]，注文中常使用晋代语言来说解《方言》中的词，因此《方言注》是观察汉语词汇从汉到晋的变化的宝贵资料。这一特点反映在构词上就是用晋代的复音词解释汉代的单音词[④]。

在汉晋构词法的历时比较上，徐德庵有开创之功。徐先生在《汉语早期构词法——以〈尔雅〉〈方言〉同郭注的对照为例》[⑤]中全面考察了《尔雅注》《方言注》中的正文与注文，得到两书中"正文：单音词－注文：双音词"的"词对"839对，共有并列（571对）、偏正（152对）、联绵（65对）、重叠（26对）、附缀（25对）5种形式。徐先生分别考察了这5种结构中原单音词的语素所处位置以及双音词所属词类，并特别标出单、双音词类不同的条目，最后列出两书构词法的详细比较词表。徐先生的研究从整体上为我们描绘了自汉到晋汉语单、双音词发展演变的轮廓。

---

① 白彦：《近60年来〈方言〉学研究》，兰州大学硕士学位论文，2011年，第40页。

② 王彩琴：《扬雄〈方言〉联绵词初探》，《平顶山学院学报》2008年第6期。

③ 王国维：《书郭注方言后二》，《观堂集林》，中华书局1959年版，第238页。

④ 周祖谟在《方言校笺自序》中将这一特点作为郭注的一个重要条例予以了说明。

⑤ 徐德庵：《汉语早期构词法——以〈尔雅〉〈方言〉同郭注的对照为例》，《西南师范学院学报》1981年第4期。

后来又有不少学者对这一课题进行了研究，如杨钢指出："汉语构词法发展的主要趋势，是在原有旧词的基础上创新，而以旧词作为新造词的词素的情况最为常见。新词构词方法和材料完全异于旧词的不多，而尤以新旧词完全相同者为罕见。"①

华学诚《周秦汉晋方言研究史》以郭璞的《尔雅注》《方言注》《穆天子传注》《山海经注》4部书为材料，从中统计出4部书所引晋代方言264条计271词，其中单音词152个，复音词119个（包括三音节、四音节词），并对这些词的使用区域、构词方式进行了考察。华先生发现，复音词中，合成词以偏正式最多，占71.43%；其次是并列式，占11.69%；从构词成分的性质来看，偏正式和并列式都以"名名式"结构最多②。华先生的研究对象只限于方言词，不考察通语词和通行区域不明的词，而且研究范围扩展到郭璞作注的4部书，故其研究结果与以上各家不太一致。这一差异提醒我们：第一，方言和通语构词方式有差异；第二，研究对象的性质对研究结果有影响；第三，研究汉晋构词方式的演变时不应只局限于《方言》，还应该扩大考察范围。

徐德庵、杨钢、何志华③、胡晓华等注意到晋代双音词中原单音词的位置问题，其中胡晓华《郭璞注释语言词汇研究》④ 重点考察了并列式双音词的语素序位关系，并分析其特点和成因。

孟晓妍《〈方言〉郭璞注双音词研究》专门探讨了《方言》郭注所反映的新词的产生途径，文章重点考察了从单音词到双音词

① 刘君惠、杨钢等：《扬雄方言研究》，巴蜀书社1992年版，第61页。

② 华学诚：《周秦汉晋方言研究史》，上海人民出版社2014年版，第361—367页。

③ 何志华：《郭注双音词中的同素反序现象》，《南昌大学学报》（人文社会科学版）1988年2期。

④ 胡晓华：《郭璞注释语言词汇研究》，浙江大学博士学位论文，2005年。

的演变，从双音词的来源语素和构成途径两个方面揭示了郭注所反映的汉语双音化过程中的一些特点。

此外，胡晓华、王智群还讨论了并列式双音词构词成分之间的意义关系，并对同义、反义、类义三种情况进行了讨论。

（二）词义研究

词义是传统《方言》学中最基本的研究对象，但是进入现代以来，研究者却很少予以关注，几乎没有研究《方言》词汇词义的专文。《方言》中的同义词得到较多关注，但研究成果大多包含于相关研究中，专文很少。词义的古今变化也是一个热门话题，不过基本都是和词的历时兴替与地域转移放在一起讨论的，一般不单独考察词义演变。目前，比较完整的词义研究成果是杨钢的《〈方言〉研究三题》和王智群的《〈方言〉与扬雄词汇学》。

1. 同义词和多义词

《方言》同义词研究是《方言》词汇研究的重要论题之一①。杨钢的《〈方言〉研究三题》较早涉及《方言》同义词，该文讨论了《方言》研究同义词的两个特点：一是打破地域隔阂，揭示词的同义关系；二是对同义词的研究重点在“异”不在“同”。杨先生指出，《方言》辨析同义词的细微程度大大超越了《尔雅》。王智群《〈方言〉与扬雄词汇学》是国内第一部《方言》词汇专题研究专著。该书在穷尽梳理《方言》训释体例的基础上，对《方言》的词义进行了系统的研究。其基本思想是，词义系统是聚合的结果。由这一基本思想出发，在词的聚合和词义的聚合两个层面上揭示了扬雄在《方言》中构建的词义系统。

王智群从构词形式、各义项之间的关系等方面逐一探讨了《方

① 需要指出的是，这里的“同义词”取广义概念，指表达相同或相近概念的词。

言》中的多义词，发现《方言》的多义词有以下特点：构词形式单一，无复合词；不同义项以词性相同者为主。王智群的《方言》词汇研究基于她对全书体例的详尽分析，因此所得结论也十分可信。

《方言》释义没有直接涉及词义引申，但说解方式中仍可体现作者对词义关系的一些看法。杨钢在《扬雄方言研究》中指出了这一情况，他说："对引申义的分析，实际上就是讲述词义在不同时间层面中的变化。在《方言》中，我们不时可以见到扬雄在解说过程中排比一个词的两个相关义，以探寻词义遭变的轨迹。"① 华学诚在《周秦汉晋方言研究史》中则为扬雄的引申义分析找到了一些显性标志。他指出："这些相关词义之间显然存在着各种引申关系，扬雄对这种引申关系已有研究并有明确的看法，他用'亦谓之''亦曰'之类术语来表达的常常是引申义。"② 对《方言》中这类内容进行整理，有助于了解扬雄本人的词汇学思想以及汉代训诂的方法和原则，对正确理解《方言》一书的内容以及梳理训诂学的发展史都很有意义。

2. 词义的汉晋变化

郭璞注《方言》全以晋时方言为根据，因此可以根据《方言注》来考察汉晋语言的演变。最早指出这一事实并付诸研究实践的学者是王国维，王国维在《书郭注方言后》系列文章中将郭注与《方言》原文作了对照，归纳出郭注所体现的汉晋语言变化若干例③。其后，产生了许多从词汇学角度探寻《方言》正文与郭注异同的研究成果，但对《方言》郭注所反映的汉晋词义变化作专门探讨的相对较少。杨钢在《扬雄方言研究》中比较《方言》正文与郭注，发现有的词

① 刘君惠、杨钢等：《扬雄方言研究》，巴蜀书社1992年版，第55—56页。

② 华学诚：《周秦汉晋方言研究史》，上海人民出版社2014年版，第128页。

③ 王国维：《书郭注方言后二》，《观堂集林》，中华书局1959年版，第233—251页。

意义有所扩大，有的词意义则缩小了，有的词义的感情色彩有变化，有的词所表概念的内涵发生了转移。几种情况中概念的转移最多见，色彩的变化最少，词义缩小多于词义扩大。杨先生的研究虽不足以反映出词义演变的全貌，但至少可以知道，从西汉至东晋，不少方言词所表概念的内涵或外延已经发生了变化①。

从晓静《郭璞训诂学研究》② 和唐丽珍《〈尔雅〉〈方言〉郭注研究》③ 对郭璞注释中较明确地阐述词义变化的词条做了一些整理。富翠红、赵力楠《浅析〈方言〉词汇的演变》④ 考察了《方言》中部分词在现代的留存，从方言和通语之间的演变、词语自身词义范围的变化两方面进行了说明，也涉及到对词义演变的研究。

目前《方言》的词义研究除了对同义词的研究已有较多成果外，其他方面如词义引申和词义系统等领域还较少有人涉足。词义引申和演变已有学者做了一些开创性工作，而对《方言》词义系统的研究，目前还基本停留在明代陈与郊所归纳的 16 义类上。王智群《〈方言〉与扬雄词汇学》⑤ 中设专章对《方言》的词汇系统进行描写，但仍然主要关注同义词和多义词两个方面。此外，尚未见到系统的词义研究。

（三）同源词研究

对《方言》同源词的研究导源于各家对“转语”这一术语的解释。围绕“转语”，学者们做了三个方面的研究：

① 刘君惠、杨钢等：《扬雄方言研究》，巴蜀书社 1992 年版，第 56—59 页。
② 丛晓静：《郭璞训诂学研究》，山东师范大学硕士学位论文，2002 年。
③ 唐丽珍：《〈尔雅〉〈方言〉郭注研究》，南京师范大学硕士学位论文，2002 年。
④ 富翠红、赵力楠：《浅析〈方言〉词汇的演变》，《辽宁行政学院学报》2006 年第 11 期。
⑤ 王智群：《〈方言〉与扬雄词汇学》，高等教育出版社 2011 年版。

1. 解释“转语”及相关术语

《方言》中“转语”凡四见，另有两处“语之转”。“转语”和“语之转”描写的是何种语言现象，扬雄并没有说明。郭璞注《方言》卷十一“蝇，东齐谓之羊”条云：“此亦语转耳。今江东人呼羊声如蝇，凡此之类皆不宜别立名也。”郭璞此处使用的是“语转”，说明“蝇”与“羊”这两种称法只是因地域不同而产生的语音差异，实际上是同一个词，故“不宜别立名”①。后世学者也对以“转语”为代表的这一组术语有过许多讨论，如蔡凤圻在《方言声转说》中认为：“扬雄《方言》所载大部分也是语音的转变……扬雄在收集方言的时候，亦深明此理，所以他明白说出是转语的有下列几条……”②。赵振铎在《扬雄〈方言〉里的同源词》中认为：“扬雄所说的转语有意义的变化，但主要是音方面的变化。其中包括声纽或韵部的变化，也包括联绵词双声叠韵的关系。”③ 刘世俊、张博的《说“转语”》概括说“转语”：“指同一词因地域不同而音有转变”“有的是与通语相对应的音转”“有的是同一方言内部不同的方音变体”。同时指出“转语”与“语之转”所指不同，后者“指由某词而来的孳生词”④。王智群在总结前人观点的基础上，结合自己的研究，总结了“转语”的内涵：“《方言》中的‘转语’是指由方言引起的语音或词义之转，且侧重在词义相同情况下的语音之转或同一词的方音之转。”⑤ 各家表

① 此类词不宜别立名的建议不一定可取，但是郭璞对“语转”性质的认识却是正确的。

② 蔡凤圻：《方言声转说》，《说文月刊》1940 年第 8 期。

③ 赵振铎：《扬雄〈方言〉里的同源词》，吕叔湘等著：《语言文字学术论文集——庆祝王力先生学术活动五十周年》，知识出版社 1989 年版。

④ 刘世俊、张博：《说“转语”》，《宁夏社会科学》1993 年第 5 期。

⑤ 王智群：《〈方言〉与扬雄词汇学》，高等教育出版社 2011 年版，第 101—104 页。

述虽不尽一致，但看法基本相同，即“转语”主要是词在时间或空间上发生的语音转变。

郭璞注《方言》时进一步揭示了扬雄所提到的“转语”现象，并用“语转”“语声转”“声转”“声之转”诸术语对“转语”的实质作了说明。郭璞所使用的几个术语所指为何？董志翘认为“声转”是双声的关系，韵部不同；“语转”是叠韵的关系，声类不同①。王平、何志华等提出了不同意见。王平认为《方言》郭注中的“声转”是指声纽的变转，与韵部无涉；“语转”是统指语音的变转，并非特指叠韵而转②。何志华则指出郭璞的“语转”有三种情况：叠韵、双声、合音③。

清代学者戴震、王念孙、钱绎等对“语转”现象多有抉发。戴震非常注意语转现象，他在《方言疏证》中揭示了许多“转语”，他所使用的术语有“一声之转”“声之转变”“声之微转”“语之转”“语之变转”“古通用”“声义通”等。王平较早对戴震的“语转”研究进行阐发，他认为戴氏的“声转”包括“一声之转”“声之转变”“声之微转”，强调的是双声；其“语转”包括“语之转”“语之变转”，则是统指声韵调④。

以上学者对郭璞“语转”系列术语的理解主要着眼于声韵关系，刘世俊、张博则在前人成果的基础上将郭注中的术语分为“语转”“语声转”和“声转”“声之转”两组，认为二者的本质区

---

① 董志翘：《郭璞训释中的“轻重”“语声转”“语转”》，《中国语文》1980年第6期。

② 王平：《郭璞〈方言〉注释中的“声转”和“语转”》，《山东师范大学学报》1984年第3期。

③ 何志华：《郭璞注中一些创新的术语》，《四川大学学报》（哲学社会科学版）1988年第2期。合音字是就《尔雅注》的情况来说的，如《尔雅·释器》：“不律谓之笔。”郭注：“蜀人呼笔为不律，语之变转。”

④ 王平：《郭璞〈方言〉注释中的“声转”和“语转”》，《山东师范大学学报》1984年第3期。

别不在于语音转变的类型，而在于转变的产物："语转"是声音转变形成的方言音读，对应于扬雄的"转语"，是郭璞认为"凡此类皆不宜别立名"的；"声转"形成的是音义相关的同族词，对应于扬雄的"语之转"①。

2. 整理分析"转语"条目

《方言》中除了用"转语""语之转"揭示的6条方言转语外，还有很多转语现象没有被标明。自郭璞起，研究者就对《方言》中未被标明的"转语"进行了抉发，从事这一工作的除郭璞外，还有戴震、王念孙、钱绎等人。20世纪以来，较早研究该问题的是蔡凤圻。他的《方言声转说》以古音为主要条件，结合历代注疏和文献用例，"考其辗转相通之道"，求得扬雄和郭璞未指出的77组"转语"，其工作值得肯定。较为集中研究该问题的是王智群。她在《〈方言〉与扬雄词汇学》中指出，扬雄除用"转语""语之转"两个术语来标明"转语"外，还用了"犹""若""代语""古今语"等术语，这些用术语标明的"转语"是"显性'转语'"。此外，王智群还较为全面地总结和分析了前人所发掘的《方言》中的"隐性'转语'"②。

除了对《方言》中的"转语"进行整理分析外，对前代《方言》注家成果中"转语"的整理分析也是20世纪以来重要的研究内容。王平、赵振铎、刘巧芝、邓跃敏③等对戴震《方言疏证》中

① 刘世俊、张博：《说"转语"》，《宁夏社会科学》1993年第5期。

② 王智群：《〈方言〉与扬雄词汇学》，高等教育出版社2011年版，第101—116页。

③ 王平：《郭璞〈方言〉注释中的"声转"和"语转"》，《山东师范大学学报》1984年第3期；赵振铎：《扬雄〈方言〉里的同源词》，吕叔湘等著：《语言文字学术论文集——庆祝王力先生学术活动五十周年》，知识出版社1989年版；刘巧芝：《戴震〈方言疏证〉同族词研究》，西南师范大学硕士学位论文，2005年；邓跃敏：《戴震的"转语"理论及其用于〈方言疏证〉取得的训诂成就》，《学习与探索》2007年第6期。

的转语进行了整理。王念孙的《方言》研究成果大多包含在《广雅疏证》一书中，他指出的“一声之转”“声之转”“转声”“转语”“语之转”“叠韵之转”“变转”等，多是对《方言》“转语”的揭示，有时“声近义通”“方俗语有轻重”所涉及的情况也属于“转语”。赵振铎对此有较详细的讨论①。胡继明对《广雅疏证》的同源词进行了全面的整理，亦包含王念孙对《方言》“转语”的揭示②。钱绎的《方言笺疏》继承了戴、王等人尤其是戴震的研究成果，其中的“声转”“语转”等材料也有很多是对《方言》“转语”的补充抉发，刘川民《〈方言笺疏〉同源词研究简析》对钱氏的“转语”研究作了专门探讨③。此外，刘先生对《方言笺疏》中的同源词、对钱氏因声求义方法所做的研究中，也涉及到钱氏在《笺疏》中所揭示的“转语”。做过此类研究的学者还有华学诚、徐朝东、王宝刚等④。

3.《方言》同源词研究考证

“语转”的结果一般有两种：词的变易（方言变体）和词的孳乳（同源词）⑤。清代及以前的“转语”研究大多都属于同源词研究的范畴。现代学者将前人的“转语”理论和研究成果引入到词源学的研究中，使这项传统的研究走向了系统化、规范化，并成

---

① 赵振铎：《扬雄〈方言〉里的同源词》，吕叔湘等著：《语言文字学术论文集——庆祝王力先生学术活动五十周年》，知识出版社 1989 年版。

② 胡继明：《〈广雅疏证〉同源词研究》，巴蜀书社 2003 年版。

③ 刘川民：《〈方言笺疏〉同源词研究简析》，《杭州师范学院学报》1997 年第 4 期。

④ 华学诚：《论〈方言笺疏〉的“因声求义”》，《扬州师院学报》（社会科学版）1989 年第 1 期；徐朝东：《〈方言笺疏〉同族词的研究方法及其评价》，《古籍整理研究学刊》2000 年第 5 期；王宝刚：《论〈方言笺疏〉中的“古同声”》，《淮阴师范学院学报》2002 年第 1 期。

⑤ “变易”“孳乳”两个概念由章太炎提出，他说：“讨其类物，比其声韵，音义相雠谓之变易，义自音衍谓之孳乳。”章太炎：《文始·叙例》，浙江图书馆刊本。

为扬雄《方言》词汇研究中最受关注的领域之一。

丁惟汾《〈方言〉音释》的旨趣在于“以音释音，以音释义”，其中不少条目关涉同源词，如第一条云：“党、朗叠韵，党为朗之声借也。”① 但丁书没有吸收前人的校勘成果，以讹字为依据的地方较多，因此其论断应谨慎对待。吴予天《〈方言〉注商》是第一部研究《方言》同源词的专著，他认为：“子云《方言》，周秦先汉之语汇也，厥中关乎语音之转徙者，十之八九。”② 全书考证了《方言》中的同源词 121 组，部分条目当为确论。王步洲的《〈方言〉声类考叙例》③ 根据声音和意义两条线索系联《方言》中的同源词，该文的出发点有理可据，但具体操作时牵连漫衍，其结论虽多有可取者，但不确者亦不乏其例。蔡凤圻的《〈方言〉声转说》专为抉发《方言》中的“声转”而作，其中也涉及不少同源词。蔡文确定“声转”或仅据声，或仅据韵，标准不严，故结论可商者颇多。赵振铎的《扬雄〈方言〉里的同源词》是一篇有现代语言学理论和严格音转标准的同源词研究论文，其论述信而有征，结论多为确论④。

（四）词汇构成研究

20 世纪以来，有关《方言》词汇构成的研究主要围绕《方言》中的古语词、方言词和外来词展开。方言词的研究情况将在第五节介绍，这里仅评述古语词和外来词的研究成果。

1.《方言》中的古语词

扬雄在《方言》中记录了一部分古语词，如卷一第 12 条云：

① 丁惟汾：《方言音释》，齐鲁书社 1985 年版。
② 吴予天：《方言注商序》，商务印书馆 1936 年版。
③ 王步洲：《方言声类考叙例》，《河南大学学报》1934 年第 2 期。
④ 赵振铎：《扬雄〈方言〉里的同源词》，吕叔湘等著：《语言文字学术论文集——庆祝王力先生学术活动五十周年》，知识出版社 1989 年版。

“皆古今语也，初别国不相往来之言也，今或同。”第13条云：“皆古雅之别语也，今则或同。”以上两条是有明确标志、确定无疑的“显性古语词”①。除上面两条外，《方言》中的显性古语词还有4条②。书中的显性古语词只有有限的几处，更多的古语词则隐藏在其他方言材料当中。

研究者多运用与先秦文献对比的办法来识别《方言》中的隐性古语词。首先是与《尔雅》比较。先秦典籍中的不少方言词被保存在《尔雅》中，通过考察《方言》与《尔雅》中重出的词语，可以检验《尔雅》之前的古语在《方言》时代的留存。李开认为《方言》卷一、卷二大部分为留存于《方言》中的古语词③。濮之珍对《方言》和《尔雅》的内容做过较全面的对比，找出两书中雅诂内容相同的18组词，完全相同者1组④；王智群经重新统计认为，两书中雅诂相同的有49组，完全相同者3组⑤。这些词基本可以确定是古语词。此外，陆华统计得出两书相同的词条数为106条⑥。

确定《方言》中的古语词是一项难度很大的工作，必须要材料全面，鉴别严格，仅以《尔雅》作为比较对象是远远不够的。如果更进一步，想要从古语词中区别出古方言和古通语，甚至区

① 王智群称之为“显性‘绝代语’”，隐性古语词相应的则称为“隐性‘绝代语’”。王智群：《〈方言〉与扬雄词汇学》，高等教育出版社2011年版，第82页。

② 这4条材料白彦在《近60年来〈方言〉学研究》（兰州大学硕士学位论文，2011年，第53页）中已一一列出，可往参看。

③ 李开：《〈方言〉总体结构及其对〈尔雅〉古今语的记述》，《古汉语研究》1990年第4期。

④ 濮之珍：《〈方言〉与〈尔雅〉的关系》，《学术月刊》1957年第12期。

⑤ 王智群：《〈方言〉与扬雄词汇学》，高等教育出版社2011年版，第141页。

⑥ 陆华：《论〈方言〉对〈尔雅〉古今语的记述》，《南宁师范高等专科学校学报》2001年第3期。

分开古方言的区域，则更为困难。

2.《方言》中的外来词

《方言》中收录了一些少数民族语词。较早涉及这一问题的是王静如的《关于湘西土家语的初步意见》①，之后有张永言的《语源札记三则》②，两位先生都只是在研究其他问题时对该问题有所涉及。专文探讨《方言》中所载外来词的学者有李敬忠、赵振铎、谢荣娥等。

李敬忠《〈方言〉中的少数民族语词试析》③ 罗列了39条《方言》中收录的楚地少数民族语词，揭示了《方言》中有少数民族语词这一重要事实。但作者仅将这些词的上古语音与民族语词的语音作了简单的比较，未做充分的论证，因此很多语词都有进一步证实或辨伪的必要④。赵振铎、黄峰的《扬雄〈方言〉里面的外来词》⑤评介了20世纪以来学者们研究《方言》外来词的成果和方法，是《方言》外来词研究中讨论较全面的一篇论文。谢荣娥循着上述研究路径作了许多探索，发表了多篇论文⑥，发掘出《方言》中一些可能来自古越语、古侗语、古苗语等语言的词。此类研究有助于弄清《方言》所收词汇的来源，但大多未从汉语词汇系统内部证明其特异性，而直接从外来词的角度寻找证据，结论尚需进一步辨证。另外，

① 王静如：《关于湘西土家语的初步意见》，中央民族学院研究部编：《中国民族问题研究集刊》1955年第四辑。

② 张永言：《语源札记三则》，《民族语文》1983年第6期。

③ 李敬忠：《〈方言〉中的少数民族语词试析》，《民族语文》1987年第3期。

④ 此外，还有一些词条并非楚地方言，如"煤"《卷十》："火也。楚转语也。犹齐言娓，火也。"非楚语词。

⑤ 赵振铎、黄峰：《扬雄〈方言〉里面的外来词》，《中华文化论坛》1998年第2期。

⑥ 谢荣娥：《论扬雄〈方言〉楚地词"革"源自古越语》，《中南民族大学学报》（人文社会科学版）2015年第3期；《论扬雄〈方言〉楚地词"蘸葉"》，《中南民族大学学报》（人文社会科学版）2016年第3期；《论扬雄〈方言〉楚地词"摩"》，《民族语文》2016年第6期。

考辨外来词的主要方法是根据构拟出来的汉代语音，在今日的民族语言中寻找与《方言》中语音对应、意义相关的词。由于材料有限，判断古代汉语中的外来词难度比较大，上述研究中不少词的考证结果未成定论。

《方言》词汇研究无疑取得了一些重要的成果，但有一些重要的课题，包括方言词汇的系统比较、《方言》的词义系统研究等仍很少有人涉足。不可否认，由于材料的特殊性，这些方面的研究难度非常大：《方言》仅千余词，却古今通方兼容并收，不易整理成系统；又因为其中很多方言词在中古以前就已经消失，文献中很难找到参考线索；而且《方言》大量使用借音字、自造字，使得词义更加难明。

四、方言研究①

《方言》的出现使我们了解汉代的方言成为可能，也使得词汇的历史比较成为可能。以《方言》为材料的方言研究主要包括汉代方言区划，汉代通语的确定，各方言的地位和方言间的亲疏关系，以及某一方言区的范围、语音、词汇等。

（一）扬雄《方言》所反映的汉代方言区划

《方言》虽没有直接指出方言区划，但是书中有大量关于方言

① 该部分主要参考华学诚：《近15年来的扬雄〈方言〉研究与我们对〈方言〉的整理》，《南开语言学刊》2007年第1期；白彦：《近60年来〈方言〉学研究》，兰州大学硕士学位论文，2011年。

词汇地理分布的描写，这为后人探索汉代方言的分区情况提供了依据①。自20世纪20年代林语堂《西汉方音区域考》首先利用《方言》材料进行汉代方言区划研究之后，这个课题即成为讨论热点。尤其是1949年以后，《方言》中的汉代方言区划的研究可谓异彩纷呈，20世纪以来产生了不少值得重视的成果。

最早以《方言》为依据研究汉代方言的学者是林语堂。他著有一系列研究汉代方言的论文②，其中《汉代方音考》《前汉方音区域考》两文以《方言》中的地名为材料，对其并举、独举情况进行归纳，划分出汉代方言14系③。林语堂制定了研究汉代方言

---

① 一般认为《方言》中的材料具有共时性，例如林语堂认为："若要作精密的研究，必须有较丰富的材料，而这些材料最好是出于一人一时的手。要符合这些条件，自然当以扬雄《方言》为最适当。"(《前汉方音区域考》，林语堂：《语言学论丛》，开明书店1933年版）反对者认为《方言》包含了一部分古语词，而且常用古国名和州名，因此不能作为西汉方言的代表。对此，司理仪的观点是，扬雄虽采用了周秦材料，但都通过调查当时的方言进行了验证，《方言》中复杂的区域名称，正是作者力求准确描写方言分布的明证。（*The Chinese Dialects of Han Time According to Fang Yan*. University of California Press，Berkeley and LosAngels，1959）李恕豪也同意司理仪的看法，并且举例作了论证。例如有些出现于《诗经》大、小雅中的词到了《方言》中变成了楚方言。这表明扬雄不是直接使用旧材料而是对其做了验证的。(李恕豪：《扬雄〈方言〉与方言地理学研究》，巴蜀书社2003年版。)

② 有《周礼方音考》《左传真伪与上古方音》《前汉方音区域考》《燕齐鲁卫阳声转变考》(林语堂：《语言学论丛》，开明书店1933年版)；《陈宋淮楚歌寒对转考》(作者《庆祝蔡元培先生六十五岁论文集》，中央研究院历史语言研究所1933年版)；《汉代方音考》(《语丝》1925年第31期)；《西汉方音区域考》(《贡献》1927年第2、3期)。

③ 14系分别是：(1) 秦晋，(2) 梁及楚之西部，(3) 赵魏自河以北（燕代之南并入此系)，(4) 宋卫及魏之一部（与第10系最近)，(5) 郑韩周，(6) 齐鲁为一系而鲁亦近第 (4) 系，(7) 燕代，(8) 燕代北鄙朝鲜洌水，(9) 东齐海岱之间淮泗（亦名青徐）为一系（杂入夷语)，(10) 陈汝颍江淮（楚）为一系（荆楚亦可另分为一系)，(11) 南楚自为一系（杂入蛮语)，(12) 吴扬越为一系而扬尤近淮楚，(13) 西秦（杂入羌语)，(14) 秦晋北鄙（杂入狄语)。需要指出的是，林氏在《前汉方音区域考》中对汉代方言分区的看法与在《汉代方音考》中略有不同，前者倾向于有非汉语区，后者倾向于认为非汉语是"杂入"。

区划的四项通则[1]，这四项通则基本上是正确可行的，并为后来研究汉代方言区划的学者所采用。由于后来的研究者对这些通则掌握的宽严不同以及利用其他辅助条件的差别，形成了分区不同和分区多少的区别。研究这一课题的学者还有罗常培、周祖谟、司理仪、周振鹤、游汝杰、李恕豪、赵振铎、张步天、松江崇、汪启明等。

以上各家中专书或专文探讨该问题的有司理仪、丁启阵、刘君惠、松江崇等。司理仪的 *The Chinese Dialects of Han Time According to Fang Yan* 是国外第一部系统研究《方言》的专著，将《方言》中的方言分成围绕当时历史和文化中心的六大地区三个类型[2]，并通过统计比较，探讨了各方言区的相互影响和扩展方向。书中提供了14幅地图，分别描写了方言之间以及方言与通语之间的关系，同言线及语言类型等问题。最后结合历史、自然等各种因素对上述研究结果作了进一步分析。司理仪首先提出“中心地区归纳法”这一方言分区方法，并付诸实践。他认为汉代方言在地域上围绕着汉代统一以前群雄割据时代最重要的政治和文化中心，某些狭小地区（包括非汉语地区，如吴、越等）的方言

---

① 四项通则分别是：(1) 甲地在《方言》中出现的次数多半为与乙地并举，则可知甲乙地方音可合一类（如秦晋）；(2) 甲地与某邻近地名并举之次数多于其他邻近地名，则可知甲方音关系之倾向（如齐与鲁）；(3) 某地独举次数特多者，可知其独为一类（如楚和齐）；(4) 凡特举一地之某部，其次数多者，则可知某部有特别方音，别成一类，由该地分出（如齐分出东齐，73次；楚分出南楚，85次；燕分出北燕，43次）。

② 具体内容为：(1) 西部诸方言（包括秦和秦晋、梁益、西南、关西）；(2) 中部诸方言（即一般所说的关东，又分为西组和东组，西组包括周、郑、洛、韩，东组包括宋、卫或梁、鲁、齐魏）；(3) 北部及东北诸方言（包括燕、燕代北燕、朝鲜洌水、晋和赵）；(4) 东部诸方言（包括东齐、海岱、徐、淮）；(5) 东南诸方言（包括吴、扬、越、瓯）；(6) 南部诸方言（即楚方言，又分为三组：一是北楚、陈楚、汝俯，二是淮楚、江淮，三是南楚、荆、湘沅、江沅、江澧）。

情况，应当借助于它们所属的文化中心来确定归属。从这个观点出发，司理仪把汉代的方言区域分为三类：中国最早的文化及语言地区，重要性和吸收程度各不相同的扩展地区（燕、西南、梁益、淮），非汉语居民地区（东齐、海岱、吴、越等）[①]。司理仪的这一方法受到后来研究者的重视，丁启阵、刘君惠、李恕豪等均有所借鉴。

丁启阵的《秦汉方言》是国内第一部以扬雄《方言》为主要材料研究秦汉方言的专著。丁先生使用"共时对比分析法"，划分出八大方言区[②]。在方法上，丁先生虽不赞同"同言线法"，但是他尝试绘制个别词（"哀""信""履"）的方言分布图，用以印证他的方言区划观点。最后绘制出四幅方言地图，以及一幅方言地名简图，以备后来研究者的参考[③]。

刘君惠等在《扬雄方言研究》中提出了汉代方言十二区的观点[④]，李恕豪的《扬雄〈方言〉与方言地理学研究》[⑤] 运用"中心地区归纳法"，划分出十二个方言区[⑥]，并根据十二区的相互关系将它们分成输出型、接受型、保守型三个大类。李先生在地名材

① PaulL-M. Serruys. *The Chinese Dialects of Han Time According to Fang Yan*. University of California Press，Berkeley and LosAngels，1959.

② 具体内容为：燕朝方言（代表地：北燕朝鲜洌水），赵魏方言（代表地：赵魏），海岱方言（代表地：齐海岱），周洛方言（代表地：关东周洛），吴越方言（代表地：吴越），楚方言（代表地：楚郑），秦晋方言（代表地：秦晋），蜀汉方言（代表地：蜀汉）。

③ 丁启阵：《秦汉方言》，东方出版社 1991 年版。

④ 刘君惠、杨钢等：《扬雄方言研究》，巴蜀书社 1992 年版。

⑤ 李恕豪：《扬雄〈方言〉与方言地理学研究》，巴蜀书社 2003 年版。

⑥ 具体内容为：秦晋方言区（秦、晋、梁益），周韩郑方言区（周、韩、郑），赵魏方言区（赵、魏），卫宋方言区（卫、宋），齐鲁方言区（齐、鲁），东齐海岱方言区（东齐、海岱），燕代方言区，北燕朝鲜方言区（北燕、朝鲜），楚方言区（楚郢、北楚、江淮），南楚方言区（江湘、沅澧、九嶷湘潭），南越方言区，吴越方言区（吴、越、瓯）。

料的处理方式上与众不同，他先将《方言》中的地名系统分成行政区划地名、自然地理地名、方位名三大类[①]，然后以其中的古代国名为准进行方言区的归纳。

松江崇《汉代方言における言语境界线——扬雄〈方言〉による方言区画の再检讨》[②] 首先对林语堂、Paul L-m. Serruys、刘君惠等的研究成果做了总结、评述，指出上述研究者的方言区划对邻近方言区的关系问题有所忽略。鉴于此，作者在其《扬雄〈方言〉逐条地图集》的基础上，对邻近方言地域间存在的界线做了探讨，指出了汉代方言间的断绝性和连续性，并绘制了地图。这是利用《方言》材料研究汉代方言区划方面的一个重要突破，尤其是方法上的一个新的尝试。

除以上专题研究外，一些相关研究也对汉代方言分区有所涉及，如罗常培、周祖谟也讨论了汉代方言的地理区域，方法与林语堂基本一致，但只分出七区[③]。周振鹤、游汝杰根据《方言》和《说文》，拟测出了汉代的方言分布图，包括汉语方言区九个，少数民族语言区域六个[④]。张步天“根据汉代行政区划长期相对稳定对方言分布的影响，人口的迁移大势，以及参照先秦时期方言分布的历史”，提出十类十六区的汉代方言分区设想，并绘制了“两汉方言分区”图[⑤]。李恕豪发现今福建地区在《方言》中没有出

---

① 其中行政区划名包括古国名、汉代郡国和县邑名称，自然地理名包括山岳名、水名以及古代的州名，方位名包括东北、东南、西南等。

② ［日］松江崇：《汉代方言における言语境界线——扬雄〈方言〉による方言区画の再检讨》，［日］远藤光晓：《言语类型论シンポジウム论文集平成 9－11 年度科学研究费基盘（A）研究成果报告书》（第 7 分册），未正式出版。

③ 罗常培、周祖谟：《汉魏晋南北朝韵部演变研究》（第一分册），科学出版社 1958 年版。

④ 周振鹤、游汝杰：《方言与中国文化》，上海人民出版社 1986 年版。

⑤ 张步天：《中国历史文化地理》，湖南教育出版社 1993 年版。

现，“吴楚之外郊”只出现过一次，他由此推断，当时赣方言和闽方言可能尚未形成独立的大方言区①。

诸家的分区意见大同小异，他们对一些大的方言区（如秦晋、楚）和独立性较强的地区（如北燕朝鲜、吴越）的存在均无异议。当然，汉代的方言分区研究还应继续下去：首先，各方言区的词汇、语音情况如何尚不清楚；其次，一些存在争议的问题，如中部诸方言的界限和相互关系等需要解答；最后，虽然研究者已尝试从《方言》之外，如行政、移民等方面寻找材料，但我们相信，汉代方言分区问题的最终解决必然依赖于更多汉代方言材料的出现②。

就《方言》中的某一个方言区进行讨论的，有汪启明、赵振铎、吴永焕、陈立中等③。这些专题讨论中有的很深入，比如汪启明从历史、地理、方言区域和文献方面就“东齐”问题进行了深入考察，并由此确认“东齐语和齐语最初可能有所不同，但在汉代，东齐和齐同属于齐语”了。这个结论与林语堂在《前汉方音区域考》里面提出的东齐自为一个特殊方言的论断不尽相同。

（二）《方言》与汉代以后方言的比较

词汇的历时演变除了构词方式和词义的变化外，还有一个重要的表现就是词汇的兴替和地域的转移。《方言》记录了大量的汉

① 李恕豪：《论扬雄〈方言〉中的几个问题》，《古汉语研究》1990年第3期。

② 白彦《近60年来〈方言〉学研究》（兰州大学硕士学位论文，2011年，第64—66页）对《方言》作为探求汉代方言的材料的不足与优势、诸家方言分区差异的原因等问题发表了自己的看法，可参看。

③ 汪启明：《〈方言〉中的“东齐”考辨》，《四川大学学报》（哲学社会科学版）1993年第3期；汪启明：《先秦两汉齐语研究》，巴蜀书社1998年版；赵振铎、黄峰：《〈方言〉里的秦晋陇冀梁益方言》，《四川大学学报》（哲学社会科学版）1998年第3期；吴永焕：《从〈方言〉所记地名看山东方言的分区》，《文史哲》2000年第6期；陈立中：《论扬雄〈方言〉中南楚方言与楚方言的关系》，《湘潭大学社会科学学报》2001年第5期；陈立中：《从扬雄〈方言〉看汉代南岭地区的方言状况》，《韶关学院学报》（社会科学版），2002年第4期。

代方言词，将它与汉代之前和之后的文献加以比较，不仅可以考察词的历时兴替情况，而且可以揭示词的地域转移。

郭璞对晋代方言的记录体现在他的《方言注》《尔雅注》《山海经注》等注本中，其中以《方言注》中的晋代方言材料最为丰富。不少学者将《方言》与郭注中的晋代方言材料进行比较，以观察从汉到晋方言词在地域上的转移。王国维在《书郭注方言后二》中就已经指出“景纯注《方言》，全以晋时方言为本。晋时方言较子云时固已有变迁，故注中往往广子云之说”。这种变迁体现在地域上则表现为“子云时一方之言，至晋时为通语”，“汉时此方之语，晋时或见于彼方”等①。

丁启阵制定出基于《方言》和《说文》的两个汉代方言字（词）表，并根据郭注反映的晋代语言和方言列成汉晋方言字（词）比较表，比较了汉晋语言的变化，通过比较揭示了方言南北大迁移、词汇的双音化等现象②。

刘君惠等从郭璞注中统计得出汉晋方言区域发生变化的共计36例。其中汉时方言演变为晋时通语的10例，变为江东语的11例，变为关西语的3例，变为北方语的3例，变为中国语的4例。另外还有楚语变为汝颍间语1例，楚语变为中州语1例，北燕语变为淮南语1例，关西语变为关东语1例，通语变为平原语1例。刘先生等在以上统计的基础上揭示出从《方言》到郭注词汇发展的趋势：从汉到晋通语吸收了不少南楚方言词，而秦晋、周韩郑、齐鲁方言词汇较稳定；汉代方言到晋代发生转移的以转移为江东方言者居多；南北方言差距有缩小趋向③。刘先生等提出以《方

① 王国维：《书郭注方言后二》，《观堂集林》，中华书局1959年版，第238页。
② 丁启阵：《秦汉方言》，东方出版社1991年版。
③ 刘君惠、杨钢等：《扬雄方言研究》，巴蜀书社1992年版。

言》为中介将《诗》《方言》与郭注贯穿比较，揭示周秦至晋时方言变化的构想①。他们选取部分词目进行了研究，但是有一些论证倾向于简单对比，比如仅以《诗经》风、雅所处地域为依据判定先秦方言词所属的方言区，显得不够充分。

华学诚扩大取材范围，以郭璞的《方言注》《尔雅注》《山海经注》《穆天子传注》4 部书为研究对象，得到 4 部书中所引晋代方言共计 264 条，方言词 271 个，其中单音词 152 个，复音词 119 个。华先生将《方言注》与《方言》原文单独作了对比，发现郭注所引的晋代方言 93 条中，江东方言占 54 条，汉代方言到晋代进入通语或大范围通语者 24 例。此外，华先生还指出，郭璞注中“方国”“中国”“北方”方言常用来与楚、南楚、沅澧、荆汝江湘、楚郢以南、吴扬等南方方言作对比，这揭示了汉晋三百年间北方方言内部差异逐步缩小的趋势②。

查学军以清代张慎仪所作的《续方言新校补》《方言别录》③为对比语料，考察了部分方言词在西汉以后的演变情况。查文的目的主要在于研究词义演变，重点考察的是中古以来江淮方言词义的稳定性，但是文中也对三书所涉及的方言区域进行了比较，通过对比各方言区的出现次数，观察到西汉以后方言格局的变化：总体来看，秦晋方言在三书中的描写呈明显减少趋势，吴方言则上升为描写最多的方言，江淮方言地位稳定中有所上升④。

---

① 刘君惠、杨钢等：《扬雄方言研究》，巴蜀书社 1992 年版，第 64—65 页。

② 华学诚：《周秦汉晋方言研究史》，上海人民出版社 2014 年版，第 348 页。

③ 《续方言新校补》与《方言别录》都是对扬雄《方言》的辑补，前者主要辑录见于六朝之前古籍的方言词语和方音资料，后者主要辑录唐代以来见于载籍的方言、方音资料。

④ 查学军：《〈方言〉〈续方言新校补〉〈方言别录〉方言词分布及词义研究》，华中科技大学硕士学位论文，2007 年。

将《方言》与现代汉语方言相结合进行考证是该领域的热门研究方向。外国学者在 20 世纪 80 年代已有论文发表，如 Jerry Norman 的《闽语里的古方言字》①。国内专家近年来也有相关成果发表，如王临惠、张丽霞、黄革、蔡晓、张文轩、富翠红、赵力楠、杨晓红等②。不过，这方面的研究现在还停留在相关材料的发掘和收集层面，甚至只是些简单的比对。希望日后能够出现结合现代方言、科学地勾画出扬雄所记载的方言词自汉代至今天的演变情形的研究成果。这样的研究对方言史的价值自不待言，对今天科学地诠释《方言》也意义重大。

五、结语

扬雄语言学研究所涉领域较广，涉及传统语言学的各个领域。除了前面介绍的内容外，尚有词语考释、语音研究等。词语考释的主要研究成果有华学诚《〈方言〉郭注“党朗”解》《〈方言〉‘陶’之训‘养’说》③，华学诚、马莲《扬雄〈蜀都赋〉词语札

---

① Jerry Norman：《闽语里的古方言词》（*Some Ancient Chinese Dialect Words in the Min Dialects*），《方言》1983 年第 3 期。

② 王临惠：《〈方言〉中所见的一些晋南方言词琐谈》，《山西师大学报》（社会科学版）2001 年第 1 期；张丽霞：《扬雄〈方言〉词汇嬗变研究》，山东师范大学硕士学位论文，2002 年；黄革：《见于〈方言〉中的柳州方言词》，《广西右江民族师专学报》2003 年第 5 期；蔡晓：《由扬雄〈方言〉看泌阳话中古语的遗留》，《天中学刊》2003 年第 3 期；张文轩：《兰州方言的历史演变（一）——由〈方言〉所见西汉方言词汇》，《甘肃高师学报》2005 年第 4 期；富翠红、赵力楠：《浅析〈方言〉词汇的演变》，《辽宁行政学院学报》2006 年第 11 期；杨晓红：《〈方言〉与鲁南农村生活用语本字考》，《农业考古》2008 年第 3 期。

③ 华学诚：《〈方言〉郭注“党朗”解》，《语文研究》2018 年第 2 期；《〈方言〉‘陶’之训‘养’说》，《扬州大学学报》（人文社会科学版），2019 年第 2 期。

记》《扬雄〈蜀都赋〉词语注商》①，董志翘《扬雄〈方言〉与中古、近代汉语词语溯源二例》《扬雄〈方言〉辩证一则》② 等。《方言》中的语音材料并不丰富，因而此类研究成果也不多见。语音研究的主要成果有黄绮《关于上古汉语鼻音尾的问题——〈扬雄方言音辨〉问题之一》和《论声母分合——〈扬雄方言音辨〉问题之一》③、丁启阵《秦汉方言》④、杨建忠《秦汉楚方言声韵研究》⑤、王彩琴《扬雄〈方言〉用字研究》⑥ 等。

20 世纪以来的扬雄语言学研究成果不可谓不丰富，但仍有不少需要进一步研究的课题⑦。华学诚在总结了 20 世纪 90 年代到 21 世纪初这十几年间扬雄《方言》研究成就的基础上，表达了他对扬雄《方言》研究的三点期待。在今天看来仍然适用，移录至此作为本篇的结语。华先生说：

> 一是需要一个更全面并能反映今天研究水平的校注本。因为周祖谟的校本还存在不少问题，关于这方面的具体讨论可以参看我撰写的有关评论《方言校笺》的文章和后来陆续发表的几篇校释商补的文章。

① 华学诚、马莲：《扬雄〈蜀都赋〉词语札记》，《语言科学》2008 年第 2 期；《扬雄〈蜀都赋〉词语注商》，《语文研究》2008 年第 2 期。

② 董志翘：《扬雄〈方言〉与中古、近代汉语词语溯源二例》，《语文研究》2005 年第 4 期；《扬雄〈方言〉辩证一则》，《中国语文》2017 年第 3 期。

③ 黄绮：《关于上古汉语鼻音尾的问题——〈扬雄方言音辨〉问题之一》，《河北大学学报》（哲学社会科学版）1962 年第 3 期；《论声母分合——〈扬雄方言音辨〉问题之一》，《河北大学学报》（社会科学版）1962 年第 3 期、1963 年第 4 期、1964 年第 5 期。

④ 丁启阵：《秦汉方言》，东方出版社 1991 年版。

⑤ 杨建忠：《秦汉楚方言声韵研究》，中华书局 2011 年版。

⑥ 王彩琴：《扬雄〈方言〉用字研究》，高等教育出版社 2011 年版。

⑦ 华学诚：《20 世纪以来的〈方言〉整理》，《中文自学指导》2007 年第 5 期。

二是若干有价值的专题还有待深入探讨。比如《方言》语音材料的挖掘和研究就是一个重要课题。最早从声韵角度对《方言》给予关注的应该是黄侃，他曾绘制《方言声类表》；后有王步洲《方言声类考叙例》；20世纪60年代黄绮著“扬雄《方言》音辨”系列文章，利用《方言》中的标音材料探讨上古鼻音尾的问题和声母分合问题。丁启阵的《秦汉方言》则试图对《方言》标音字作全面的钩稽和研究，这项工作很有意义；但是我曾经指出，“丁氏的具体研究方法和若干结论，有容可再议之处，甚至他的原始材料（标音字组）的个别采集途径以及所采集的材料本身，都还存在某些缺点甚至错误”，所以如何在吸收前人研究成果的基础上，科学采集《方言》中的标音材料，并对之进行深入探讨，仍然是《方言》语音研究的重要任务。再比如关于《方言》中异族词语的考证、疑难词语的考释，包括词汇系统的研究等，都有待进一步深入。

三是需要重视和中古汉语方言、现代汉语方言的历史比较研究。这种研究既要注意方言词汇的扩散和历史演变，也要注意突破字形的屏障。这样的研究价值很大，风险也很大，需要设计科学的方法，实事求是，不能牵强附会，拿现代方言口语中的词语进行简单比对肯定是不够的，甚至会导致很荒谬的结论。

第一个问题华先生自己已经解决了，他的《扬雄〈方言〉校释汇证》已由中华书局于2006年出版。第二、第三两个问题则仍待扬雄语言学研究者继续研究。

论著提要

说文解字引方言考

《说文解字引方言考》，马宗霍著，科学出版社1959年影印出版，约13.5万字，18开，362页。2006年收入董莲池主编《说文解字研究文献集成·现当代卷》第八册，作家出版社影印出版。先有《序》《字目》，而后是四卷正文。

马宗霍（1897—1976），湖南衡阳人，原名骥，字承堃，别署霎岳楼，晚号霎岳老人。1909年就读于船山书院，师从王闿运。1915年毕业于湖南省立第三师范学校，留校任教。1917年赴武昌高等师范学校注音字母讲习班学习。1925年后师从章太炎治经史之学。曾任大夏大学、同济大学、国立交通大学教授，国民政府立法院秘书，国民党党史史料编纂委员会编审，中央文史馆馆员、中华书局编审。著有《文学概论》《音韵学通论》《文字学发凡》《书林藻鉴》《书林纪事》《中国经学史》《说文解字引经考》《说文解字引礼考》《说文解字引通人说考》《说文解字引方言考》等教科书和著作①。

《说文解字引方言考》共四卷，是目前研究《说文》引方言最完备的专著。该书所辑录的材料，都是《说文》中用方言训解的字，那些方域不明而义训合于《方言》的材料不收。该书条目依说文部次排列。首行标方言字，先书小篆，次列楷书，下列所属之部目及音切。次行为《说文》训解，再次为马宗霍考证。

该书就《说文》引用的方言俗语加以考释，凡 174 条。许慎引用方言俗语，都不标举所引为何书，其中见于扬雄《方言》者仅 60 条，而且互有详略，未能尽同。另有称扬雄说者 13 条，不在《方言》之中。马氏指出，许书所引"不必专本扬书，既非专主于一书，故亦不得标举书名矣……故其合于扬书者，固可资之以相参证，其为扬书所不具者，更足补扬书之遗。余因汇而考之，以诂训明其指归，以声音通其条贯，以《篇》《韵》诸书所转引者校其异同"②。马氏在释义中综述诸家之说，并加上按语，时有真知灼见。例如，卷一"卙"字下录《说文》云："卙，卙卙，盛也。从十，从甚。汝南名蚕盛曰卙。"徐锴《系传》以《诗经》"蛰蛰"与"卙卙"相近，义为众也。段玉裁、钱坫、承培元因之，都以"卙"为"蛰"之正字。马氏指出，《诗经》同一篇的上文说："螽斯羽，揖揖兮。"毛传："揖揖，会聚也。"《玉篇》《广韵》引《字统》都训"卙"有"会聚"义，且声韵与"揖"密合，故知"卙卙"即《诗》"揖揖"之正字，"且蚕盛曰卙卙，螽斯盛曰揖揖，同为形容物类，较'蛰蛰'之形容子孙者亦更为切合。又其诗在

① 周川主编：《中国近现代高等教育人物辞典》，福建教育出版社 2012 年版，第 22 页。详细信息可参中国语言学会中国现代语言学家传略编写组：《中国现代语言学家传略》，河北教育出版社 2004 年版，第二卷"马宗霍"条。

② 马宗霍：《说文解字引方言考》序，科学出版社 1959 年版。

《周南》，周南之域，延及江汉汝坟，正与汉之汝南地望略相当。诗人所歌者，周之方音也。许君所称者，汉之方言也。时异地同，赖许存此方言，犹得以考见方言中之古音。《说文》一书之耐人寻绎者，此类是已”①。

此书偶尔亦引用考古材料以资考证，如卷一“笔”字下录或说“谓（笔）为蒙恬所造，始安兔毛，竹管亦始于秦，故秦谓之笔，笔字即从聿、竹，朱骏声且以笔为秦制之字”。马氏接着否定了上述观点：“但近年长沙城郊发掘战国古墓，墓葬所得器物有毛笔若干管，管皆木枝为之，豪亦兔毛，是管不必竹，兔豪亦非始于秦矣。”② 或应用活方言材料，如卷三“泔”字下云：“今衡湘之间犹呼淅米曰淘米，盖古之遗语也。”“今衡湘间俗又谓淘米汁曰米馊水……当作米滫水矣。”③

马宗霍对《说文》资料来源做分类整理研究，取精用宏，对历代研究《说文》的成果尤其是清儒及罗振玉、王国维、章太炎、刘师培、容庚、商承祚等学者的成果做了比较科学的清理，并融合了自己的学术见解，对古汉语研究、古文字研究甚有裨益。

该书对《说文》引方言的情况有比较全面和科学的考证以及细致的描绘，这些都为后人了解和研究古代方言打下了一定的基础。但是正如丁介民所评价的那样，“（马宗霍）治方言则亦有泥求字形之病也”④。

① 马宗霍：《说文解字引方言考》卷一，科学出版社 1959 年版，第 20 页。
② 同上书，第 33 页。
③ 马宗霍：《说文解字引方言考》卷三，科学出版社 1959 年版，第 32 页。
④ 丁介民：《方言考》，台湾中华书局 1969 年版，第 86—87 页。

《方言》校笺

《〈方言〉校笺》，周祖谟著，中华书局1950年第一版，1956年科学出版社将其与吴晓铃主编的《〈方言〉校笺通检》合订出版，称为《〈方言〉校笺及通检》，43.6万字，16开，345页。先有“前言”“《方言》校笺目录”“罗序”“自序”“凡例”，而后是正文及附录。1993年中华书局据初本影印，不再与《通检》合订，书后附有新编制的四角号码索引和笔划索引。

周祖谟（1914—1995），字燕孙，当代著名语言学家，1914年11月19日生于北京。1932年入国立北京大学中国语言文学系学习，1936年毕业后考入南京中央研究院历史语言研究所任助理研究员。1938年起先后任北京辅仁大学中文系讲师、副教授。抗日战争胜利后至北京大学中文系任教，并任该校《国学季刊》编辑委员。中华人民共和国成立后任北京大学中文系教授、《中国语文》及《语言研究》杂志编委、普通话审音委员会委员。1979年任北京大学学术委员会委员。

周祖谟自青年时代起就潜心研究中国语言文字学，尤其擅长音韵学、训诂学、古籍目录学和校勘学。文字、音韵、训诂是周祖谟学术成果最丰硕的领域，主要著作有《问学集》《汉魏晋南北朝韵部演变研究》《汉语词汇讲话》《〈广韵〉四声韵字今音表》《〈洛阳伽蓝记〉校释》《唐五代韵书集存》《〈广韵〉校本》《〈尔雅〉校笺》《〈释名〉校笺》《〈方言〉校笺》等。

《〈方言〉校笺》一书，为《方言》的研究做了总结。周著以宋代李孟传刊本为底本，参证清代戴震、卢文弨、刘台拱、王念孙、钱绎等各家研究成果，精心比勘，重新刊定，成为后出转精的定本。

《〈方言〉校笺》有很多优点，而最值得推崇的有如下六点[①]：

一、品核论定，信而有征。《校笺》总结旧说，并不是简单地引述各家之说以后不加论证直接表明取舍，更不是同意哪家说法，一引了事，而是客观地摆出问题，然后考核各种版本、古书，用确凿的证据定是非、折衷取舍。

二、考核详密，颇多创获。周氏见到了《原本玉篇》《玉烛宝典》等古书，这自然是他比乾嘉诸老条件优越的地方，他也确实充分利用了这个便利校正了不少清儒未能校及的地方，《校笺》中此类校例俯拾即是。周氏的创获不仅于此，事实上，在诸多校例中，有不少是周氏凭借自己深厚的学识，通过详审细密的考核而取得的成果。

三、证据不足，宁存不断。对于前人校勘意见存在分歧的地方，周氏充分运用新材料，并深入发掘旧本类书古注，解决了很多问题。但是《校笺》中存而未论的地方仍有很多，对这类现象应当具体分析。应该承认，其中确有一些是可以按断，而由于周氏见闻未及或偶疏详考未能定论。但是也必须看到，其中大多数是因为证据不充分，周氏才采取了存而不论的矜慎态度，对此，不仅不应批评，还应当推崇。

四、通贯全书，尤重内证。用本书文句校订本书、参考注文刊定正文、根据文义和文例订正谬误等，都是本校的方法。但要成功地运用这种方法，并寻得内证，则非贯通全书不可。这是清朝以来校勘大家的宝贵经验。周氏有机会比前人得见更多的古书，然而他并没有因此而疏于对内证的发掘。相反，他首先对该书做了深入、细致的研究，发明了不少义例，很多成功的校勘正得力

① 华学诚：《扬雄〈方言〉校释论稿》，高等教育出版社2011年版，第215—230页。

于此。

五、察文字之变，通《方言》之解，辨古音之微也是《校笺》的重要特色。如果对文字形体的历史演变（包括正俗体的差异）没有深刻的了解，对《方言》的词语特点及其古义没有透彻的研究，对郭氏注音的原则和汉晋以降语音的历史变化不能了然于胸，要想在《方言》和郭注的校勘上论定前人是非、发前人之所未发，是很难做到的。

六、比量群籍，反复推勘。孙诒让概括前人校勘方法时说："以旧刊精校为据依，而究其微旨，通其大例，精研博考，不参成见。其谌正文字讹舛，或求之于本书，或旁证之它籍，及援引之类书，而以声类通转之錧键，故能发疑正读，奄若合符。"周氏深得此语之三昧，他不仅重视版本的校勘，而且重视理校，在《〈方言〉校笺》中，无论是按断旧说，还是自发新解，大多是经过比量群籍反复推勘而后得。

《校笺》也存在一些不足之处，如当校未校、漏举旧说、对前人的校勘取舍失当等。华学诚《扬雄〈方言〉校释论稿》论之甚详，可参看。

《方言》音释

《〈方言〉音释》，丁惟汾著，该书初稿曾题名"《方言》译"，系《诂雅堂丛书》中的一种，传世版本有平乐印庐清钞批校本和《诂雅堂丛书之五——〈方言〉译》线装铅印本。1982 年 5 月，齐鲁书社据台湾印本（版本不详），以王献唐平乐印庐清钞批校初辑本参校，并附录若干王氏校语（手稿），于 1985 年影印出版。全书 16.6 万字，32 开，277 页。

丁惟汾（1874—1954），字鼎丞，山东日照人。1904年留学日本明治大学，1907年回国，任山东法政专门学校校长。辛亥革命后，曾任国民党山东省党务主任、省议会议员。1924年主持国民党北方执行部，后任国民党中央青年部、宣传部、训练部部长，中央政治学校教育长，国民党中央执行委员会秘书长、常委。抗日战争期间，任中央抚恤委员会主任委员。有《诂雅堂丛书》六种（《毛诗解故》《毛诗韵聿》《〈尔雅〉释名》《〈尔雅〉古音表》《〈方言〉音释》《俚语证古》）行世。

《〈方言〉音释》十三卷，是一部从汉语古音韵的角度出发疏释《方言》的注本。全书内容按照今本《方言》编排，各条首列《方言》原文及郭璞旧注，次将有关文字分别归属各个韵部，再次为释文疏证，突出“以音释音、以音释义”的方法，故称“音释”。

《〈方言〉音释》最具个性的特点是“以音释音，以音释义”，与以往治扬雄《方言》的各家相比，可谓别开生面①，但该书结论多有未安。华学诚认为：“丁惟汾《〈方言〉音释》的旨趣在于‘以音释音，以音释义’，对文本校理根本没有措意，甚至完全漠视前人的校勘成果，以讹字为说者随处可见，所以单纯从校理的角度看，丁氏此书基本没有值得称说的内容，甚至可以认为是一种学术倒退，毋庸辞费。”② 丁介民评价该书说：“是书即以音转之道求之，每条先列方言词语所属之韵部……文中取证，率以达恉

① 曲彦斌：《葑菲菁华录：历代采风问俗典籍钩沉》，大象出版社2015年版，第184页。此外王英明编著《古汉语书目指南》（齐鲁书社1988年版，第144页），马文熙、张归璧等编著《古汉语知识辞典》（中华书局2004年版，第441页）也有介绍，可参看。

② 华学诚：《20世纪以来的〈方言〉整理》，《中文自学指导》2007年第5期。

为止，不尚博引，孤证之病，在所难免，又多以齐东俗语相比附疏通，内中颇有失于凿者，如：‘台、既，失也，宋鲁之间曰台。’丁氏云：‘台，之部。既，脂部。失，至部。台古音读提，为遗佚（古音读狄）之合声，《孟子·梁惠王》篇：遗佚而不怨。遗佚俗语音转为拉掉。’以音韵相转之道求方言，以钱氏《方言笺疏》为始，丁氏之说，则多属臆断，且有强人从我之病，其以俗言疏通古语，又乏塙证。大抵是书可备资考，而创述发明，则多有未安也。”① 两位先生所论角度不同，但均切中肯綮。

秦汉方言

《秦汉方言》，丁启阵著，东方出版社 1991 年版，21.3 万字，32 开，272 页。

丁启阵，1963 年生于浙江临海。毕业于山东大学中文系，毕业后至北京外国语大学中文系担任教师至今。1995 年被聘为副教授。其间，先后于澳门理工学院、韩国诚信女子大学、日本东京大东文化大学担任客座教授。主要研究方向为汉语音韵学和中国古代文学，已出版著作十余种，主要著作有《秦汉方言》《唇舌集——音韵方言新论》《汉语复辅音说辨正》等。②

丁启阵的《秦汉方言》是国内出版的以扬雄《方言》为主要材料进行研究的第一部专著，并取得了值得重视的研究成果。全书分六个部分：第一部分，秦汉时期的汉语方言分区；第二部分，从《方言》标音材料看汉代方音；第三部分，从合韵情况看汉代

---

① 丁介民：《方言考》，台湾中华书局 1969 年版，第 50—51 页。

② 以下内容转录自华学诚：《扬雄〈方言〉校释论稿》，高等教育出版社 2011 年版，第 43—44 页。

方音；第四部分，汉方言字（词）表；第五部分，从扬雄《方言》与郭璞注的比较看当时汉语发展的一些问题；第六部分，从秦汉经籍传注看秦汉方言。书后附方言地图四幅，图一为秦汉时期汉语方言地图；图二、三、四分别为“哀”“信”“履”说法的分布图，用以印证他所作的方言区划。另附一幅经改制的《方言地名简图》。除第三、第六两部分带有旁证性质以外，其他各部分都直接取材于《方言》。

第一部分的核心内容是秦汉时期的方言区划。丁氏的分区，基本是依据林语堂以来很多学者所采用的方法，即通过分析《方言》中地名独举和并举的出现情况进行分区。丁氏把汉代的方言区分为八大区：（1）燕朝方言，（2）赵魏方言，（3）海岱方言，（4）周洛方言，（5）吴越方言，（6）楚方言，（7）秦晋方言，（8）蜀汉方言。这一部分，丁氏还具体说明了他制作的方言地图、各方言之间的区别及各方言的地位等问题。

第二部分，作者首先摘出《方言》中具有标音作用的75组标音材料，并根据标音字探求出汉代汉语共同语的音系，接着列出《方言》标音字总表，在上述研究的基础上，分析了汉代方言的声母、韵母、声调，并深入地分析了声母、韵母在各大方言间的音值折合情况和声调在各大方言的调值。研究《方言》标音字所反映的语音事实是个难度很大的课题，丁氏之前，国内还没有人做过这项研究[①]。丁氏的方法和若干具体结论也许需再议，但是，他所进行的这项研究本身具有开拓性，对材料的分析处理以及取得的相关成果具有启发性，具有较大的学术价值。

① 美国学者柯蔚南（W. SouthCoblin）和司理仪（PaulL-M. Serruys）在这方面曾有过研究，《秦汉方言》（第261页）列出了他们的论著目录，可参看。

第四部分列举两个方言字（词）表，一个是“《方言》方言字（词）表”，另一个是“《说文》方言字（词）表”。这两个表分别代表了汉代两个截面上各地的汉语方言，其作用是，“以这两个表作为起点，可以考察其后代方言词语（词语也自然会反映出一些语音规则）的流动、变迁。考察的结果或许还会对诸如历史地理学、方言区演变研究、人口迁移研究等学科有一些参考价值。从小的方面讲，对汉代汉语方言研究中的考方言本字工作，我们也存一点儿‘有用’的企望”①。这是一项未见有人做过的工作。

第五部分，作者把《方言》和郭璞注列成汉晋方言字（词）比较表，通过比较分析，作者“发现了一些有意思的现象”。关于方言的流动情况，作者发现汉代的各大方言到晋代基本上都有一些词语成了共同语言的成分，或者是通用范围变得更加广泛了。相比之下，汉代的八大方言中，对晋代共同语影响最大的要数楚方言，秦晋方言对后代影响不大。此外，汉代北方地区的一些方言，到晋代出现在江东一带方言中，汉代南方的一些方言词到晋代成了通语，这种南北大迁移的现象也值得注意。关于词义的演变、词汇发展的双音化趋势，在比较表中也有明显的反映，作者也作了具体说明。

丁启阵把现代方言调查研究中的理论和方法用到研究以《方言》为代表的秦汉古方言上，并取得了很多可喜的成果，丁氏的《秦汉方言》在《方言》研究上的新贡献值得充分肯定。

---

① 丁启阵：《秦汉方言》，东方出版社 1991 年版，第 121 页。

扬雄方言研究

《扬雄方言研究》，刘君惠、李恕豪、杨钢、华学诚著，巴蜀书社1992年版，27万字，32开，344页。

刘君惠（1912—1999），四川成都人，名道龢，字君惠，号佩蘅，以字行。1937年毕业于国立四川大学中文系，毕业后从事教育工作。先后任四川大学、金陵大学、四川师范大学等大学中文系教授。

刘先生曾从蜀中鸿儒赵少咸先生问学，早年受章炳麟学术思想影响甚巨，对哲学、文学、史学、语言学均有研究。1949年前，刘先生在金陵大学文学院主编的《斯文》月刊及金陵大学文学研究会会刊上发表有关我国历史文献的论文，同期主讲训诂学和从事诸子的研究，撰有《诸子学导论》，编有《训诂学名著选编》，著有《〈方言疏证〉续补》等；在中国乡村建设学院院刊发表《龙山十二论》，系统讨论中国文化史上的许多重要问题。1949年后，刘先生精力聚于汉语、汉语学和汉语史。先后在川北大学、四川师范学院、四川师范大学讲授现代汉语、古代汉语，为研究生主讲训诂学；1955年四川师范学院印行刘先生所编教材《古汉语》与《古汉语参考资料》；1980年撰成《训诂学略例》，1984年由成都中医学院印行；参编《汉语大字典》并担任编委，撰写《〈庄子〉字义疏证》。刘先生一生发表过很多重要论文，影响深远者如《论王国维〈尔雅草木虫鱼释例〉》《论王念孙〈方言疏证补〉》《读〈黄侃论学杂著〉》《诗豳风七月新探——兼论语言与文化的联系》《是尊重古训，还是墨守古训》。刘先生1999年10月31日辞世，享年 88 岁①。

刘君惠等著的《扬雄方言研究》是至今唯一一部全面研究《方言》的专著，该书共分三编：第一编，“扬雄与他的《方言》”；第二编，“《方言》与方言地理学”；第三编，“《方言》注家述评”。

第一编首先介绍了扬雄的学术、思想，指出只有全面认识扬雄这个人才能全面深入地认识他的《方言》；其次，就《方言》的作者问题进行了讨论，肯定在新的确凿证据提出来之前，《方言》的作者仍然应该是扬雄；再次，讨论《方言》的体例，指出由于《方言》是一部未完成的著作，所以全书体例不尽统一，本书作者采取求同存异的方法，力求如实反映《方言》的系统和组织情况；从次，评价了《方言》在中国语言学史以及世界语言学史上的重要地位，肯定它在描写词汇学和历史词汇学上作出的卓越贡献，以及对了解和研究汉代文化的价值；最后对《方言》以后的中国古代方言学做了概述。

第二编讨论《方言》和方言地理学。作者依据《方言》所提供的资料，利用方言地理学的研究方法，主要是“中心地区归纳法”，并着重联系当时各地区的人文历史如政治、经济、文化、商业、交通、移民等情况，划分出了十二个方言区，在每一个方言区下，还列出了次方言。具体划分如下：第一，秦晋方言区：秦、晋、梁益；第二，周韩郑方言区：周、韩、郑；第三，赵魏方言区：赵、魏；第四，卫宋方言区：卫、宋；第五，齐鲁方言区：齐、鲁；第五，东齐海岱方言区：东齐、海岱；第七，燕代方言

---

① 刘先生小传引自华学诚《高山景行　精严淹博——为纪念刘君惠先生逝世十年而作》[《励耘学刊》(语言卷) 2008 年第 1 期]，对《扬雄方言研究》的述评引自华学诚《扬雄〈方言〉校释论稿》(高等教育出版社 2011 年版，第 44—45 页)。

区；第八，北燕朝鲜方言区：北燕、朝鲜；第九，楚方言区：楚郢、北楚、江淮；第十，南楚方言区：江湘、沅澧、九嶷、湘潭；第十一，南越方言区；第十二，吴越方言区：吴、越、瓯。该书对所划分出来的每一个方言区，都详尽地讨论了它的范围、特点以及与其他方言区的关系。

第三编对历代《方言》注家进行了评述。本书所评述的注家及其著作有郭璞《方言注》、戴震《方言疏证》、卢文弨《重校方言》、刘台拱《方言补校》、王念孙《方言疏证补》、钱绎《方言笺疏》，内容包括各家所使用的方法、取得的成就、具有的价值以及存在的问题等，“力求综核，不作泛论”，由此勾勒出了《方言》研究史的轮廓。

正如刘君惠在序论中所说，“本书主要蕲向是对《方言》一书做新的探索”。就 20 世纪后半叶以来而言，这本著作在《方言》研究领域堪称是一个重要创获，而且给予后来研究《方言》的人很多启发，至今仍然是《方言》研究的重要参考书。

先秦两汉齐语研究

《先秦两汉齐语研究》，汪启明著，巴蜀书社 1998 年版，27 万字，32 开，364 页。全书共分五章：一、前言；二、齐人与齐语；三、齐音钩沉（上）：齐语的韵部；四、齐音钩沉（下）：齐语的声母；五、齐语广证。最后有两个附录：附录一“齐语词目表”，附录二“先秦两汉齐语韵谱”。

汪启明，四川三台人，1955 年生，文学博士。西南交通大学特聘教授，博士研究生导师，编审。现任国家社科基金重大项目首席专家、四川省第十批学术和技术带头人，教育部学位与研究生教育发展中心评审专家、中国训诂学研究会副会长、中国音韵学研究会常务理事、四川省语言学会副会长。主要研究方向为汉语言文字学、传播学、中国古典文献学等，已出版《先秦两汉齐语研究》《汉小学文献语言研究丛稿》《考据学论稿》《中上古蜀语考论》等20余部专著，发表论文近150篇。先后获科研奖项18项，其中《中上古蜀语考论》获第十八届北京大学王力语言学奖一等奖；承担科研项目20余项，2015年获得国家社科基金重大攻关项目"方志中方言资料的整理、辑录及数字化工程"。

该书第一章，从春秋战国时期齐国的经济政策和语言政策着眼，论述齐语和齐文化自身的发展和向外扩散，分析了齐语在当时和后世汉语文学语言中的重要地位、作用和影响。第二章齐人和齐语，对"齐人""齐语""齐文化""东齐"等名称做了深入地考察，有力地批驳了林语堂在《前汉方音区域考》中提出的"东齐"自为一个特殊方言的论断。第三章、第四章是齐音钩沉，对有关齐语的材料，包括韵语、异文、假借、声训等做了广泛的收集和穷尽地分析，归纳出齐语声类的十项特点。除个别的特点前人略有论及外，多数是作者爬梳整理的结果。支、脂、之、微在齐语中有混用现象，作者并没有由此得出四部合一的结论，而是假定脂、微两部在齐语里面没有区别，支、脂、之三部个别字在齐语里可能存在交替。第五章齐语广证，对古代文献中属于齐语而未注明的材料，以及字面为齐语而实际上并不是齐语的材料都认真地加以辨认，不少地方还能够追本溯源讨论古今的演变。

作者广泛地收集资料，运用传统语言学的实证方法，吸收现代语言学共时和历时的观念，联系语言的文化背景和古代齐人的历史，对先秦两汉的齐语做了多方面的探索。另外，方言之间的语法差异不大，作者没有专章论述，而是在相关的章节论及，这是出于审慎的考虑。书后附录“齐语词目表”“先秦两汉齐语韵谱”，这对我们研究齐语有很大的参考价值①。

具体而言，该书的突出成就主要表现为以下三个方面：

1. 以敏锐的时空意识处理语言材料。作者在研究中始终秉持时空观，具体表现在四个方面：（1）在材料选择上，仔细辨别属于“齐语”的文献材料，成分较复杂、不能确定著作地的文献则不作为主要材料；（2）在概念辨别上，注重史地结合；（3）在考察齐音时，特别注意齐音的发展变化；（4）在齐语词汇的考证方面，通过比较《方言》中指明的齐语词汇与汉代经师注释所说的齐语词汇，来说明齐语使用区域的扩展。

2. 以丰富的例证增强结论的可靠性。在研究综述部分，作者认为林语堂的《燕齐鲁卫阳声转变考》是第一次运用语音学原理来进行齐语研究的，林氏《〈周礼〉方音考》《〈左传〉真伪与上古方音》的研究“假设十分大胆，但论据亦显不足”，同时指出其他对齐语方音的研究也多采用了韵文、异文、声训、假借等材料，但材料占有量略嫌不足。作者收集了丰富的齐语材料，尤其是分析齐语语音特点时，通过大量韵文、异文、经师读音、声训等例证加以明确。尽管该书对一些现象尚无确定的解释，但揭示了一些语言现象，如复辅音及清鼻音问题。

3. 以更为明确的思路完善或纠正前人的论述。如在界定齐语词汇时，通过论证“齐民与妻婢奸曰姘”中“齐”并非地域概念，纠正了杭世骏把“姘”字误当作齐语收入《续方言》的错误②。

总之，该书是一部探讨上古方言的力作，专把一个方言区

① 以上述评引自李无未主编：《音韵学论著指要与总目》（上册），作家出版社 2007 年版，第 96 页。

② 以上内容参张萍：《〈先秦两汉齐语研究〉简评》，《绥化学院学报》2013 年第 9 期。

“齐语”作为研究对象，讨论了齐语声韵母的诸多语音特点，开拓了上古汉语区域方言研究的新领域，对推动汉语史研究深入发展颇具意义。

周秦汉晋方言研究史

《周秦汉晋方言研究史》，华学诚著。2003 年列入《上海市社会科学博士文库》，由复旦大学出版社出版；2007 年列入《复旦博学论丛》（第一辑），由复旦大学出版社出版修订本；2014 年列入《上海市学术著作出版基金 25 周年精选丛书》，由上海人民出版社出版，40 万字，16 开，407 页。

华学诚，江苏兴化人，1957 年生，文学博士。北京语言大学特聘教授、教育部长江学者特聘教授、国务院特殊津贴专家、博士研究生导师。现任北京语言大学学科建设委员会主任、北京文献语言与文化传承研究基地首席专家兼执行主任、北京语言大学文献语言学研究所所长、《文献语言学》主编。兼任北京大学《中国语言学》、北京师范大学《励耘语言学刊》、华中科技大学《语言研究》等学术刊物编委。主要研究方向为训诂与历史词汇、古代语言学文献、汉语方言学史等，已出版《周秦汉晋方言研究史》《扬雄〈方言〉校释汇证》《扬雄〈方言〉校释论稿》等专著 8 部，主编教材一套 8 种、学术研究丛书一套 8 种，参编教材、工具书多种，发表论文 80 余篇。本世纪以来先后获得全国百篇优秀博士学位论文、北京大学第十二届王力语言学奖一等奖、高等学校科学研究优秀成果奖（人文社会科学）一等奖等重要省部级以上奖项 6 项，承担北京市、教育部和国家社会科学基金重点项目等省部级以上课题 6 项，2016 年获得国家社科基金重大攻关项目《中国古代方言学文献集成》。

该书是汉语方言学史领域的第一部断代研究专著，全书以时间为经、以内容为纬，共列十章。分别是：第一章，绪论；第二章，周秦时期的方言研究；第三章，扬雄和他的《方言》；第四章，扬雄《方言》的历史评价；第五章，《方言》"奇字"研究；第六章，汉代辞书中的方言研究；第七章，《说文》的方言研究；第八章，汉代经籍传注中的方言研究；第九章，魏晋时期的方言研究；第十章，郭璞的方言研究与《方言注》。

该书基于对汉语方言学史的宏观把握，截取周秦汉晋时期作为研究对象，首次把该时期划分为发轫阶段、建立阶段和古典传统基本形成阶段，并着力对这三个阶段的特点、成果以及各阶段之间的演变关系等作了全面、深入而又系统的描述和分析。该书修订本中有《本书摘要》，详细介绍了该书的内容，移录于下①。

该书在《绪论》中主要表述了如下观点：原始汉语形成的同时也形成了原始汉语方言；分化和同化是汉语方言最初形成的两种基本方式。后来方言的源头是有文献记载的先秦方言，方言概念形成于先秦，表达方言概念的词语产生于西汉，"方言"一词出现于东汉。古代的方言研究按照它本身所形成的阶段性特点可以分周秦汉晋、南北朝至唐宋、元明、清至民初等四个时期。罗常培的《汉语方音研究小史》是汉语方言学史学科草创的标志。汉语方言学史的研究从总体上来说还很薄弱，加强这方面的研究，对于汉语言文字学以及各分支学科的建设都有重要意义。

先秦是汉语方言学的发轫阶段，该书在第二章讨论这一阶段的方言研究内容。我国从三代起，方言的调查与采集就有了制度

① 华学诚：《周秦汉晋方言研究史》（修订本），复旦大学出版社 2007 年版。

上的保证，本文从汉人的记载以及古代的诗歌收集制度和《周礼》中对有关官职职掌的描述三个方面作了论证。周秦时期的思想界对方言已有所认识，该书从先秦文献的零星记载中透析了这一问题，并认为他们对语言的地域差异和大的方言区域已有了粗略的认识，对方言的形成和方言与雅言的关系已有了一定程度的探讨，关于语言教学和方言的关系也已有了相当科学的见解。成书于战国末年的《尔雅》收释了一定数量的方俗异语词，本章对此作了重点考证和分析，主要论及《尔雅》方言词的考证鉴别方法、《尔雅》方言词的词汇特点、《尔雅》方言词的训释方式和《尔雅》方言词的地域分布等内容。

西汉是汉语方言学的建立阶段，其标志就是扬雄《方言》的出现，该书的第三、四、五章集中讨论了扬雄《方言》。关于扬雄的生平与《方言》的著作权，《方言》的书名、内容和体例，《方言》所呈现的方言区划，《方言》对《尔雅》的继承和发展，《方言》的语言学价值以及《方言》在语言学史上的地位和影响等成果较为成熟的内容。该书以综述为主，而对《方言》中所蕴含的方音材料，扬雄的思想和语言观，特别是《方言》中的“奇字”问题，则进行了重点讨论，甚至辟专章论述东汉至魏晋是汉语方言学古典传统基本形成的阶段，指出其主要标志有两个：一是扬雄以当代口语方言为研究对象的精神至郭璞而得到继承，二是辞书和经注引证方言的文献方言学得到进一步发展。该书的第六至第十章讨论这一阶段的方言研究内容。第六、七两章讨论汉代辞书中的方言研究，对《小尔雅》《通俗文》《释名》的方言研究成果列专节讨论，对《说文》方言研究成就的分析列有专章。汉代辞书中的方言研究比此前有几个重要的发展：一是注重方言地域分布的描写，二是开始注意方音的记载，三是孕育了方言文字学。

第八章讨论汉代经籍传注中的方言研究，除了宏观的描述之外，还专题讨论了王逸的《楚辞章句》、何休的《公羊传解诂》、郑玄的《三礼注》《毛诗笺》和高诱的《吕氏春秋注》《淮南子注》。由于以往这方面的研究较少，该书在重视宏观考察的同时，加强了微观分析。从内容上看，汉代经籍传注中的方言研究较之以前有两点发展：一是开始注意方音的描写，二是涉及一些语法的内容。第九、十两章讨论魏晋时期的方言研究，除了对宏观情况的描述之外，还专题讨论了陆玑的《毛诗草木鸟兽虫鱼疏》，重点讨论了郭璞的方言研究。该书认为周秦时期萌芽的方言研究，经西汉文献学家、小学家的努力，初步建立起汉语方言研究的范式，即口语方言学和文献方言学，而这种范式至魏晋基本定型，并确立了它的古典传统。

钱宗武评价该书道："斯书资料详实，胜义纷呈，实乃'前修未密，后出转精'之作。"该书有很多显而易见的特色，如：坚持宏观与微观相结合的研究理念，既有史的动态感，又有论的厚实感；坚持穷尽性地占有第一手材料的研究原则，结论坚实可信；坚持科学语言理论指导下的比较分析的研究方法，剖析精当，创见焕然①。《周秦汉晋方言研究史》在正确研究理念的指导下，坚持语言学研究正确的原则，成功运用了科学方法和科学理论，取得了很大创获，嘉惠学林。

扬雄《方言》与方言地理学研究

《扬雄〈方言〉与方言地理学研究》，李恕豪著，巴蜀书社

① 钱宗武：《评〈周秦汉晋方言研究史〉》，《语言科学》2004年第1期。

2003年版，17万字，32开，227页。

李恕豪，四川成都人，1942年生，四川师范大学文学院教授。1962年毕业于成都师范专科学校俄语专业。1962年到1978年9月任教于成都大面中学。1978年10月考取复旦大学中文系研究生，1981年9月毕业并获得文学硕士学位。1981年底起在四川师范大学任教，从事古代汉语等有关语言方面的教学和研究工作。先后发表学术论文10余篇。这些论文分别属于音韵学、语言理论、地名学、神话学、中国语言学史等领域，主要有：《试论江永的语言学思想》《陈第古音研究探索》《论段玉裁的古音研究》《释〈诗·卫风·木瓜〉中“木”字的含义》《论庄子的语言观》《从〈通雅〉看方以智的语言研究》等。此外，还参加编写《中国历代语言学论文选注》《理论语言学基础》《扬雄方言研究》等著作。

该书原是《扬雄方言研究》的第二编——“《方言》与方言地理学”，后来作者将该部分单独提取出来，进行一些补充、修订，形成一书。该书主要是从方言地理学角度，对扬雄《方言》中所出现的各种地名以及方言地名的并举进行研究，结合历史、文化等方面的材料，给汉代的汉语方言进行分区，划分方言区下面的次方言，追溯各个方言的来源，探究方言之间的影响、渗透，并对这些复杂的语言事实作出合理的解释①。

作者在后记中指出，扬雄《方言》地理语言学研究还有许多问题可以继续深入，例如对《方言》“转语”间的语音对应关系进行研究，确定在汉代的方言中哪些语言形式是比较古老的，哪些是后起的，有很大的施展余地。另外，对于方言之间的相互影响、渗透，除了从方言地名的并举以及历史文化等方面去研究外，还

① 更多内容请参本书第59—61页《扬雄方言研究》提要。

应当从具体的方言词语入手，一个词一个词地仔细研究，才能得出具体可靠的结论。这些建议对扬雄《方言》研究的进一步开展饶有价值。

扬雄《方言》校释汇证

《扬雄〈方言〉校释汇证》（以下简称“《汇证》”），华学诚汇证，王智群、谢荣娥、王彩琴协编，中华书局 2006 年版，100 万字，32 开，1702 页。全书分上下两册，上册对《方言》作校释，先有“前言”“凡例”，而后是“方言序”“刻方言序”“跋李刻方言”和十三卷正文；下册有七个附录：“方言地理名词释”“戴疏刘歆、扬雄往返书”“汉书扬雄传（节选）”“晋书郭璞传（节选）”“本书主要参考引用文献目录”“历代方言及其注家研究文献目录”“历代方言及郭注研究文选”，最后是“后记”及“扬雄方言校释汇证索引”。

《扬雄〈方言〉校释汇证》是继钱绎《〈方言〉笺疏》和周祖谟《〈方言〉校笺》之后，既能反映历代《方言》研究成果又能代表当代学术水平的一个新校注本，对研读《方言》及相关著作极有帮助。该书的特点主要体现在以下三个方面①。

一、集众家校勘之所长，重订《方言》。《汇证》一书，广集诸本，汇证诸家，对《方言》及郭注进行了重新校订，可谓后出转精。《汇证》是目前为止搜集版本最为全面的《方言》校注本，作者以《四部丛刊》影印南宋李孟传刻本《方言》为底本，汇校

① 以下内容引自董志翘、汪祎《评〈扬雄方言校释汇证〉》［《杭州师范学院学报》（社会科学版）2007 年第 6 期］、汪维辉《〈扬雄方言校释汇证〉读后》［《燕山大学学报》（哲学社会科学版）2009 年第 3 期］等评论文章。

宋刊本、覆本、钞本6种，明刊本、钞本、丛书本12种，清代以来校刻、校注本22种。最可宝贵的是，《汇证》作者在上海图书馆发现王念孙手校明胡文焕《格致丛书》本全本《方言》。王氏手校明本为周祖谟所未见，在被《汇证》作者发现之前，也没有关于王念孙有手校明本《方言》存世的研究报告。此本之前一直未被学界所察，更遑论对其进行研究。《汇证》作者经过考证认为，王念孙手校明本《方言》实际上就是学界认为已经亡佚的《校正方言》。这一发现对于王念孙学术成果的研究及清代学者有关《方言》的研究而言，均具有十分重要的意义。王氏手校明本《方言》中有校勘意见的涉及《方言》共133条，其中有效校勘内容171处，这些校勘意见大多言之有据，颇为可取。《汇证》将王氏手校明本的校勘成果吸纳入书中，在很大程度上提升了《方言》新校注本的含金量。《汇证》在汇校旧本的同时，还吸收了吴予天《方言注商》、周祖谟《方言校笺》、徐复《方言补释》、刘君惠《方言笺记》等行家的校勘意见（尤其是周氏之后的校勘内容），正可反映近60年来对《方言》校订的新成果。《汇证》广集诸本，汇证诸家，在此基础之上，对《方言》及郭注进行了重新校订，主要开展了以下几方面的工作：（1）校订正文，即依诸本或诸家校勘可取之处，对所据宋本正文进行校正；（2）校订注文，即对郭璞《方言注》可商之处进行校正；（3）校正校语，即对前人校勘意见进行修正；（4）补证校语，即对清儒与周氏校订意见进行补充证明。《汇证》汇校诸本，择其优者，重订《方言》，同时又不囿于成说，遇有疑议，则加以按断，实为我们提供了一部可靠的《方言》全校本和精校本。

二、采旧释新说之可取汇释《方言》。《汇证》在广搜旧本及诸家校订意见的基础上将有关《方言》及郭注的考释内容一并汇集，包括清代及近代学者的考证和今人的研究成果。清代及近代学者之说多取自戴震《方言疏证》、王念孙《广雅疏证》、钱绎《方言笺疏》、丁惟汾《方言音释》、吴予天《方言注商》、章炳麟《新方言》等书，其中又以戴、王、钱三家为主。《汇证》所提供的关于《方言》及郭注的注释，不仅对《方言》研究十分重要，还对其他相关领域的研究如汉语史、训诂学等具有诸多参考价值。自周祖谟《方言校笺》以后，今人考释、研究《方言》著作亦多，如徐复《方言补释》、刘君惠《方言笺记》，《汇证》亦竭力收录，以求全备。《汇证》还注重对最新研究成果的吸收，如《方言》卷八多释动物，《汇证》便及时收录了李海霞《汉语动物命名考释》一书的相关内容，其中关于《方言》所载动物得名之由的考证不乏独到见解，对读者理解《方言》多有裨益。此外，《汇证》对从新的视角探求《方言》词语的研究同样给予了足够的关注，如对李敬忠《〈方言〉中的少数民族语词试析》一文的研究视角和研究方法予以介绍和肯定，认为李文虽有可商之处，但不失为一种有益的尝试。在汇释《方言》时，《汇证》还对诸家注释材料进行了考证分析，避免了单纯的材料堆砌，体现了编者自身的研究心得。《汇证》在注释方面主要开展了以下几项工作：（1）匡补旧释。《汇证》对所引旧说有未备可加匡补者，则陈抒己见。（2）对歧说进行判定。《汇证》于诸家所释，尽力搜罗，有不同见解者，则加以分析判别。（3）释前人所未释。《汇证》于《方言》及郭注之诸家注释尽求完备，对前彦时贤未措意者加以补充完善。此外，《汇证》于不知者则存疑备考，体现了审慎的治学态度。这些存疑待质及文献用例未详之处，实际上为后来者提供了广阔的研究空间。

三、立足于“语言”，阐发《方言》。立足于“语言”来校释《方言》也是《汇证》的一大特色，这是全书最值得称道的地方，主要表现在以下五个方面：（1）字与词的关系。《汇证》正确地指出，《方言》中出现的词有些是“借字记音”，文字只是一个记音符号，并不直接表义，因此解释的时候切忌“望文生义”。（2）方音（言）转语。《方言》所记为各地口语词，这些词有时只是同一个词的方言变体，即所谓的“语转字变”。为《方言》作校释，正确地辨明每条中存在的这种“方音（言）转语”是一项重要的工作，《汇证》在这方面也有很多中肯的论述。（3）同名异实。同一个词，其含义往往因为地域或时代的不同而有所不同，《方言》中也存在这种情况。（4）通假与引申。多义词除本义外，有引申义，也有假借义。把假借义当作引申义或把引申义当作假借义，都会扭曲语言事实。《汇证》很注意区分词义的引申和通假，特别是驳正多处前人以通假义为引申义之误，还语言以本真。（5）得名（义）之由。要辨证《方言》中的词义不易，而欲阐明其得名（义）之由则更难。前人除常将通假义曲解为引申义外，遇到得名（义）之由难明的词还好以“反训”来敷衍。《汇证》对此类似是而非之说也多有驳正和发明。上述五点之外，《汇证》中常论及声（音）同（近）义通、同源字、古方音之异、联绵词不能分训等，也都是立足于“语言”来阐释《方言》。

当然，《汇证》也存在一些不足，如部分校勘、考释可商，一些未详者可以探讨。董志翘、方一新、汪维辉、孙玉文等先生均有所论述，可往参看。

《方言》与扬雄词汇学

《〈方言〉与扬雄词汇学》，王智群著，高等教育出版社 2011 年出版，24 万字，16 开，204 页。全书由绪论、正文（凡四章）、余论、附录（“《方言》中的文化词语”“《方言》十二区方言词表”）四部分组成。

王智群，江苏邗江人，2007 年毕业于华东师范大学中文系，获文学博士学位。华东政法大学人文学院教师，从事古代汉语的教学与研究工作。发表语言学论文十多篇，协编《扬雄〈方言〉校释汇证》，参编《古文字释要》。

该书围绕“扬雄撰写《方言》有没有理论，他的理论有哪些具体内容，在《方言》一书中是如何体现的”这一核心问题展开研究，得到了不少有益的结论。从宏观上看，作者首先贯通了《方言》全书的条例，并以此为基础展开研究；作者发现了扬雄以“聚合”方式组织词汇的特点，揭示了扬雄“别国方言”“古今语”和“转语”的深刻内涵，提出了扬雄文化词汇学思想这一命题。从微观上看，作者梳理和总结了《方言》中“或”“亦”“又”这一组术语的义例；发现《方言》在按类归卷、依义成条、释义方式等体例上模仿《尔雅》，但从成书宗旨、材料来源等内容上来看都不同于《尔雅》。全书各部分具体内容如下：

“绪论”部分介绍了研究现状，交代了该书的研究意义和研究方法。

第一章“《方言》的训释体例”，从条目的结构方式、训释体例和训释术语三个方面分别进行了穷尽性的整理和分类描写，既全面理清了《方言》的训释体例，也为其他各章的研究奠定了基础。

第二章“《方言》的词义系统”，从扬雄如何认识和把握《方言》中的词义的角度出发，探讨了经由扬雄处理而展现出来的《方言》词义系统的两个层面——词的聚合和词义的聚合（前者包含同义聚合和类义聚合两种，后者以多义词为主），并详细描写、归纳了它们的各种特点。

第三章“《方言》中的‘古今语’‘别国方言’和‘转语’”，讨论了三个问题：第一，“古今语”，该书从《方言》中显性和隐性的“古今语”材料中寻绎出扬雄所具有的历史语言观，并探讨了这种发微甚早的历史语言观对后世汉语方言学产生的深远影响；第二，“别国方言”，该书首先考察了《方言》对别国方言的呈现方式和《方言》中别国方言的内容和特点，考察结果说明扬雄已具有明确的“通语一方言”思想；然后揭示了《方言》对方言词汇在地理差异上的比较以及对秦晋方言是当时通语的基础方言的认识，从而肯定了扬雄在别国方言研究上取得的成绩；第三，“转语”，“转语”一说首见于《方言》，该书首先详细阐释了《方言》中“转语”的内涵和形式，然后总结了历代学者关于《方言》中“转语”的研究成果，最后全面阐述了《方言》对于“转语”学的发轫之功。

第四章“《方言》与《尔雅》的比较”，对两书的体例、内容分别进行了层层比较，得出结论：《方言》在按类归卷、依义成条、释义方式等体例上模仿《尔雅》，但从成书宗旨、材料来源等内容上来看都不同于《尔雅》。

“余论”部分认为，扬雄的词汇学思想具有两个特征：一是对前人的词汇学思想有继承和发展，如对《尔雅》中词汇编纂体例的继承，同时还有超越前人的新创获，如“古今语”观、“转语”说；二是具有系统性，表现为既有宏观上清晰的思想脉络，又有微观上细致的词义系统、词义比较和语转关系探寻，还有词汇纂辑体例上的经纬分明。扬雄词汇学思想的系统性主要表现为：首先，宏观上的思想脉络包括语言有古今之变的意识、语言有方域之分的观念和“语言或交错相反，方复论思”观；其次，词汇编纂的体系以词义为“经”，以方言分布为“纬”；最后是词汇比较研究的方法，包括辨析词义时的“求同”和“辨异”，首创“转语”说探求词语间的深层关系。

《法言》《扬雄集》词类研究

《〈法言〉〈扬雄集〉词类研究》，路广著，高等教育出版社2011年出版，16开，31万字，257页。全书由绪论、正文（共11章）、结论三部分构成。

路广，山东肥城人，华东师范大学博士。现为复旦大学国际文化交流学院教师，主要研究领域为汉语史、对外汉语教学。已在《语言研究》《汉语史学报》等刊物发表学术论文20余篇。

该书绪论部分介绍了《法言》和《扬雄集》的基本情况，两部著作作为汉语词汇史研究语料的特点，以及该书的研究内容、研究意义和研究方法。第一至第十一章逐次讨论了名词、动词、形容词、代词、副词、介词、连词、量词、语气词、助词、叹词共十一类词的类别、特征等问题。结论部分归纳了全书的主要结论。

该书以词类为切入点，分类描写和研究了各类词的特点，通过比较发现了两书在语言风格上的差异。作者指出，从语言风格来看，两书有较大差异：《法言》可以说是拟古文的典型代表，而《扬雄集》则可以说是文人书面语的典型代表。第一，语言风格上，扬雄创作《法言》的目标是“古”，创作《扬雄集》的目标是“雅”。《法言》全面模仿《论语》，不仅采用了语录体形式，而且在词、句子、篇章层面上全面模仿。首先，从形式上看，《法言》采用了《论语》开创的语录体形式。其次，《法言》在词、句子等层面上都对《论语》进行了模仿。扬雄在作《法言》时“仿用”“化用”甚至“照搬”《论语》中的句式，因而从表面上看《法言》与《论语》的语言风格极为接近。《扬雄集》虽也存在有意模仿的情况，但不如《法言》突出，它的语言是文人书面语的典范。首先，相对于语录体的《法言》，《扬雄集》中的对话内容很少，导致其在疑问和感叹表达方面的词汇量不够丰富。其次，《扬雄集》的选词上倾向于描写性而非直白性。这在形容词类上的表现尤为突出。再次，《扬雄集》倾向于古但不刻意仿古，故并不避讳使用当时的语言。正因如此，《扬雄集》中出现了一些比较新的语言成分。总之，从语言风格来看，《法言》与《扬雄集》有很大不同：《法言》是拟古文的典型代表，而《扬雄集》则是文人书面语的典型代表。第二，从汉语史来看，扬雄所处的时代处于上古汉语和中古汉语的过渡阶段。《法言》《扬雄集》除了风格差异及其导致的语言差异之外，从汉语史的角度来看，词类方面还有一些比较突出的特点。首先，两书中的词类对先秦汉语有较多的继承。其次，两书的词类系统有一些新的变化，主要体现在词类系统的数量以及系统内某些成员的语义或用法上，这些新的变化有的成为中古汉语语言的源头。

总体而言，该书采用封闭性材料，详尽描写，呈现了两汉之交文人作品《法言》《扬雄集》中的词类使用状况，并对词类系统本身做了有价值的思考。

两汉方言词研究——以《方言》《说文》为基础

《两汉方言词研究——以〈方言〉〈说文〉为基础》，吴吉煌著，高等教育出版社 2001 年出版，39 万字，16 开，332 页。先有

"绪论"，然后是 4 章正文（"两汉方言词的分布、构成及来源""两汉方言词的对应关系""同义异形对应词的差异""从两汉方言词看两汉通语"），最后是结语和两个附录。

吴吉煌，福建泉州人，1981 年生。2009 年于北京师范大学获文学博士学位，同年进入中山大学中文系任教，现为中山大学副教授，主要研究方向为训诂学、汉语词汇史。在《语文研究》《励耘语言学刊》《民俗典籍文字研究》等专业期刊上发表多篇方言词汇相关论文，主持国家社会科学基金青年项目 1 项。

《方言》中真正的方言词汇有哪些，这些方言词汇具有什么特点，它们和通语词汇之间有什么样的对应关系等，以往学界对这些问题没有全面系统的科学报告。该书针对这些问题进行研究，同时参证《说文》材料，使我们在科学层面上看到汉代方言词汇的真实面貌。

该书从《方言》《说文》中整理出有明确地域使用说明的方言词 1228 个，共计 539 组，并以此为基础对两汉方言词进行了系统研究。

作者考察了两汉方言词的地域分布，发现两汉方言词在地域分布上有两个突出特点：一是各方言区方言词数量不平衡，秦、北楚、江淮、楚郢、晋等地区的方言词项数量较多，均占到总数量的 7%以上，而燕、代、瓯等地区的方言词项较少，所占比重均不到 1%；二是不同方言词项的分布区域广狭不一，有些方言词只分布在某一个特定的地区，尤其是《说文》所揭示的方言词有许多只能确定其在汉代某些郡县中使用，而有些方言词项的分布却很广，如《方言》卷一中表"取"义的"捋"广泛地使用于"卫鲁扬徐荆衡之郊"等地区，《方言》卷二中表"寄"义的"庇""寓"在"齐卫宋鲁陈晋汝颍荆州江淮"等广大地区使用。

该书以词项为单位，将两汉方言词分为无对应词项方言词和同义异形对应方言词，讨论了对应词项方言词的基本类型、使用情况及产生原因，分析了方言间同义异形对应词的数量关系，对同义异形对应词所反映的方言间语音差异和语素差异的情形进行了深入探讨。作者发现，从外在形式看，同义异形对应词是表达同一意义的不同文字形体之间的区别对应。文字形体的不同只是表面的差异，其背后可能反映语音和语素两种不同性质的差异。第一种差异即表达同一概念意义的某一语言单位在不同方言当中发生了语音的转变，即扬雄所谓“转语”。例如《方言》卷十：“煤，火也。楚转语也。犹齐言焜，火也。”“火”上古音为晓纽微部，“煤”上古音为晓纽歌部，“焜”上古音为晓纽微部，三者双声，歌微旁转。第二种差异即方言与通语及其他方言中表达同一概念意义所用语言单位的语素差异。

该书在第四章“从两汉方言看两汉通语”中讨论了两个问题：一是从两汉方言词看汉语词汇的历史更替，二是从两汉方言词看两汉通语的基础方言。作者研究发现：两汉方言词不仅仅是对历史汉语词汇的传承，同时也对汉语书面通语词汇的发展产生影响。方言词对通语词汇系统的影响，突出表现在有些方言词随着所属方言区政治经济文化地位的提升逐渐渗透到通语中，并最终取代原有的通语词成为新兴主导词。这一发现为我们认识汉语词汇历史替换的原因提供了方言视角，也为我们思考汉语方言与通语的历史关系提供了词汇材料。通过两汉秦晋方言词与通语词的全面比较，作者认为秦晋方言与历史通语较为疏远，而周洛方言与历史通语较为密切。因此，作者将周洛方言看作秦以前（至少是周代）通语的基础方言，并进一步推断，周秦两汉通语的基础方言曾经发生变化，即秦以前通语以周洛方言为基础方言，而秦汉时期的通语则以秦晋方言为基础方言。

总之，该书揭示了两汉方言词的整体状况，细致分析了两汉方言词的分歧与差异，探讨了两汉方言词与汉语的历史关系。为我们了解两汉方言词的概貌提供了材料，为更为细致、全面的两汉方言词汇研究打下了坚实的基础、提供了很好的参照。

扬雄《方言》校释论稿

《扬雄〈方言〉校释论稿》，华学诚著，高等教育出版社 2001 年出版，16 开，36 万字，302 页。

这部论稿是华先生关于扬雄《方言》历代注家研究的重要成果，它和华先生的《扬雄〈方言〉校释汇证》互相补充、互相映衬。

该书由八个章节和两个附录构成。全书采用“总—分—总”结构，简要介绍如下①：

总：“序论”是作者对校释对象——扬雄《方言》的基本认识。扬雄《方言》是历代注家赖以存在的基础，也是历代注家需要研究的前提；“总论”以时间为经、以内容为纬，全面系统地评述了扬雄《方言》历代整理研究的情况，包括成就与存在的问题。

分：五个分论和“代结语”“附录一”包含了两种性质的专题研究。分论一至五是历代代表注家的学术史专论，深入分析了郭璞、戴震、卢文弨、刘台拱、王念孙、钱绎、周祖谟七家所做的整理与研究，肯定了他们的贡献，揭示了他们的局限。“代结语”和“附录一”都是具体考释，意图略有不同：“代结语”中考释了

① 以下内容主要参考华学诚：《扬雄〈方言〉校释论稿·跋》，高等教育出版社 2011 年版。

56条，试图以此证明扬雄《方言》迄今确实还“存在不少有待进行深入研究的问题”；“附录一”是关于孙诒让《方言》校语的笺记，目的是展现作者对每一个注家进行研究时最初的也是最基本的工作方式。

总：“附录二：《方言》及其注家研究论著索引”分类列举2010年10月前的全部研究文献，作者以此弥补了该书无法论及或未遑深入讨论的部分的缺憾，同时也为关注这一课题的读者提供了十分全面的目录，需要者可以按图索骥。

《方言》的历代整理与研究情况，以及前人整理与研究的理论、方法、成就与不足，在《扬雄〈方言〉校释论稿》问世以前学界没有见到从学术史的角度进行系统分析、科学概括的专著。该书以扬雄《方言》的语言学史地位为基点，对历代校注，包括成书的和没有成书的条校条释，逐一考察、全面研究，并采用“总一分一总”的结构，以综论与专论相结合的方式展开评述，全面、科学地呈现出《方言》的历代整理与研究面貌，从而系统构建了一部《方言》研究史，并为《方言》的后续研究提供了翔实的资料。

扬雄《方言》用字研究

《扬雄〈方言〉用字研究》，王彩琴著，高等教育出版社2011年出版，27万字，16开，222页。全书由绪论和七个独立章节构成。

王彩琴，河南内乡人，1964年生，文学博士。现为洛阳理工学院教授，任洛阳理工学院人文与社会科学学院院长、河南省语言学会常务理事、洛阳理工学院学术委员会委员。主要研究方向为汉语史和河洛文化。独著有《扬雄〈方言〉用字研究》，协理华学诚教授出版《扬雄〈方言〉校释汇证》，主编教材 2 部。在《民俗典籍文字研究》《中州学刊》等期刊上发表学术论文 30 余篇，主持各类项目 10 余项。《扬雄〈方言〉用字研究》获 2011 年河南省社会科学优秀成果二等奖、河南省教育厅人文社科优秀成果奖特等奖。

该书绪论部分介绍了 20 世纪以来两汉用字研究的概况，《方言》用字研究及其意义，以及该研究所涉及的一些基本概念、上古音系统、《方言》区划等内容。第一章“《方言》版本流传与文字校订”，详细展示了《方言》的版本流传情况和清以来各家校订《方言》的情况。第二章“《方言》传承字与新出字考”，统计得出解释语用字 367 个，被解释语用字 1666 个，接着将它们与传世的辞书和汉代及以前的其他传世文书相比较，确认传承字 1738 个，有待进一步考察的字 295 个；根据已出土的汉代文献资料进一步排除 96 个，剩下 199 个；最后按照音义复素字（形声字）的构成特点，认定 102 个新出字。本章还分析了新出字所表方言词的具体分布以及各方言区新出字所表的词。第三章“《方言》记音字和表义字”，讨论《方言》中的记音字和表义字。作者将记音字分为借音字、联绵字和译音字三类，重点讨论了借音字，统计了借音字的来源，分析了借音字的特点。表义字方面，同样讨论了其来源和特点等方面的内容。第四章“《方言》表义字与方言词”，第五章“《方言》记音字与方言词”，这两章讨论《方言》表义字、记音字的表词情况以及它们所表词的词汇特点。第六章“《方言》用字与《说文》”，钩稽出《方言》用字中不见于《说文》字头的字 552 个，讨论了这些字所反映的方音，并细致分析了这些字。第七章“《方言》用字情况总结”是全书内容的总结。

关于《方言》文字，除了历来陈陈相因的“多奇字”一说之外，并没有全面、具体、深入的研究，华学诚曾发表过《〈方言〉“奇字”考》一文，但只就考察了其中“不见之奇”的文字。《方言》中的“奇字”可谓千古悬疑，所谓“奇字”包括“不见之奇”和“不用之奇”两种。该书在全面梳理《方言》版本和历代校订成果的基础上，对记录被释词语和解释词语的全部用字进行计量分析，逐字考察了《方言》被释语用字的情况，清晰区分了传承字和新出字，对表义字和记音字的表词情况和词汇特点进行分类研究，并在此基础上总结《方言》用字的规律、“奇字”的具体所指，以及《说文》不收的《方言》用字的特点，试图全面而科学地解释《方言》“奇字”。

该书得出了一些重要的结论，现总结如下：

第一，关于《方言》用字规律。从《方言》用字记录方言词的整体情况看，有两种规律：一、用形音义相统一的字；二、用只有单纯记音作用，而其意义与所记的方言词不存在任何联系的记音字。《方言》用字中表义字占多数，共1106个，记音字共519个（其中借音字316个，联绵字171个，译音字32个）。从使用表义字和记音字的具体情况看，首先选用形音义相统一的通用汉字，其次选用音义相当的异体字、俗字和古字，再次借用音同或音近的字，在万不得已的情况下造字。

第二，关于《方言》“奇字”。首先，《方言》“不见之奇”中的绝大部分字，根据现有的出土文献知道它们其实在先秦两汉时期已经见用，只是受传世文献的局限而没能被发现而已。我们还可以根据出土文献推测一些文字的产生地区。其次，随着出土文献的发掘、考释，目前认定的“新出字”（或称扬雄制字）可能还会被排除一些。目前所认定的102个“奇字”中可能还有不少古字、俗字、异体字和方言字存在，真正属于扬雄所制字的可能没有这么多。再次，《方言》中的“奇字”以“不用之奇”居多，这是《方言》一书的写作目的——记录各地方言口语导致的结果。

第三，关于《方言》用字记词的情况。《方言》中用字与所记词之间的关系错综复杂，主要有以下几种情况：异字同词、同字异词和异字异词。《方言》用字记词的总体特点是：从词类归属上看，所表记的基本上是名词、动词和形容词，另有个别虚词；从词的结构看，既有单纯词，也有合成词，但单纯词占绝对多数。

《扬雄集》词汇研究

《〈扬雄集〉词汇研究》，马莲著，高等教育出版社 2011 年出版，30 万字，16 开，248 页。全书由绪论、正文一至五章和附录组成。

马莲，女，汉族，河北承德人，1975 年生，文学博士。现为中国劳动关系学院副教授，主要研究方向为词汇学、术语学。著有《〈扬雄集〉词汇研究》。

《扬雄集》是西汉著名学者扬雄的别集，所收的作品体裁多样，内容丰富，以《扬雄集》为词汇研究对象，可以为全面认识扬雄撰述中的词汇面貌提供参考。

《〈扬雄集〉词汇研究》“绪论”部分首先综述 20 世纪以来两汉词汇研究情况，指出了现有研究存在的问题。然后考察了《扬雄集》的整理和研究情况，对该书的研究意义和方法、词的切分标准等问题做了交代。第一章“《扬雄集》复音词研究”，首先勾勒了《扬雄集》复音词分布概貌，进而穷尽描写了《扬雄集》中复音单纯词、联合式复音词、偏正式复音词以及其他合成词。最后将《扬雄集》同先秦至魏晋南北朝时期较为重要的文献进行历史比较，论述了先秦至魏晋南北朝时期构词法的发展及《扬雄集》复音词在汉语复音化进程中的地位。第二章“《扬雄集》新词新义研究”，首先探讨了新词新义的确定标准，然后从词汇史的角度对《扬雄集》中的新词新义做了穷尽式的挖掘，并分析新词、考释新义。第三章“《扬雄集》成语研究”，考察了《扬雄集》中的成语来源和发展，分析了《扬雄集》中成语的形成方式和语法结构。第四章“《扬雄集》词汇研究对大型语文辞书修订的作用”，从增补词条、修正释义、补充义项、提前书证、补充书证等方面，论述了《扬雄集》词汇研究对大型语文辞书修订的作用。第五章“《扬雄集》疑难词语考释”，对《扬雄集》中的部分疑难词语进行了考辨。

该书在以下三个方面做出了贡献：

第一，详尽地描写和分析了《扬雄集》中的复音词，并对新词新义作了积极的挖掘和分析。扬雄处于两汉之交，两汉之交正是词汇复音化加剧的时期，《扬雄集》是这一时期典雅书面语（即文言）词汇系统的代表作品，尽管《扬雄集》对现实语言的反映较为滞后，但汉代的新兴语言成分却时有所见。该书通过研究《扬雄集》的词汇，揭示出两汉之交文人书面语词汇的基本面貌以及《扬雄集》词汇在汉语复音化进程中的地位。

第二，考释了《扬雄集》中的成语和疑难词语，有利于《扬雄集》的阅读和研究。在该部分，作者考察《扬雄集》中的四字格成语，分析它们的历史层次，力求弄清每一条成语的来源，探讨成语的意义和形式上的发展变化，探索《扬雄集》成语对后世的影响，抉发出可以明确找到源头的典籍成语 26 个，其中首见于《扬雄集》的成语 15 个。作者还细致分析了《扬雄集》中成语的形成方式，有以下 7 种：直接截取，如“求之不得”；紧缩，如“安不忘危”；改换，如“临川羡鱼”；紧缩改换，如“安土乐业”；移位，如“慈孙孝子”；紧缩移位，如“堤溃蚁穴”；概括，如“萧规曹随”，分类清晰、全面，让读者深入了解《扬雄集》中成语的形成方式和过程。除成语外，作者还考释了其他疑难词语 21 条，其中不少条目可成定案，也有一些条目作者在努力展现了自己的看法之后，表示“没有直接证据”。

第三，从增补词条、修正释义、补充义项、提前书证等方面说明了《扬雄集》词汇研究对修订大型语文辞书的作用，为汉语词汇史研究、大型语文辞书的编纂修订及《扬雄集》的进一步整理提供了资料。

论著选登[①]

《方言》本体研究

方言校笺自序[②]

周祖谟

《方言》是中国很早记载古代语言的书，汉末晋初的人都说是扬雄所作，如应劭的《风俗通义》[③] 和常璩的《华阳国志》[④] 都是如此。但是《汉书·艺文志》[⑤] 和《扬雄传》[⑥] 根本没有说到扬雄作《方言》，所以宋朝的人便怀疑起来，以为属之扬雄，可能出于依托。关于这个问题，《四库全书总目提要》[⑦] 分辨得很清楚，结

---

① 编者按：此部分内部选自华学诚《扬雄方言校释汇证》附录七“历代方言及郭注研究文选”，转录过程中我们对所选的论著原文的个别字、标点符号、脚注等作了规范处理。

② 周祖谟：《方言校笺》，中华书局 1993 年版。

③ 应劭：《风俗通义序》，巴黎大学北京汉学研究所：《通检丛刊》本，第 3 页。

④ 常璩：《华阳国志》卷十上，《四部丛刊》初编本，第 2 页 b—第 3 页 b。

⑤ 《汉书》卷三十，志十，《二十四史》百衲本，第 1 页 a—第 36 页 b。

⑥ 《汉书》卷八十七上，列传五十七上，第 1 页 a—第 24 页 a；卷八十七下，列传五十七下，第 1 页 a—第 17 页 b。

⑦ 《四库全书总目提要》卷四十，经部小学类（“方言”条），大东书局石印本，第 2 页 a—第 3 页 a。

论是："反复推求，其真伪皆无显据。"但是我们知道这部书题名叫做《方言》，并且普遍的流传起来，应当是东汉和帝以后的事。

首先我们看王充《论衡》[①] 里面称赞扬雄的文章和《太玄》《法言》两部书的地方很多，可是始终没有提到《方言》。例如《齐世篇》说："扬子云作《太玄》，造《法言》，张伯松不肯壹观；与之并肩，故贱其言。使子云在伯松前，伯松以为《金匮》矣。"[②] 这一段话和《方言》后面扬雄《答刘歆书》中所说："张伯松尝为雄道，言其父及其先君喜典训，属雄以此篇目颇示其成者，伯松曰：是悬诸日月不刊之书也。又言恐雄为《太玄经》，由鼠坻之与牛场也……"很相符合。但是王充没有一字说到《方言》。王充是在和帝永元年间（89－104）死的。其次我们看许慎的《说文解字》里用方言解释字义的和今本《方言》词句相同的很多，他既没有说到扬雄作《方言》，也没有说到《方言》的书名。许慎的书是和帝永元十二年（100）开始作的，建光元年（121）才完成。从这两点来看，和帝的时候还没有叫做《方言》的一部完全的书是很清楚的事情。直到灵帝、献帝的时候，应劭在《汉书集解》[③] 里开始明白引用《方言》，而且称为"扬雄《方言》"；他又在《风俗通义序》[④] 里更详细地引用扬雄《答刘歆书》的话，而且说《方言》"凡九千字"。由此推测，《方言》在汉末应当已经普遍流传起来了。魏孙炎注《尔雅》是引用《方言》的，张揖作《广雅》

---

① 《论衡》卷十三，《超奇》第三十九，第 14 页 b—第 20 页 b；卷十八，《齐世》第五十六，第 16 页 a—第 22 页 a；卷二十，《佚文》第六十一，第 6 页 a—第 11 页 a；卷二十八，《书解》第八十二，第 9 页 b—第 15 页 a；《案书》第八十三，第 1 页 a—第 6 页 a；卷二十九，《对作》第八十四，第 6 页 a—第 11 页 a，《四部丛刊》初编本。

② 《论衡》卷十八，《齐世》第五十六，第 20 页 b。

③ 《方言疏证》序，《戴氏遗书》卷五，微波榭刊本，第 17 页 a。

④ 《风俗通义序》，第 314 页。

也把《方言》的语词大量搜罗在内，这都是很好的证明。

那么，《方言》会不会是汉末人作的呐？这又不然。因为许慎《说文》里既然有很多跟今本《方言》相合的词句，必然在和帝永元以前就有了跟今本《方言》相类的记载了。从永元十二年（100）推到扬雄的卒年，就是天凤五年（18），中间是八十二年。如果《方言》不是扬雄所作，在这八十年里也就有了最初的底本。从许慎完成《说文》的时候，就是建光元年（121），到应劭作《风俗通义》的时候，约在献帝兴平初（194），中间是七十三年。这七十三年中应当是有了《方言》的名称，而且处于逐渐流布的时期。这么说，《方言》是不是扬雄所作，很不容易断定。不过，这部书包括了西汉、东汉之间许多方言的材料倒是很值得宝贵的。

这部书记载的都是古代不同方域的语汇，地域包括的很广。称名虽然很杂，而都是汉代习用的名称。有的是秦以前的国名和地名，有的是汉代实际的地名。东起东齐、海、岱，西至秦、陇、凉州，北起燕、赵，南至沅、湘、九嶷。东北至北燕、朝鲜，西北至秦、晋北鄙，东南至吴、越、东瓯，西南至梁、益、蜀、汉。作者能够搜集这么多的方言，必然是在汉代武功极盛之后，版图已经开拓很广的时候做成的，否则不能如此①。但是要记载这样广大地域的语言，采用小的地理的名称是很困难的，所以不得不采用古代的国名和较大的地名。

作者记载方言的方式，是先举出一些语词来，然后说明“某地谓之某”，或“某地某地之间谓之某”。这些方言的语词都是作者问到以后记下来的。魏天行先生曾经给它一个名字，叫做“标

① 例如书中所称凉益二州就是汉武帝元封以后才有的名称，凉州旧称雍州，益州旧称梁州，见《汉书》卷二十八，志八上，第10页b。

题罗话法”①。其中所记的语言，包括古方言、今方言、和一般流行的普通语。凡说“某地语”或“某地某地之间通语”的，都是各别的方言。说“某地某地之间通语”的，是通行区域较广的方言。说“通语”“凡语”“凡通语”“通名”或“四方之通语”的，都是普通语。凡说“古今语”或“古雅之别语”的，都是古代不同的方言。若从所记的方域来看，凡是一个地方单举的，它必然是一个单独的方言区域；某地和某地常常在一起并举的，它们应当是一个笼统的区域。这样也可以极粗疏地看出来汉代方言区域分布的大概情形②。

单就这种实际的语言记载里我们还可以知道：

（1）一部分汉代社会文化的情形。例如由卷三“臧、甬、侮、获，奴婢贱称也”一条，知道蓄养奴隶在汉代是很普遍的事情；由卷四所记衣履一类的语汇，可以知道汉人衣著的形制；由卷五所记蚕薄用具在不同方言中的名称，可以知道养蚕在南北是很普遍的事。

（2）《尔雅》所记的许多同义词和《方言》对照来看，往往都是古代不同的方语，到了汉代有些还在某一地方保存着，有些已经变成了普通语。甚至有些已经消失，仅仅是书写上的语词了。

（3）方言所记汉代的语言有普通语和特殊语。我们知道：不同的方言相互交融，可以成为普通语；政治文化上有力量的语言，也可以成为普通语。汉代的普通语应当是由这两方面形成的。我们想春秋以前民族是多的，语言是分歧的，可是经过列国争霸、七雄的角逐、秦代的统一，各地的语言彼此吸收，其间不知有了

① 魏建功：《方音研究》讲义，北京大学排印本，第 21 页。

② 林语堂：《前汉方言区域考》，《语言学论丛》，开明书店排印本，第 16—44 页。

多少次的糅合。后来到了汉代，原来不是通语的，也就变为通语了。再看《方言》所记的语言，其中以秦、晋语为最多，而且在语义的说明上也最细。有些甚至于用秦、晋语作中心来讲四方的方语；由此可以反映出来秦、晋语在汉代政治文化上所有的地位了。进一步来说，汉代的普通语恐怕是以秦、晋语为主的。因为一个新兴的统治者对于过去在政治文化上有力量的语言是往往承接过来的。春秋时代的“雅言”就是统治阶级一般所说的官话，这种官话就是“夏言”①。“夏言”应当是以晋语为主的。因为晋国立国在夏的旧邑，而且是一时的霸主；晋语在政治和文化上自然是占优势的。等到后来秦人强大起来，统一中夏以后，秦语和晋语又相互交融，到了西汉建都长安的时候，所承接下来的官话应当就是秦、晋之间的语言了。

（4）《方言》里所记的特殊方语是循地理的分布而表示差别的，有的通行的区域狭，有的通行的区域广。在语言上有的是声音相近的“转语”，有的是声音不同的“同义词”。从声音不同的同义词可以看出不同的人造词的心理过程，从声音相近的转语可以看出声音在方言中转变的条理。

（5）《方言》距今已经一千九百多年了，其中所举的方语在现代方言里依然保留着很多。这种语汇大半都是口头语，而且是文人不大写在文章上的。例如：“慧谓之鬼”“忧谓之惄”“敛物而细谓之揫”“人肥盛曰䑋”“器破曰披”“器破而未离谓之璺”“贪饮食者谓之茹”“庸谓之倯”“子曰崽”“物生而不长大曰矲”“凡相推搏或曰挡”“小篯谓之篓”“饭箴谓之筲”等，都是大众口里流行的话。如果没有《方言》记载下来，我们就无从知道这些语言已

① 《刘端临先生遗书》卷一，《论语骈枝》，仪征阮氏刊本，第9页。

经远在汉代就有了。还有《方言》书里的有些古语在现代方言里仍旧保存着，可是语音和现代方言中文字的读音不一定完全相同。例如："知谓之党"就是现在北方说的"懂"；"物大谓之奘"，现在北方说"zhuǎng"；"耦曰娩"，匹万反，现在北方称"双生"也叫"双 bànr"；"眄曰略"，音略，现在北方说"瞜" lōu；"鸡伏卵而未孚，始化曰哗"，现在普通说"寡" guǎ；"锤，重也"，现在说"秤锤"叫"秤 tó"；"絓，持也"，现在普通说布上的丝结叫"絓丝"，音 xuà；"久熟曰酋"，现在普通说"kiǔ"。诸如此类，也都是"古语之遗"。

（6）前人说《方言》多奇字，是就文字的写法来讲的，如果从语言的观点来看，这些字只是语音的代表，其中尽管和古书上应用的文字不同，实际上仍是一个语言。例如："咺"同"喧"，"唏"同"欷"，"惄"同"愵"，"夰"同"介"，"胁阋"同"胁吓"，"踖"同"蹋"，"佫"同"格"，"㺍"同"愬"，"荩"同"烬"，"拳"同"棬"，"贺"同"荷"，都是很明显的例子。更有很多古今相同的语言，《方言》写的字和现在一般所写的不同。例如"少儿泣而不止谓之咣"，现在写"呛"；"好曰釥"，现在写"俏"；"遽曰茫"，现在写"忙"；"狯曰姡"，现在写"猾"；"缝纳弊故谓之緻"，现在写"紩"；"罂谓之瓬"，现在写"缸"；"臿谓之喿"，现在写"锹"；"佥谓之棓"，现在写"棒"；"火乾曰熬"，现在写"炒"；"裁木曰鋠"，现在写"劈"；这些都是音义一样的。所以我们不能墨守文字，而忽略了语言。

从这几点来看，《方言》在汉语语言史上的价值既然很高，同时也就关涉到整个的中国文化史。尤其重要的是它启示了我们怎样去明了语言，如方言和普通语的关系，古语和现代大众语的关系等，都是值得重视的。

今本《方言》是晋郭璞的注本，凡十三卷。《隋书·经籍志》[①]和《新唐书·艺文志》[②] 著录的也是一样。但是刘歆和扬雄往来的信里说是十五卷，郭璞的《方言注序》里也说是“三五之篇”，卷数和今本不同。这应当是六朝时期的变动。至于字数，在应劭的《风俗通义序》里说是九千字，但据戴震的统计[③]，现在郭注本有一万一千九百多字，比应劭所见的本子多出将近三千字。这些字是在什么时候增添出来的，已经无从考订。我想一定是郭璞以前的事情。因为大凡一种古书有了好的注本以后，就不易有什么改动了。以郭注《方言》而论，我们可能考查出来的佚文，为数很少，就是很好的证明。

郭璞（275—323）[④] 是精通音义训诂的人，他的《方言注》和《尔雅注》解说字义都有一贯的精神，那就是用今语来说明古语。《尔雅注》里固然常常引用扬雄《方言》和晋代的方言来解释古语，在《方言注》里更常常举出晋代的方言来和扬雄所记的汉代方言相比较。在意义上，或者证明古今语义相近，或者说明语同而义不同和义同而语不同。在地域上，或者指明某些古语依然在某地保存，或者指出某些古语不在当地保存，而转在别处却有这样的说法；甚至于更进一步地变成了一般的普通话。这就是他在序文里所说“触事广之，演其未及”的意思。王国维《书郭注方言后二》[⑤] 已经把这种精神指出来了。但是在郭璞解释《方言》语词的时候，还有一些条例，是我们应当知道的：

---

① 《隋书》卷三十二，志二十七，第 27 页 b—第 28 页 a。

② 《新唐书》卷五十七，志四十七，第 9 页 b。

③ 戴震：《方言疏证序》。

④ 《晋书》卷七十二，列传四十二，第 1 页 a—第 7 页 b。

⑤ 《海宁王静安先生遗书·观堂集林》卷五，《艺林》卷五，商务印书馆石印本，第 10 页 b—第 14 页 a。

（1）原来“释词”不明晰的，给一个明确的解释。例如：“虔、儇，慧也”，注：“谓慧了”。“烈、枿，余也”，注：“谓残余也”。“孑、荩，余也”，注：“谓遗余也”。“斟、协，汁也”，注：“谓和协也”。“谪，怒也”，注：“谓相责怒也”。“爰、嗳，恚也”，注：“谓悲恚也”。凡注中说“谓某某”的大都属于这一类。说“谓某某”，犹如说：“这是指什么意思来说的”，这是一种限制的说明。

（2）说明《方言》中一个语词所以这样说的意义。例如：“慧，秦谓之谩”，注：“言谩訑也”。“好，秦曰娥”，注：“言娥娥也”。“眉，老也，东齐曰眉”，注：“言秀眉也”。“嫷，美也，南楚之外曰嫷”，注：“言婑嫷也”。“楚、东海之间卒谓之弩父，或谓之褚”，注：“言衣褚也”。“生而聋，陈、楚、江、淮之间谓之耸”，注：“言无所闻常耸耳也”。凡注中说“言某某”的大都属于这一类。说“言某某”，犹如说：“意思是说什么，所以有这样的说法”。

（3）用普通语词来解释特殊语词或特殊的文字。例如：“台，养也”，注：“台犹颐也”。“郁悠，思也，晋、宋、卫、鲁之间谓之郁悠”，注：“郁悠犹郁陶也”。“泷涿谓之沾渍”，注：“泷涿犹瀨滞也”。“惛，江、湘之间谓之顿愍”，注：“顿愍犹顿闷也”。“南楚愁恚愦愦毒而不发谓之氐惆”，注：“氐惆犹懊憹也”。“麋，老也”，注：“麋犹眉也”。凡注中说“犹某某”的大都属于这一类。

（4）用语言里的复音词来解释原书的单音词。例如：“浑，盛也”，注：“们浑肥满也”。“惬，愧也，梁、宋曰惬”，注：“敕惬亦惭貌也”。“徥，行也”，注：“徥偕行貌”。“踊，力也，东齐曰踊”，注：“律踊多力貌”。“杜、蹻，踇也，赵曰杜，山之东西或曰蹻”，注：“却蹻燥涩貌”。

（5）说明“语转”。例如：“芀、讹、哗，化也”，注：“皆化声之转也”。“苏，草也”，注：“苏犹蘆，语转也”。“臿，燕之东北朝鲜、洌水之间谓之斛”，注：“汤料反。此亦锹声转也”。“杷，宋、魏之间谓之渠挐，或谓之渠疏”，注：“语转也”。这些都是说明因声音的改变而生的“转语”。还有说明语音不正而生的转语的。例如：“薄，宋、魏、陈、楚、江、淮之间谓之苗，或谓之曲”，注：“此直语楚声转也”。“吴、越饰貌为竘，或谓之巧”，注：“语楚声转耳”。说“楚”，犹如说“伧”。

从以上五点我们可以看出郭璞注这一部书照顾的方面非常之广。《方言》是一部好书，幸而又有郭璞的精善注本，真是相得益彰了。

《方言》的刻本，旧有宋本、明本、和清人的校刻本。今日我们能看到的宋本是南宋宁宗庆元六年（1200）寻阳太守李孟传[①]的刻本。他在《刻方言序》上说：“今《方言》自闽本外不多见，每惜其未广。予来官寻阳，有以大字本见示者，因刊置郡斋。”又南宋绍兴间晁公武在《郡斋读书志》[②] 上说：“予传本于蜀中，后用国子监刊行本校之，多所是正，其疑者两存之。”由这两段话我们可以知道《方言》的宋刻本在北宋有国子监本，在南宋有蜀本、闽本、赣本。赣本是宋代最晚的一个刻本了。监本、蜀本、闽本现在都没有看到，我想李本可能就是重刻的蜀本，也就是北宋监本的第二次传刻本。因为李刻本注文内说“某字一作某”的很多，正和晁公武的话相合；而且宋代蜀刻本的书很多都比闽、浙的刻本字大，李孟传既然明白地说所根据的是大字本，那么推想他重刻的是蜀本更有几分相像了。

---

① 《李孟传传》有二：一附《李光传》后，见《宋史》卷三百六十三，列传第一百二十二，第 9 页 a；一见《宋史》卷四百一，列传一百六十，第 15 页 b—第 17 页 b。

② 《郡斋读书志》卷四，“方言”条，吴门汪氏艺芸书舍刻本，第 8 页 a。

这样看来李孟传本虽是一个很晚的宋刻本，但是他的底本是相当早的。所以刻本里还有许多字仍然保存着唐代书写的体式。后来许多明本都是翻刻李本的。如吴琯的《古今逸史》，胡文焕的《格致丛书》，程荣的《汉魏丛书》都是同出一源。不过经过写刻，生出一些错误，彼此不同罢了。

到了清朝的戴震根据《永乐大典》的《方言》开始和明本校勘，更进一步搜集古书引到《方言》和郭《注》的文字来和《永乐大典》本互相参订，正讹补漏，逐条疏证，于是成为一个善本。因为《永乐大典》是根据宋本来的，明本的错误可以根据《永乐大典》本来改正，《永乐大典》本的错误可以用宋以前古书所引来订正。这种办法是很好的。《四库全书》和武英殿《聚珍版丛书》的《方言》都是戴震的校本。后来他又题名《方言疏证》①，经人重刻，流传更广。这是清人第一个校本。但是其中也有不正确的地方，卢文弨又有《重校方言》②，根据不同的刻本和校本增订很多，这是清人第二个校本。这两个校本都是大家一向推崇的善本。

然而，实际上两个本子互有短长。论学识卢不如戴，论详审戴不如卢。并且他们都没有看到原宋本。戴震所提的曹毅之本③，仅仅是一个明人影抄的本子；卢文弨虽然记出李孟传本，可是也和宋刻原书不完全相合，或者是根据过录的本子来写的。这已经是他们工作上的一种缺欠，更加都喜欢改字，把不错的改错了，错的改的更错。卢文弨又把郭注的音和注文分开，更是一种错误了。

① 《方言疏证》有：武英殿聚珍版丛书本，闽覆本；微波榭丛书本，汗青簃据微波榭本重校本；安徽丛书本。

② 《重校方言》有抱经堂丛书本、小学汇函本。

③ 《方言疏证》卷二，第4页b。

在戴、卢两家以后又有刘台拱的《方言补校》[①] 和钱绎的《方言笺疏》[②]。刘校最精，可惜仅有几十条。钱《疏》除折衷戴、卢两家以外，又用玄应《一切经音义》参校过，但是用力勤而发明少。在清代校勘家里面王念孙是最杰出的人物，他的《遗书》里有《方言疏证补》[③] 一卷，常常有很精到的见解。另外在他的《广雅疏证》里引到的《方言》文字都是经过校勘的，往往和戴、卢两家不同。因为散在全书里，反倒不被人重视了。

由以上所说，足见清人对于《方言》这一部书是非常重视的，作校勘工作的人也很多。然而始终没有人把他们所作的工作总结起来，加以整理。在一九四三到一九四五年间我曾经作了一番整理工作，同时用了乾嘉诸老没有见到的古书，如《原本玉篇》，《玉烛宝典》，慧琳《一切经音义》等所引到的《方言》词句，校勘一过。虽然补充很多，然而始终没有编排成书。在一九四七年我又看到王念孙手校本《方言疏证》[④]，又增加一些新资料。刚好去年吴晓铃先生了解到我在这方面所做的工作，他提出要计划编纂《方言通检》，想取一个校本作底本，因此在他的鼓励和督促之下，才写成这一部《校笺》。另外，我感觉到我们有研究语言兴趣的人始终还没有走上一条宽广的路，能够照顾到语言的整体来作全面的研究。因此《方言》作者的精神很值得我们留意，所以我也乐于从事来整理一下这样古代记载语言的书。不是要“导夫先路”，而是有“拥篲清道”的意思。

不过《方言》本子里的错误是多方面的，前后错乱，讹字衍

① 《方言校补》有刘端临先生遗书本，广雅丛书本。

② 《方言笺疏》有红蝠山房本，积学斋丛书本，广雅丛书本。

③ 《方言疏证补》有高邮王氏遗书本。

④ 中国科学院藏，存卷一至卷七，共七卷。

文，脱落倒置，不一而足。若就错误发生的时代说，有郭璞原本的错误，有郭璞以后到隋、唐间传写的错误，有宋以后传刻本的错误。郭璞原本的错误，可以根据《说文》《广雅》来校订。郭璞以后到隋、唐间传写的错误，可以根据唐以前的书如《原本玉篇》《玉烛宝典》等书来校订。宋以后传刻本的错误，可以根据唐、宋间的书，例如李善《文选注》、玄应和慧琳的《一切经音义》、《太平御览》《尔雅疏》《集韵》等书来校订。但是材料还感觉不足，加之自己的能力有限，所能做的工夫，也就仅仅如此了。《校笺》所用的底本就是宋李孟传本，并且以不改字为原则。一切校语案语都逐条写下来，列在本文的下面。至于戴震所见的曹毅之本是张金吾《爱日精庐藏书志》所著录的一个景宋抄本。《藏书志》上说：卷末有“正德己巳（1509）夏五得曹毅之宋刻本手影”[①]一行，这是怎样一个本子还不能定，傅增湘以为曹毅之应当是明代收藏这个宋本的人名，不是宋代传刻《方言》的人名，这一个影宋本就是李孟传本[②]。这个问题不容易肯定，在《校笺》里只是根据戴、卢两家所说的情形写下来，作为一个明本看待而已。

在《校笺》的体例上，罗莘田、魏天行两位先生都给我很多宝贵的指示，又在百忙中特意为本书写序文，魏先生并且为我看过稿子的一部分，在这里我要首先向他们敬致谢意！最后还要郑重的谢谢吴晓铃先生，他除了鼓励我、督促我以外，并且在本书排校上替我改正了许多的错误，没有他的帮助，是不会顺利完成的。

一九五〇年六月十五日周祖谟序

---

① 见《爱日精庐藏书志》卷七，“辅轩使者绝代语释别国方言”条，吴县徐氏灵芬阁活字本，第6页b—第7页a。

② 见《藏园藏书题记》卷一，“宋刊本《方言》跋”条，企麟轩排印本，第14页a。

扬雄和他的《方言》——中国语言学史话之一①

周因梦②

据说两千多年以前的周、秦两代曾经有过这么一种制度：每年到秋收以后农闲的季节，统治者派遣一些使臣坐着“輶轩车”（轻便的车），摇着“木铎”（木舌的铃铛）到各地农村去采集诗歌、童谣和异语方言。这些采集来的资料由“乡”送到“邑”，由“邑”送到“国”（诸侯的国都），最后集中到最高统治者“天子”面前。“天子”有心听听这些诗歌、童谣和异语方言，企图用这种省事的办法间接地了解到一些民情风俗。做到所谓“不出户牖，尽知天下”。这些资料逐年累积下来，都保存在朝廷的“秘室”（贮藏图书之类的地方）里。可以想见，这是一宗很宝贵的文艺资料和语言资料，可惜当秦朝灭亡的时候，它几乎散失完了③。

到了汉朝，中国有了疆土广阔的统一的巩固局面，经济、文化得到了发展的机会。在长期兵连祸结之后，那时最首要的文化任务就是尽力搜集前代的文献典籍，加以整理、解释。在封建朝廷的提倡奖励下，许多学者在进行这项工作，尤其是对于儒家经典的整理和解释工作。在对这些前代文献整理和解释的过程中，必然会碰到许多语言文字方面的问题。解决这许多问题的经验积累下来就逐渐形成一部词典性质的书——《尔雅》（成书约在公元前2世纪）。这部书后来也被尊为儒家的经典之一。它把儒家经典意义近似的词分条罗列，每条后面拿一个在当时比较通用的词去

① 原载于《中国语文》1956年第5期。

② 周因梦，著名语言学家、中国社会科学院荣誉学部委员、语言研究所研究员周定一先生的笔名。

③ 参看应劭《风俗通义序》，清代整理过的各种《方言》所附扬雄和刘歆往返的信。

解释。所以这部词典主要是为解释“古字古言”用的，对汉代初期语言的实际情况反映不多。但到了公元前 1 世纪末年，当时有名的词赋家和文字学家扬雄（前 53—18）就开始编著一部反映他那个时代汉语方言的著作，就是我们要介绍的《輶轩使者绝代语释别国方言》——简称为《方言》的。

扬雄①是西汉以来产生许多著名文人的蜀郡的成都人。他小时家里贫穷，因为口吃不爱多说，却喜欢读书，思路非常精深。他佩服他的先辈同乡有名的辞赋家司马相如，模仿屈原和司马相如等人的作品写过许多篇有名的辞赋。他又想做个孔子、孟子似的圣贤，于是模仿《易经》做了一部《太玄》；模仿《论语》做了一部《法言》。他的兴趣和才能是多方面的，还模仿解说古代文字的《史籀篇》《仓颉篇》，做过一部《训纂篇》。四十三岁那年（前 11）他从家乡来到西汉的国都长安做“黄门侍郎”的时候，上奏疏给汉成帝刘骜，大意说：“我从小没好好求学，其实很喜欢‘沈博绝丽’的文章，情愿不要三年的公家薪俸，并且请求摆脱值班的公差，以便放开心意去完成向来的志愿。”刘骜答应了他这请求，薪俸照旧，还额外“赐”给他笔墨钱六万个，又特别准许他到藏着前代典籍的“石室”里去看书。大约就在同一年，他开始搜集全国各地的方言词汇②。

他是怎样进行他的方言调查工作的呢？他自己说：常常拿着一段四尺长（汉尺）的“油素”（上过油的绢，写过还可以抹掉再用）和一支三寸长的笔，挨个儿去问从全国各地到京都来公干的官吏、贡举的“孝廉”和轮流守卫京城的士兵。他记下这些不同

① 扬雄生平事迹载《汉书》卷八十七，列传五十七。编者按：扬雄的姓有的著述作“杨”，本书统一用“扬”。

② 参看扬雄《答刘歆书》。

方言（少数人还是说另一种语言）、不同职业、不同阶层的人对同一事物不同的说法，回去又用一种铅笔分别过录到标写在木板上的细目下面去。到扬雄七十岁那年，即公元17年，他这工作已经做了二十七年了，王莽的“国师”刘歆写信向他要这部书看看，因为刘歆正在编纂一部图书总目提要性质的《七略》，也想将扬雄这书录入。扬雄回信里谈到做这书的动机和经过，又说因为还没有写定，假若刘歆凭籍威势或使用武力硬逼他交出这书的话，他就要“缢死以从命”。大约刘歆只好断了要书的念头；而扬雄第二年也就死了。

扬雄为什么死也不肯给刘歆看看他这部书，而且回信的口气那样激动呢？这引起后人的一些猜测，这里且不去谈他。总之，刘歆的《七略》（这书久已不存）大约因此就没有录入扬雄这书。东汉班固的《汉书·艺文志》对扬雄别的著作都著录了，就单单没有这部《方言》，因为《艺文志》主要是根据《七略》编的。虽然东汉的私人著作里也都没有提到扬雄作过《方言》或《方言》这书名，但是许慎的《说文解字》（成书于公元121年）里解说方言的句子和今本《方言》相同的很多，足以证明《方言》已经有一个最初的底本。到东汉末年应劭作《风俗通义》（成书于2世纪末年），才在序里明白提到扬雄曾经作过这么一部书。此后引用这书的人就渐渐多起来了。但后来也有人说这书不是扬雄写的，但清朝的戴震、卢文弨、钱绎、王先谦等人都举出很多理由肯定《方言》是扬雄写的。

虽然我们承认《方言》是扬雄写的，但这书和周、秦两代所采集的诗歌、童谣和异语方言不是没有关系的。单从那个有点古怪的书名全称就可以想见。扬雄答刘歆的信里明白说到，周、秦两代“𬨎轩之使”所“奏籍之书”因为秦朝灭亡而散失，“无见之者”。只有扬雄的同乡庄遵（即严君平）还保留了千多个字，扬雄的“外家牵连之亲”的林闾翁孺（复姓林闾）有关于这项资料的一个粗略的条例。扬雄在家乡时跟这两人来往过，为这些资料向他们请教过。不难设想，扬雄是利用了庄遵和林闾翁孺的资料作为进行西汉方言调查研究的起点的，他也许在“石室”里还见到别的残存材料，书中所说的“古今语”或“古雅之别语”就是残存的周、秦方言；书中有时用周、秦的国名和地名来叙述也是为了将就原有的资料。

从《方言》的内容和体例上看，这书又直接受了《尔雅》的影响。扬雄别的著作都有模仿的对象，对于《方言》，我们也可以这样说，这书是扬雄拿周、秦残存的方言资料作为起点有意模仿《尔雅》而作的。但是《尔雅》只罗列了古书中的同义词而加以概括及简单的解释，没有说出这些同义词彼此之间不同的方面，也没有说出这些古代的词到了西汉有哪些变动。扬雄大约不满意《尔雅》那样的“训诂”方法，但他大致采用了《尔雅》那样的依类归卷的体例，他的“分题罗话”① 的方式也是根据《尔雅》扩充的。他认为《尔雅》里头的古言古语也许还在某些方言中活着，庄遵和林闾翁孺传下的周、秦方言资料所说的情形到西汉也有了某些变动：古代一个比较通行的词现在或许已经缩小为方言，现在一个比较通行的词或许倒是古代的方言。扬雄既然悟出古今语言有这么一种交错演变的复杂关系，于是想出个法子，直接去搜罗方言，拿来和已有的书面资料对比起来研究。他对于这些“交错相反”的语言现象，一再地反复“论思”，希望找到它们地域上

① 这是魏建功先生对《方言》体例的名称，见他的《方音研究》讲义，北京大学排印本，第21页。

的或时间上的密切关系。换句话说，他认为活的方言有些有音有义而无字，古语言有些有字有音而意义难明，他于是根据方言词汇的声音和涵义用古籍里相当的文字记录下来，并注明古今的差异。找不到相当文字的，就借用同音字或自己创造的新字去记录那个词的语音。以方言释古语，以“通语”释方言，纵横两方面兼贯会通。他这书在方法上最先创立了综合时地研究语言的原则，而结果也就成了一部在材料上远远超过庄遵、林闾翁孺而在性质上完全不同于《尔雅》的著作。晋代给方言作注的郭璞在序里说这书“考九服（全国）之逸言（没有记载过的语言），标（举出）六代之绝语（已经不说的语言）；类离词之指韵，明乖途而同致（类集同一事物的异名，表明不同说法的同一涵义）；辨章风谣而区分，曲通万殊而不杂。真洽见（博见）之奇书，不刊（不会削除）之硕记也。”郭璞这话扼要地说出了这书的性质，对它的估价也是正确的。

不难体会，要拿表意系统的汉字用作方言调查的工具是不很便利的，因为很难如实地表现方音，又容易将就字面上的意义，引起牵强傅会的解说。扬雄知道这些难处，所以不得不反复思考，力求做到所记的方言能符合语音。“所以《方言》里所用的文字有好些只有标音作用：有时沿用古人已造的字，例如，‘儇，慧也’，《说文》‘慧，儇也’，《荀子·非相篇》‘乡曲之儇子’；有时迁就音近假借的字，例如，‘党，知也’，‘党’就是现在的‘懂’字；又‘寇、剑、弩，大也’，这三个字都没有训‘大’的意思；另外还有扬雄自已造的字，例如‘㤿’训‘爱’，‘悽’训‘哀’，‘姅’训‘好’之类。这三类中，除了第一类还跟意义有关系外，实际上都是标音符号。至于像‘无写’‘人兮’一类语词的记载，更是以文字当作音符用的。假如当时扬雄有现代的记音工具，那么，后代更容易了解他重视活语言的深意了。”① 这种尽力做到反映语言客观实际的科学态度和大胆发挥文字标音作用的创造精神是值得后世推崇的，也是《方言》在方法上最突出的地方。

《方言》所载的词汇代表了当时广大地域的汉语方言，还掺杂少许当时各少数民族的语言。大致说来，它所提到的地域包括黄河流域和长江流域的绝大部分，还包括朝鲜和辽东。全书所载的词汇大概可以概括为五类：

（1）“通语”（或称“凡语”“凡通语”“通名”“四方之通语”等）——这是没有地域限制的西汉比较通行的“普通话”；

（2）“某地某地之间通语”（或称“四方异语而通者”）——这是通行区域较广的方言；

（3）“某地语”（或称“某地某地之间语”）——这是各别的方言，通行区域较（2）为窄；

（4）“古今语”（或称“古雅之别语”）——这是残留在当时汉语中用处有局限性的古词或古代不同的方言词；

（5）“转语”（或称“语之转”）——这是因时代不同或地域不同而发生声韵差异的词。

现在举原书的两个例子以示一斑：

（1）虎，陈、魏、宋、楚之间或谓之“李父”；江、淮、南楚之间谓之“李耳”，或谓之“于𪁪”（音乌窦）；自关而东或谓之“伯都”。（卷八）

（2）臧、甬、侮、获，奴婢贱称也。荆、淮、海岱、杂齐之间骂奴曰臧，骂婢曰获。齐之北鄙，燕之北郊，凡民男而壻婢谓之臧，女而妇奴谓之获；亡奴谓之臧，亡婢谓之获。皆异方骂奴

① 引自罗常培先生的《方言校笺序》。

婢之丑称也。自关而东陈、魏、宋、楚之间保庸谓之甬。秦、晋之间骂奴婢曰侮。(卷三)

从这些丰富的词里面,我们可以看到两千年前中国方言的大体情形,也可以看到反映在这些词里的社会生活影子。书内凡是一个地名常常单举的,它必然是一个单独的方言区域;某地和某地常常在一起并举的,理应当是同一个方言区域。例如称"秦、晋曰某"(或称"自关而西秦、晋之间曰某")的地方共 81 次①;称"齐曰某"34 次;称"东齐曰某" (或称"东齐海岱之间曰某")57 次;称"宋曰某"48 次;称"楚曰某"59 次,等等。我们就大致可以肯定秦晋、齐、东齐、宋、楚等是各自成为一个方言区域的。秦晋语举的次数最多,又每每和所举的"通语"相同,可见秦晋语确实是西汉比较最通行的方言。

《方言》所举的方言词汇到两千年后的今天到底还有多少活在我们的语言里的呢?拿《方言》所记的方言词和现在的当地方言相对照,难有一处相同;也许反在别的地方存留相同的话。这所谓相同也不过是由汉字所代表的音读,这音读又随了方音变异②。周祖谟先生在他的《方言校笺·自序》里对这情形有扼要的说明,并且举出了许多《方言》所举的方言词还活在现在北方话里的例证,这里就不必多说了。

总之,《方言》这部书是汉语发展过程的重要记录,还直接牵涉到我们的文化史。它也告诉了我们要怎样从时间和空间的交错关系去了解一种语言的各种变化,告诉我们要怎样实事求是地对广大人民群众的语言去进行调查研究。它的长处和作用是多方

---

① 根据戴震《方言疏证》做底本的统计,下同。

② 魏建功:《古音系研究》,北京大学出版社 1935 年版,第 326 页。

面的。

可惜扬雄这十五卷（今本十三卷）书的长处到后来并没有多少人能够了解，没有得到继承和发扬。只有晋代的郭璞还体会扬雄的精神，他特为《方言》作注，举出晋代的许多方言来和扬雄所记的方言比较。除了郭璞，后来许多人虽然表面上沿袭扬雄的体例来编辑一些近似比较词汇式的著作，但实质上是与扬雄的做法不同的。这些著作大约可以分为两派：一派是专从古书里面去找方言词汇来续补扬雄的书；一派是考证常言俗语的来源的。

前一派的书，例如清朝杭世骏采辑唐、宋以前经、史、传、注、音义字书以及许多旁的著作里所见的古代方言词汇作《续方言》；过后又有程际盛作《续方言补》，徐乃昌作《续方言又补》，程先甲作《广续方言》，张慎仪作《续方言新校补》。扬雄是以搜罗他自己那时代的活词汇为主的，而杭世骏等人只从一些旧书里掏来了一批零七碎八的死材料。我们从这些材料里看不出汉语发展的情况，它们的价值是很小的。

后一派的书可以说是从唐、宋以来笔记体的著作里发展出来的：例如唐朝颜师古的《匡谬正俗》，宋朝王应麟的《困学纪闻》，明朝陶宗仪的《辍耕录》、杨慎的《丹铅总录》、胡应麟的《庄狱委谈》、郎瑛的《七修类稿》，清朝赵翼的《陔馀丛考》，都零零碎碎记录了一些所谓"俗语有所本者"。这种风气往前发展，明清以来就产生了许多这方面的专书，又可分为两类。一类是考证某一地区的常言俗语的：例如关于北方方言，有王树枏的《畿辅方言》、孙锦标的《南通方言疏证》；关于西南方言，有李实的《蜀语》、张慎仪的《蜀方言》；关于徽州语，有胡韫玉的《泾县方言》；关于吴方言，有胡文英的《吴下方言考》、范寅的《越谚》、毛奇龄的《越语肯綮録》、茹敦和的《越语释》；关于闽方言，有刘家谋的《操风琐录》；关于粤方言，有詹宪慈的《广州话本字》、杨恭恒的《客话本字》和近人罗翙云的《客方言》。此外散见于一般地方志书的更是不胜列举。另一类是考证一般的常言熟语的：例如岳元声的《方言据》、杨慎的《俗言》、钱大昕的《恒言录》、钱坫的《异语》、翟灏的《通俗编》、张慎仪的《方言别录》、孙锦标的《通俗常言疏证》和近人谢璿的《方言字考》，此外见于杂纂的单篇也不在少数。

上面所列举的这一大批书，不管哪派哪类，除去绝少的几种（例如《越谚》），都"始终在文字里兜圈子，很少晓得从语言出发。能够了解并应用《方言》本书的条例、系统、观点方法的，简直可以说没有人。可惜从中国语言史上发展最早的词汇学，从《方言》以后，就这样黯淡无光了"①。

因此，章炳麟对唐宋以来这许多方言著述都不满意，他仿照戴震作《转语》"疑于义者，以声求之；疑于声者，以义正之"的办法作《新方言》，创立六个条例来解说二十类语词。他的这本书的长处是，能够运用古今音转定律来说明现代的某些语词在历史上和地域上交错演变的现象。但是他也没有能够打破方块汉字的束缚，把许多现代口语也傅会到毫不相干的"本字"上面去，在一两千年前的文字里去找根源，例如他说"小乖乖"的"乖"是《说文》"佳"字的假借，"顽皮"的"皮"是《尔雅》"婆娑，舞也"的"婆"字的音转，等等。他一定要做到每一个方言词都能从周、秦两汉找到根据才心满意足，这是复古主义的学术思想所造成的错误方向。

清朝的"汉学"家是相当重视《方言》这部书的，他们一再

---

① 见罗常培先生的《方言校笺序》。

为它作校勘，作疏证：戴震的《方言疏证》，卢文弨的《重校方言》，刘台拱的《方言补校》，钱绎的《方言笺疏》，王念孙的《方言疏证补》，都对扬雄的原著有校订、阐发的功劳。经过他们的整理，《方言》才有了可靠的本子。科学出版社正在重印的周祖谟先生的《方言校笺》更是总结性的“后出转精”的定本，吴晓铃先生又为它编了部《方言校笺通检》，分析细微而且富于统计性，可以使应用《方言》的人减少许许多多麻烦。

自从西方的语言学对我们发生影响以后，这二三十年来我们在方言调查研究的观点和方法上有了很大的转变，而且我们有了记录方言的新的工具，种种新的条件使我们得到了不少超过前人的成就，但同时也有了某些偏差。现在，为配合文字改革、推行普通话和汉语规范化的工作，正在全国范围内展开方言调查；也开始改正了过去二三十年来在方言调查研究工作中的某些缺点。两千年前扬雄的方言工作无论在规模上，或在作用上，或在方式方法上都不能和我们现在相比，我们当然没有亦步亦趋地沿用扬雄或章炳麟的老例成规去进行工作的道理，但是我们能够对于扬雄以来在方言研究工作方面的历史经验做一番初步总结工作的话，对我们当前的方言调查研究工作是会有积极意义的，而且对我们民族语言的发展史能有重要的收获。

《方言》与汉语方言研究的古典传统①

殷孟伦

我选用这个题目，是说我国的传统语言学在方言研究方面，源远流长，早在西汉的末年，就已有了如《方言》那样的重要专

① 《文史哲》1983年第5期。

著。作者所作的工作，已经定下了不少合理条例，积累了不少研究经验。直到今天仍颇有很多可资借鉴之处。为了使研究者重视历史传统，我特地把这部书提出来，说说自己的意见。

（一）《方言》的作者问题和《方言》的内容

《方言》是我国最早的一部方言书，在世界上也是最早的一部方言书。原题《𬨎轩使者绝代语释别国方言》，略称为《方言》。根据《汉书·艺文志》同《汉书·扬雄传》里没有提到本书作者的名称，在后汉许慎写的《说文》里所引方言，扬雄说凡十三处，也都和《方言》内容没关系，只约有三分之一的条目和《方言》内容相应的条目极其相似，又不曾标出《方言》的书名。又据与之时代相近的王充，在他所著《论衡》一书里谈到的扬雄文章和他所著的两部书，仍然没涉及到《方言》。如此等等，因此对《方言》的作者是谁便发生了疑问，可到了东汉末年，却就大不同了。首先应劭著的《风俗通序》和《汉书·司马相如传集解》里都大引《方言》，于是扬雄和《方言》的关系，就已经确定下来了。其后魏孙炎注《尔雅》，张揖著《广雅》，大量吸收《方言》词语，有葛洪撰《西京杂记》，常璩撰《华阳国志》，称为扬雄《方言》，更有吴薛综解《二京赋》、杜预注《左传》，都引用《方言》。根据清代朴学大师戴震的考证，因断定本书作者为扬雄，从此在我国传统的语言学界，《方言》便成为大家所熟习的书了。

扬雄是西汉末年一位大辞赋家和语言学家。在刘歆《与扬雄书》里说："属闻子云独采集先代绝言，异国殊语，以为十五卷。"照明人陈与郊的类次，去其复字，可得内容，包括《释诂》《释言》《释人》《释衣》《释食》《释宫》《释器》《释兵》《释车》《释舟》《释水》《释土》《释草》《释兽》《释鸟》《释虫》等共十六类，共载六百六十九事，古今别国的方言，于此可窥见其大概。

（二）《方言》的编纂目的

《方言》的编纂目的，同《尔雅》一样。不过它不象《说文解字》和《释名》都有一篇自序来表明作书的宗旨，但是作者在《答刘歆书》里也很明确地告诉出他著书的意图，作者曾经说："常闻先代輶轩之使，奏籍之书。皆藏于周秦之室。"可是经过战乱，都被遗弃了。只有他的同乡先辈严君平，林闾翁孺见到过，因此，他从这两人那里知道一些情况，但是君平所保存的不多，翁孺也只略有梗概之法。作者为了继承这一业绩，打算把它完成，不能不观书石室，不能不博访周咨。他做工作的目的，和先秦采风并无两样，也就是要"不劳戎马高车之使，坐知傜俗"，使人君坐帏幕之中，绝遐异域之语，名流于无穷，功①列于汉室。从他这书的命名来说，全名叫《輶轩使者绝代语释别国方言》，这就是把语言古今雅俗都要作一番全面的考察了。为《方言》一书作注的晋代学者郭璞说得好："考九服之逸言，标六代之绝语，类离词之指韵，明乖途而同致，辨章风谣而区分，曲通万殊而不杂。"这真是能够道出作者编纂《方言》这部书的伟大意图。

（三）资料依据和来源

《方言》资料的依据、来源有两个方面。作者在《答刘歆书》里业已讲明，第一个来源是本于严君平和林闾翁孺所保存的以及观书于石室的数据。但这些资料可惜太少，又是已经见于书面上的，不能完成作者著书的理想。第二个来源是作者经过二十七年的亲身访问所得的资料，是完全活在人民口头上的，这是《方言》一书的主要资料。因为作者扬雄在京师服官，他利用了每年全国

① 编者按："功"字原作"历"，此据刘歆《与扬雄书》改。见华学诚等：《扬雄方言校释汇证》，中华书局2006年版，第1033页。

各地的孝廉（知识分子）随同郡国派遣的上计吏来到京师的机会，也利用了每年内郡轮流派遣到京师卫戍的卫卒（平民）来到的机会，亲自“把三寸弱翰，赍油素四尺，以问其异语，归而以铅摘次之于椠”。经过这样的访问调查，就记下了各个地方的不同方言。这还不算，他又把这些语言有交错的情况，更加反复论思，作了比较，解决疑难。作者对这一工作的认真态度，的确使人佩服。因此，我们说这部书的内容不完全承袭前人的积累，它出色的是在作者亲自的访问和反复核实，而且只是在依类归卷安排资料上象《尔雅》，在性质上却不和《尔雅》相同，它是在《尔雅》基础上更有所发展的。《方言》全书共有六百六十九个条目，包括了今方言、古方言和一般流行的普通话，可以说，绝大部分是利用活在人民口头的资料，这也是它的一个特色。

《方言》的底本如上文所述，可以知道是出于严君平和林闾翁孺，但我们要问，《方言》的研究方法是不是出于这二人呢？如果照扬雄《答刘歆书》里所说“翁孺梗概之法略有”，也可相信今天看到的《方言》不会没有他们二人的功绩的。《方言》每条先列一些同义词，然后用“某地谓之某”或“某地某地之间谓之某”来说明，如卷一第一条：“党、晓、哲，知也。楚谓之党，或曰晓，齐宋之间谓之哲。”这可能就是扬雄承继了翁孺的研究方法。在这样的基础上，又再加分别，凡说“某地语”或“某地某地之间语”的，都是各地的方言。凡说“某地某地之间通语”的，便是通行区域较广的方言，如卷一“悼、惄、悴、憖，伤也。自关而东，汝颍陈楚之间通语也”便是。又如说“通语”（如卷一：“怜，通语也。”）、“凡通语”［如卷二：“好，凡（注：‘凡’，《御览》卷三八引作‘其’。）通语也。”］、“通名”（如卷五：“今江东通名大瓮为瓶。”）、“四方之通语”（如卷三：“庸、比、侹、更、佚，代也。齐曰佚，江淮陈楚之间曰侹，余四方之通语也。”），也就是古代不同的方言。扬雄这样区别方言，真正体现出他说的“语言或交错相及，反复论思，详悉集之，燕其疑”的治学精神。

（四）《方言》的作用

《方言》这书虽然是公元一世纪的产物，但它的成就和影响却是很大的。作者的治学精神也还值得我们很好地学习，从下面所提出的五点就可明白了。

1. 作者的首创精神体现出我国研究语言的优良传统。我国古代研究语言，远在周代，即有“輶轩之使巡游方国，采览异言，车轨之所交，人迹之所蹈，靡不毕载，以为奏籍”的事实，主要目的，即在推广规范语言（所谓雅言），以达到正言的作用，而语言本身，既有继承，又有发展，因此，不论采集和研究，都包括了纵横两个方面：纵的方面，就得搜罗周秦旧籍所载的语言；横的方面，更要注意当时流行的口语。作者继承了这个传统，把他编纂的书定名为《輶轩使者绝代语释别国方言》也正体现了这一点。在周秦人编纂《尔雅》的当时，它的作用在于正言，虽然所解释的是以文学语言为主，但不能没有口语作为基础，也就不能不含有方言的成分，从郭璞为《尔雅》作注所提出的具体例证看，就可以明白。《方言》编纂的性质，虽然和《尔雅》有些不同，它的解释语言、主要对象是在研究口语，但对典籍里曾经一般使用过的词语并不排斥，因为方言在过去的书面语言里不是一点也不曾见过，而且有不少就早已有了。只是到汉代使用的情况发生变动，甚至完全和先秦时代两样，所以觉得两者就有距离。因此，把《方言》和《尔雅》相比，语言的古今情况，有的并不相同，有的却还相同。作者研究方言很注意语言纵横两个方面的关系，取材虽以口语为主，可不屏除文学语言，因为这样作，正好把语言的古今雅俗作一对比，语言的源流变迁也就容易寻找出来。语言之所以行用和废弃，也容易求出它的所以然。我国语言研究的优良传统精神正是这样。作者是在认识问题和研究方法上更有所发展的。加之作者有一个过人的优越条件，即是他是汉代最能识奇字的学者，刘歆的儿子刘棻就曾向他学习过。从这一点看，也可以说作者就是一部活字典，他对于古今语言之烂熟胸中，是毫无疑问的。

2. 作者在治学态度上也贯彻了“实事求是”的精神。作者搜集方言资料，最大的特点是出于他的亲身访问，访问之后，再加详悉研究，到没有疑问为止，治学的态度是谨严不过的。再看搜集的这些资料，有的是周秦的古语，有的是当时人口语的记录，从数量上说，可算不少。这些资料的宝贵，都完全是经过调查得来的，可靠性是非常大的。不仅如此，他占有这些资料后，又还经过认真分析，作出比较的结论，划分流行区域，辨清同义词的细微差别，如“惟”“虑”“愿”“念”这四个词都是“思”的意思，但“惟，凡思也；虑，谋思也；愿，欲思也；念，常思也”（见《方言》卷一）。这岂能说是出于“闭门造车”的工作方法？

3. 作者在研究语言方法上创立了要掌握全面观点的原则。所谓掌握全面观点，即作者看待语言并不割断它的时间和空间两个方面的依存关系。因此，《方言》全书既网罗了周秦古语，又采取了当时的口语，在这些复杂纷繁的词语里，作者把它们分别归纳为通语、别语、转语等。如《方言》卷一：“敦，丰……大也”条，作者把这些词语说为“皆古今语也，初别国不相往来之言也，今或同，而旧书雅记故俗语不失其方，而后人不积①，故为之作释

① 编者按：“积”当作“知”。

也”。这说明“敦”“丰”等十个同义词，“丰”和“庞”有细微差别，“嘏”和“奘”有细微差别，而这些和“奔”“幠”“戎”“夏”“壮”“京”“将”却都是古今语的关系，有些现在还使用，有些却是残存在现代语里，不一定常说它，所以作者这样说。而这些语词，都是古代的方言，所以必须加以解释，然后才能使大家明白。可见要明白方言的关系，非从时间空间两方面去参合不可，否则关系不清，也就不能明白它们是怎样的发展和变化了。

4. 作者分析方言的精细程度和他所定的专用术语所表现出的精确内容是分不开的。我们知道凡是一门科学用语所代表的基本概念是否精确，这正是某门科学是否达到最高成就的标准表征。在扬雄所处时代，当然还不能够要求有如现代那样精确的术语出现。但是从他在《方言》里所使用的看来，却使人获得对方言区分的明确了解，不能不承认作者是讲求思想方法的。他这部书定名为《辅轩使者绝代语释别国方言》，正说明他对语言研究，是古今并苞，全面探索。在全面六百六十九个条目中，搜集了二千三百多个词，如果没有很好的归类办法，要作到井井有条，却非容易。这样就需得使用一套专用术语统摄全书，把全部资料分成两大部类，这样作完全、正确，例如卷一“娥、嬿，好也”条即说：“秦曰娥，宋卫之间谓之嬿，或谓之姣。赵魏燕代之间曰姝，或曰姅，自关而西秦晋之故都曰妍，好，其通语也。”正可看出“好”这个词语流行的区域超出了上述各地，所以定名为“通语”。所谓“别语”，是“别国不相往来之语”，《方言》里所说的“某谓之某”或“某某谓之某”的词语都是。因为它的流行区域只限于某地或某地区，并不流行于四方，它和通语相反，所以这样定名，又称作“异语”，或者“某处通语”。所谓“某处通语”，也不过比只流行于某一地区的为大，比通行于四方的仍然算小。因此说，通语和别语是相对而起的名词，别语代表的是“异国殊语”，“别国不相往来之语”，那么，通语就是代表通行全国的普通话了。除此而外，作者还创了“转语”“代语”“某处转语”等术语，又在解说时也说“语之转也”，这是对词语的转移原于声音的转变的说明。由此可见，作者分析语言，定出一套专用术语，这是好学深思的具体表现，不这样，不能很好地进行工作。

5. 作者解释方言现象所创立的分析方法也是值得后人借鉴。《方言》全书十三卷，除末二卷有条目无说解的占绝大多数外，其余各卷有条目而无说解的却很少，甚至没有。从有说解的组织形式看，作者所立条例的繁密也正见其分析问题的精细程度。这里只举出主要的如下十项：

（1）以通语释别语。如上文所引“好也”条之类便是。全书明白说出“某，其通语也”，或“某，通语也”，不一而足。

（2）明著其为古今语或古雅之别语或古语之遗。如上文所引“大也”条及“长也”条都是。

（3）以别语解别语。如卷一“逢、逆，迎也”条说“自关而东曰逆，自关而西或曰迎，或曰逢”，便是其例。

（4）词同而义有别则区分为二词。如卷二“倚、踦，奇也”条的“踦”，“自关而西秦晋之间凡全物而体不具谓之倚，梁楚之间谓之踦，雍梁之西郊凡兽支体不具者谓之踦”。又“惊也”条的“逴”，“逴、獡、透，惊也。自关而西秦晋之间凡蹇者谓之逴，宋卫南楚凡相惊曰獡或曰透”。卷十“𦑣、䙬、䫏，多也”条的“䙬”，“南楚凡大而多谓之𦑣，或谓之䙬，凡人言语过度及妄施行，亦谓之䙬”。又如卷三“斟，益也”条说“南楚凡物相益而又少谓之不斟，凡病少愈而加遽亦谓之不斟……”，便是其例。

（5）词异义同而仍有分别的则著于说解。如卷二“餬、托、庇、寓、媵，寄也”条“托”“媵”同训为“寄”，但有分别，所以作者就这样作解：“凡寄为托，寄物为媵。”又如卷三“搜、略，求也”条说“秦晋之间曰搜，就室曰搜，于道曰略”，便是其例。

（6）词虽异而音义相关者，则明著如转语或代语。如上文所引“庸谓之倯”之类，便是其例。

（7）词虽同义有别异，则别作一解以附其后。如卷一：“嬛、蝉、繝、撚、未，续也。”又说：“蝉，出也。”此即所谓“别异义”之故。

（8）有因类而及者也并著其语，这又有异语同语之别。有异别的，如卷二“私、策、纤、茷、稚、杪，小也”条说“凡物小者谓之私，或曰纤，缯帛之细者谓之纤。东齐言布帛之细者曰绫，秦晋曰靡”之类便是。有同语的，如卷三“燕齐之间养者谓之娠，官婢女厮谓之娠”之类便是。

（9）嫌本条目说解还有不明白者则取若（犹）某之言以为比例。如卷六“蹇、展，难也”条说：“齐晋曰謇，山之东西凡难貌曰展，荆吴之人相难谓之展，若秦晋之言相惮矣。”便是其例。

（10）词义虽同，但因地异而用别的则为详加说明。如卷一“虔、刘、惨、琳，杀也”条说：“秦晋宋卫之间杀曰刘，晋之北鄙亦曰刘。秦晋之北鄙，燕之北郊，翟县之郊，谓贼为虔，晋魏河内之北谓琳曰残，楚谓之贪，南楚江湘之间谓之欺。”便是其例。

更为突出的，作者看待语言已经使用了发展的观点。作者对方言的认识，已经知道语言受到时间和地理的制约，必然引起相应的变化，因此，他在研究方法上，特别注意到这一点，例如“古今语”的关系，词语在使用上的细微差别，有的因声音变化又转为他语的，有的既为流行于某地的方言，同时又成为通语的，如此等等，他都根据词语使用的情况分别予以说明，有的例子在上文已经举出，如卷三："庸谓之倯，转语也"之类，很显然使人感到语言不是静止的东西，常常含有转变的。又如卷十说："嘳哰、謰謱，拏也，东齐周晋之鄙曰嘳哰，嘳哰，亦通语也。"照这样说，嘳哰既是方言，又把它说成通语，这岂不发生矛盾？但从使用上看，语言变化是经常的现象，原来属于方言的词语，不是不可以进入到通语，相反的原来属于通语的也可以转成为方言，所以嘳哰既可以是方言，也可以成为通语，这并不违背语词变化的一般情况，即如卷十"煤，火也。楚转语也，犹齐言焜，火也。"这说明"火"这个词，在方言里由于语言的转变，在楚在齐已经有了不同，由此可见，方言现象复杂纷繁，作者这样理出它的发展规律，在他以前的人研究语言还不曾有过，其难能可贵的独创精神，是值得特别提出的。

（五）郭璞在《方言》研究上的成就

扬雄所著《别国方言》，在后来郭璞为其作注时，又举出晋代语言的变化以说明其转化之迹。大抵说来，其方式有以下几项：

1. 在汉为异语而在晋为通语的。如《方言》卷一"慧也"条下说："楚或谓之㿉。"郭注："亦今通语。"

《方言》卷一"好也"条下说："赵魏燕代之间曰姝。"郭注："亦四方通语。"

2. 一种语在汉为通语而在晋为异语的。如《方言》卷九说："锬谓之铍。"郭注："今江东呼大矛为铍。"

卷同上："方舟谓之潢。"郭注："扬州人呼渡津舫为杭，荆州人呼潢音横。"

卷同上："首谓之阁闾。"郭注："今江东呼船头屋谓之飞阁。"

3. 一种语在汉为南而在晋为北的。如《方言》卷二"遽也"

条下说："吴扬曰茫。"郭注："今北方通然也。"

《方言》卷五"𪜶"条下说："其杠，南楚之间谓之赵。"郭注："赵，当作桃，声之转也，中国亦呼杠为桃𪜶，皆通语也。"

4. 一种语在汉为北而在晋为南的。如《方言》卷三："茭，北燕谓之葰。"郭注："今江东亦呼葰耳。"

《方言》卷三："凡草木刺人，北燕、朝鲜之间或谓之壮。"郭注："今淮南人亦呼壮；壮，伤也。"

5. 一种语在汉为东而在晋为西的。如《方言》卷一"好也"条下说："自关而东，河济之间谓之媌。"郭注："今关西人亦呼好为媌。"

《方言》卷一"痛也"条下说："平原谓啼极无声谓之唴哴。"郭注："今关西语亦然。"

6. 一种语在汉为西而在晋为东。如《方言》卷五"罂也"条下说："灵桂之郊谓之瓹。"郭注："今江东通名大瓮为瓹。"

《方言》卷五："所以注斛，陈宋楚之间谓之篙。"郭注："今江东亦呼为篙。"

按此东西南北通语异语的交错相反的情况，也各有各的原因。如颜之推《家训·音辞篇》说："南方水土和柔，其音清举而切诣，失在浮浅；北方山川深厚，其音沉浊而𫓧钝，得其质直。"又说："葛洪《要用字苑》分焉字音训若训何训安，当音于愆反；若造句及助词当音矣愆反。江南至今行此分别，昭然易晓；而河北混同一音。邪（音耶）者，未定之词，而北人呼为也，亦为误矣。"又案《经典释文·条例》云："方言差别，因自不同，河北江南，最为巨异。或失在浮清，或滞于沈浊，如而靡异，邪（不定之词）也（助句之词）弗殊，莫辨复（抉又反，重也）复（音服，反也），宁论过（古禾反，经过）过（古卧反，超过）。"此皆论其概略。若世变人移，音讹字替，山川阻深，渐积成俗，或有以方言所记中州之语，在晋则与江东多同，遂谓在汉为中原的，在晋则变为江东，现在又变易为闽广，自此而广，往而不反，推寻前代证据，理应如是。

（六）《方言》中的转语问题

在《方言》一书中，首次出现了转语这一术语，共计有五处。又或谓之“语之转”，或称为“声转”，或称为“代语”。转语一词先见于本书，可能是扬雄的自造，以说明语音的流变规律。清代戴震曾经用这个术语来称他所著的一部书，惜未成，只留下一篇序文，但我们可以因此解决一些语言上的声转问题。根据这一理解，从《方言》中可以找出不少例子。如：

《方言》卷三说：“庸（按余封切）谓之倯（按相容切），转语也。”

又卷十一说：“蠾蝓者，侏儒语之转也。”这一条明白地说明转语名义的由来。

又卷五说：“臿谓之㽱。”郭注：“汤料反。此亦鍫声转也。”这也是明著其例，不过在形式上变转语为声转，只是用字的不同，意思是一样的。按蠾蝓两字，郭注蠾音烛（按之欲切），蝓音臾（按羊朱切），侏儒之侏音章俱切，儒音人朱切，烛侏同为照纽。庸倯二字，照戴氏例为位同。臿音楚洽切，鍫㽱同音七遥切，依郭音俱料反，亦为位同，以是推之，卷三说：“铤，空也，语之转也。”按铤字，郭音挺（按徒鼎切）。空也之空，音苦红切。徒鼎、苦红其清浊为位同。

又卷十：“煤，火也。楚转语也。”按郭音煤，呼愧反，火也之火音呼果切，同为正同纽。又说：“南楚曰謰謱，或谓之支註，或谓之詀謕，转语也。”按郭音连，力延切；謱，力口切；支，之豉反；註，音注（按之戍切）；詀，托兼反；謕，音啼（按杜奚切）。

以上都是二字双声，所以叫他转，而謰謱、詀謕是同位关系，支註与詀是同位。

又卷十三说："㾄，极也。"郭注："江东呼极为㾄倦，声之转也。"按郭音㾄，巨畏反。前十二卷说："豫，倦也。"郭注："今江东呼极为豫，音喙。"按喙，许秽切，与极亦同位。极，渠力切，是同纽。依准这样说，郭注说声转的，亦同于转语之义，亦和位是不相越的。

此外有称为代语的，亦如同转语一样。举例如下：

卷十三说："鼻，始也。梁益之间谓鼻为初，或谓之祖，祖，居也。"郭注："鼻、祖皆始之别名也。转复训以为居，所谓代语者也。"按祖，则古切；居，九鱼切，是同位。鼻，疾二切；初，楚居切，亦为清浊位同。足见《方言》的制作是以声为准，那么，研究方言的人亦当如是，而昔人说其流转的道理者但限于韵，不及于声，可是他仍只是根据谐声，而欲相推考阐明，所采用的方式亦较为疏略了。

（七）关于疏证《方言》一类的著作

关于为《方言》作疏证的书，在清代有戴东原氏所作的《方言疏证》和王念孙氏的《疏证补》，皆较为著名。戴氏作《方言疏证》时，征引不少的书以成校释，下了很多功夫，但是校多而释少。王氏的《疏证补》只是增广戴氏所未注意的地方。如戴氏说注中"烈解"当作"遗解"，王氏则谓"烈"是"列"的误字。戴氏以"雅记故俗"为"常记故时之俗"，王氏则释"雅记"为"故记"，旧书故记通指大艺群书而言，所以"俗语"是"故时俗语"。这些地方都是匡救戴氏说的错误的。王氏又订"音悝"之悝为埋，雍丘之为雍县，慎济之济为侪，假狢之假为徦，噎噫谓忧也为谓噎忧也。这些地方都是戴氏所未及而王氏加以说明的。王氏又引《汉志》“祇台德先”以证台训养；夌獜声转（谓蒸真二部声相近故相转。然此实在是双声关系，不当论韵）以证愯也就是怜；哀爱声近（按亦双声）以证怃怜训爱，又训为哀；又谓嗷咷犹号咷（按郭音嗷音叫，《广韵》古弔切，号易释文户羔反，是同位双声）。这些都说明音义相关的道理，可惜书只完成一卷就中止了。另外王氏疏证《广雅》时，动辄采扬氏《方言》的话，加以解释，亦如其《疏证补》的办法。钱绎作《笺疏》时，时采王说，但其病在力求繁富，遂失之滥。如《广雅》昆浑字联，《疏注》引《方言》焜烕及《左传》焜耀，《王制·郑注》昆明也，《封禅文》烨煌以释昆。又云：混与昆声近，《方言》浑，盛也。《说文》混丰流也。浑混流声也。浑与混通。笺疏于浑下重引焜耀昆明以相释，乃不顾郭注肥满之义，是什么道理呢？又《广雅》佁，当也。疏证引《方言》：台，近也。曰台与佁通。而笺疏于“迅也”下说：“佁又训为丑，虽然释为丑恶之义，实与迅义亦相通。”按《方言》卷三说：“佁𠊳，农夫之丑称也，南楚凡骂佣贱谓之田佁。”郭注：“㑋佁，驽钝貌。”按《说文》：“丑，可恶也。”是恶为丑的本义，若丑训类、训众、训同，则为雔的声借。《周礼述闻》以《方言》卷二说：“揄铺、㯷𣑽，帗缕，叶褕，毳也。郭注：皆谓物之扞蔽也。按扞蔽当作行蔽。”这话是可信服的。《笺疏》引《说文》“毳，兽细毛也”，以释毳，不知道郭注音毳曰脆，正谓是脆薄之义，揄铺以下皆连语。亦若下文“恒慨、蔘绥、羞绎、纷母，言既广又大也”。及卷三说：“须捷、挟斯，败也。”《笺疏》于毳也、败也乃分字作解，以鸟兽揄脱之毛铺陈之义与毛席同释揄铺，以短屈仅能覆蔽释㯷𣑽，以帗读若拔，《史记索隐》拔大楯为扞蔽，

《通俗文》毛布曰㲣，㲣与缕通，以《玉篇》毳罽衣叶褕释叶褕，以须捷即须接为败之意，以《淮南》挟，销也，本书斯离也与败相近，合言之则曰挟斯。观看《广雅疏证》王氏于"挟斯，败也"条但引《方言》作证，以明侠和挟字通，这样说来，笺疏的各种说法只能当作皮傅的。

（八）结语

《方言》一书，清代学者曾说：除《尔雅》外，它和《说文》切于治经。可见对《方言》的重视。近人胡朴安亦提注意研究《方言》的重要性。通过上面的论述，研究《方言》所应注意的事项：（1）必须重视典籍以明所本；（2）搜集材料以广应用；（3）派人实际考察，或出自亲身的访问：（4）注意不同语言的语词；（5）又须出自亲身整理；（6）分析出方言的变易的规则，然后再评论其工作完善与否和成就大小，同时明确其疏误的由来。这样才有利于方言研究。如何得到正确的认识，如何继承前人成果以作我们今天研究的借鉴，是方言研究的重要课题。研究方言的同志们，如果要把工作搞好，不可不重视学习古典传统方言学的经验并用之于实践。

写作于一九八一年

方言学史研究

扬雄《方言》在中国语言学史上的地位①

——《方言校笺及通检》序

罗常培

在语言学的三大部门里，从中国古代语言学发展史来看，词汇学创始得最早，可是后来并没能发挥光大。音韵学到第三世纪才有了萌芽，因为受到了几次外来的影响，比较最能走上科学的路。文法学发展得最晚，一直到第十九世纪末才有了第一部系统的文法书，即《马氏文通》（前六卷 1898 年冬出版，后四卷 1899 年付印）。它以后的五十年来，还不免停滞在“拉丁文法汉证”或“拉丁文法今证”的阶段。

词汇的纂辑从公元前二世纪已经开始了。《尔雅》的著者虽然有人伪托得很古，实际上它只是汉代经师解释六经训诂的汇集。曹魏时张揖所作的《广雅》，也仿照《尔雅》体例，搜罗《尔雅》所没有收进去的名物训诂。这一类的词书是专为六经作注脚的，他们所辑录的限于古书里有文字记载的语言，并没有注意到当时各地人民口里的活语言。至于较后的刘熙《释名》，乃是一部主观的、唯心的训诂理论书，近人虽然有根据它作“义类”或“字族”研究的，可是从唯物的语言学观点来看，这部书在中国语言学史上并不占重要的地位。当公元第一世纪左右，已经有唯物的观点，从大众的语言出发，应用客观的调查方法的，只有《方言》能够

① 原载《光明日报》1950 年 10 月 22 日，此据《方言校笺》（中华书局 1993 年版）。

具备这些条件。

《方言》是中国的第一部比较方言词汇的书。它的著者是不是扬雄①，洪迈和戴震有正相反的说法，后来卢文弨、钱绎、王先谦都赞成戴说，认为《方言》是扬雄所作。本书的著者周燕孙（祖谟）在《自序》里对这个问题并没加断定，他的矜慎态度是很可嘉许的。我自己却很相信应劭的话：他在《风俗通义》序里开始说："周、秦常以岁八月遣辅轩之使采异代方言，还奏籍之，藏于秘室。及嬴氏之亡，遗弃脱漏，无见之者。蜀人严君平有千余言，林闾翁孺才有梗概之法。扬雄好之，天下孝廉卫卒交会，周章质问，以次注续。二十七年，尔乃治正，凡九千字。"由这段记载，咱们可以推断：《方言》并不是一个人作的，它是从周、秦到西汉末年民间语言的可靠的记录。扬雄以前，庄遵（就是严君平）和林闾翁孺或者保存了一部分资料，或者拟定了整理的提纲。到了扬雄本身也愿意继承前人的旨趣，加以"注续"。他"注续"的资料不是凭空杜撰的，而是从群众中来的，他虽然没有坐着轻便的辅轩车到各处去调查方言殊语，可是他利用各方人民集中都市的方便，记录了当时知识分子（孝廉）、兵士（卫卒）、其他平民乃至少数民族的语言。他所用的调查方言法是"常把三寸弱翰，油素四尺，以问其异语；归即以铅摘次之于椠"（《答刘歆书》，并参阅《西京杂记》）。这简直是现代语言工作者在田野调查时记录卡片和立刻排比整理的功夫。这真是中国语言史上一部"悬日月不刊"的奇书，因为它是开始以人民口里的活语言作对象而不以有文字记载的语言作对象的。正因为这样，所以《方言》里所用的文字有好些只有标音的作用：有时沿用古人已造的字，例如，

① 编者按：原文写作"杨"本书统一写作"扬"。

“儇，慧也”，《说文》“慧，儇也”，《荀子·非相篇》“乡曲之儇子”；有时迁就音近假借的字，例如，“党，知也”，“党”就是现在的“懂”字；又“寇、剑、弩，大也”，这三个字都没有“大”的意思；另外还有扬雄自己造的字，例如，“惏”训爱，“悽”训哀，“姅”训好之类。这三类中，除了第一类还跟意义有关系外，实际上都是标音符号。至于像“无写”“人兮”一类语词的记载，更是纯粹以文字当作音符来用的。假如当时扬雄有现代的记音工具，那么，后代更容易了解他重视活语言的深意了。《方言》还有一个长处，就是郭璞《方言注序》所说的：“考九服之逸言，标六代之绝语；类离词之指韵，明乖途而同致；辨章风谣而区分，曲通万殊而不杂。”它虽然偏重横的空间，却没忽略了纵的时间，虽然罗列了许多殊域方言，却能划分地区，辨别“通语”“凡语”和“转语”；在头绪纷繁的资料中却能即异求同，条分缕析。综括全书来看，这的确是一部有系统、有计划的好书。它的许多特征，本书的《自序》已然说得很详细，这里就无须赘述了。

扬雄以后，懂得这部书是拿语言作对象的，前有郭璞（276—324），后有王国维（1877—1927）；跟他所用的调查方法不谋而合的，只有一个刘献廷（1648—1695）。从景纯的注可以看出汉、晋方言的异同，和有音无字各词的读法；可是假若没有静安的阐发，郭注的优点恐怕也不能像现在这样显著。所以郭、王两君都可以算是《方言》的功臣。刘献廷曾经想应用他自己所定的《新韵谱》（1692）“以诸方土音填之，各郡自为一本，逢人便可印证。以此授诸门人子弟，随地可谱，不三四年九州之音毕矣”（《广阳杂记》卷三）。拿他所说的跟扬雄比较起来，虽然刘偏重音韵，扬偏重词汇，但是在19世纪以前，语言学还没成为科学的当儿，中国的先民居然前后辉映发明了跟现代语言科学若合符节的调查方法，这实在不能不算是中国语言学史上的两大贡献。

扬雄以后，续补《方言》的有杭世骏、戴震、程际盛、徐乃昌、程先甲、张慎仪各家。至于分地为书的，有李实《蜀语》、张慎仪《蜀方言》、胡文英《吴下方言考》、孙锦标《南通方言疏证》、毛奇龄《越语肯綮录》、茹敦和《越言释》、范寅《越谚》、刘家谋《操风琐录》、胡朴安《泾县方言》、詹宪慈《广州语本字》、罗翙云《客方言》等；考证方言俗语的，也有岳元声《方言据》、杨慎《俗言》、钱大昕《恒言录》、钱坫《异语》、翟灏《通俗编》、张慎仪《方言别录》、孙锦标《通俗常言疏证》、谢璿《方言字考》等书。综起来看，这些书大都是从史传、诸子、杂纂、类书、以及古佚残编等抄撮而成，除去一两种外，始终在“文字”里兜圈子，很少晓得从“语言”出发。能够了解并应用《方言》本书的条例、系统、观点方法的，简直可以说没有人。可惜在中国语言史上发达最早的词汇学，从《方言》以后，就这样黯淡无光，不能使第一世纪左右已经有了的逼近语言科学的方法继续发展！

章炳麟的《新方言》，运用古今音转的定律来整理当时的活语言，比起上面两类著作来，算是知道拿语言作对象的。不过，他一定要把“笔札常文所不能悉”的语词，都在《尔雅》《说文》里求得本字，硬要证明“今之殊言不违姬汉”，那就未免拘泥固执没有发展观念了！关于这一点，倒是他的弟子沈兼士见解高明的多。沈氏说：“表示语言的文字，本不一定都用本字。”语词随时孳生，“后起的语言，不必古书中都有本字”。“语言往往因种族交通而发生混杂的状态，倘一切以汉字当之，恐反昧其来源。”并且“中国的语言由单缀音逐渐变为多缀音，而文字学家仍拘守着‘字’，不注意到‘词’，对于复音词往往喜欢把它拆开来，一个一个替它找本字，殊为无谓”。这些议论的确是“青出于蓝”的。沈氏认为研究方言的方法可以分纵横两方面：纵的方面应该从事“各代记载中方言之调查和比较”“单缀语渐变为多缀语之历史的研究”“语言与文字之分合的研究”“语源的研究”；横的方面应该从事“语汇之调查”“同一意义之各地方言的比较研究”“各地单语之词性变化法的比较研究”“与异族语之关系的研究”。（见《段砚斋杂文·今后研究方言的新趋势》。）这些观点直到现在还是很重要的。章、沈所论虽然跟《方言》本书没有直接关系，实际上却比那些续补《方言》或考证常言俗语的著作有价值，所以我在这里附带提一下。

周君这个校本以宋李文授本作底本，而参证清代戴震、卢文弨、刘台拱、王念孙、钱绎各本，论其是非，加以刊定。旁征的论著达三十三种，其中的《原本玉篇残卷》《玉烛宝典》、慧琳《一切经音义》、《倭名类聚抄》、王仁煦《切韵》、《唐韵》残卷等都是清人所没看见的。对于原书的讹文脱字也都能够依例订正：实在不愧是“后出转精”的“定本”。至于吴晓铃君主编的《通检》，兼用“引得”和“堪靠灯”两法，分析细微而且富于统计性，对于应用《方言》作研究的人实在便利万分，减少无穷的麻烦。拿《通检》跟《校笺》配合起来，可称“相得益彰”！从此中外学者再来研究《方言》，只要“手此一编”，就可以不必还在校刊文字和分析排比上费冤枉功夫；他们就可以集中精力，“单刀直入”地从语言的观点去探讨《方言》的精诣。这样一来，两千年前庄遵、林闾翁孺和扬雄的集体工作，才可以在郭璞、刘献廷、王国维之外，多加几个知己。假如将来中外学者对于《方言》能够有伟大的新贡献，那么，他们的成绩应该有不少的部分记在周、吴两君的账上！

一九五〇年十月二日，罗常培序于北京大学文科研究所

方言与尔雅的关系①

濮之珍

我国的语言研究，可以说是从汉代开始的。在汉代以前，虽然有些学者也谈到语言，但是没有写成专书。直到汉代，在汉语研究方面，作出了辉煌的成绩。《尔雅》和《方言》就是汉代语言研究方面两部极其重要的作品。

历代学者对《尔雅》和《方言》进行过讨论和研究。至今，也还存在一些尚未解决的问题，例如二书的作者问题，就是一个至今尚未很好解决的问题。我个人的意见是，关于《方言》的作者，在没有得到有力的新证可以证明不是扬雄以前，暂且放在扬雄名下；至于《尔雅》的作者，本文暂不讨论。我们只要知道《尔雅》成书确在《方言》之前就行了。本文的目的是想就《方言》与《尔雅》的关系进行研究。

《尔雅》采用郝懿行《尔雅义疏》本，《方言》是采用周祖谟、吴晓铃校编的《方言校笺及通检》本②。在取材方面：《尔雅》取材于释诂上、释诂下、释训、释言四卷；《方言》则取材于卷一、卷二、卷三、卷六、卷七、卷十、卷十二、卷十三。二书其余有关名物的材料，与本文所要讨论的无关，暂且不用。

为了便于排列、检查、称引，我用数字标记了《方言》和《尔雅》的各条，以每一卷每一条作一单位。我又假定了一些名词："雅诂""群诂例字""训诂字（即'母题'）""方言"以作讨论的标帜。关于这些名词所代表的意义，用《方言》原文为例，

① 原载于《学术月刊》1957年第12期。

② 科学出版社1956年版。

加以解释如下：例如《方言》第一卷第一条："党晓哲知也。楚谓之党，或曰晓。齐宋之间谓之哲。"用我假定的名词来表示就成为：

党晓哲　知也。楚谓之党，或曰晓。齐宋之间谓之哲。

群诂例字　诂训字即母题　　方言

雅诂

以下我们进行《方言》与《尔雅》的关系研究。

（一）从收集方言成书方法观察

《方言》一向被列入小学训诂类，明朝陈与郊的《方言类聚》，就是以《尔雅》的组织形式，作《方言》内容的分类。关于《方言类聚》这部书，清朝《四库全书总目提要》上说：

> 《方言类聚》四卷，明陈与郊撰。与郊有《檀弓集注》已著录。是编取扬雄原本，依《尔雅》篇目，分为释诂、释言等十六门，别为编次，使以类相聚。如原本第三卷，"氓民也"至"枨随也"数语，移入卷首为释诂。其原本卷首"党晓也"两节则列为释言，文载于"敦丰厖夰"一节之后。郭璞原注则总附每节后，低一格以别之。间有双行夹注，为与郊所考订者，仅略及音切字画之异同而已①。

① 《四库全书总目提要》（商务）卷四十三，经部四十三，小学类存目一。编者按：此处"商务"，当为"商务印书馆"。

由以上可知，陈与郊的《方言类聚》，是将《尔雅》的分类组织，应用到《方言》这部书上去。不过，《方言》仍旧是《方言》，《尔雅》仍旧是《尔雅》，他并没有注意到《方言》与《尔雅》的真正关系。但是，却因此引起我对《方言》与《尔雅》关系的注意。

现在，我们首先从收集方言来观察。关于收集方言的记载，郭璞《方言序》上说：

> 盖闻《方言》之作，出乎輶轩之使，所以巡游万国，采览异言，车轨之所交，人迹之所蹈，靡不毕载，以为奏籍。周秦之季，其业隳废，莫有存者。暨乎扬生，沈淡其志，历载构缀，乃就斯文①。

《刘歆与扬雄书》上说：

> 诏问三代周秦轩车使者，遒人使者，以岁八月巡路，宋代语，僮谣，歌戏，欲得其最目。因从事郝隆宋之有日，篇中但有其目，无见文者。歆先君数为孝成皇帝言：当使诸儒共集训诂，《尔雅》所及，《五经》所诂，不合《尔雅》者诘籀为病……会成帝未以为意，先君又不能独集。至于歆身，修轨不暇，何偟更创？属闻子云独采集先代绝言，异国殊语，以为十五卷，其所解略多矣，而不知其目②。

① 周祖谟、吴晓铃：《方言校笺附录》，《方言校笺及通检》，科学出版社 1956 年版，第 91 页。

② 同上书，第 91—92 页。

《扬雄答刘歆书》上说：

雄少不师章句，亦于《五经》之训所不解。常闻先代辎轩之使奏籍之书，皆藏于周秦之室；及其破也，遗弃无见之者。独蜀人有严君平、临邛林闾翁孺者，深好训诂，犹见辎轩之使所奏言①。

由以上引文可以知道，在很早的古代，就已经进行过方言采集工作。到了周秦时代，收集方言的工作曾经中断过。直到汉代，大家又注意到收集方言的工作。由扬雄与刘歆往返的书信中，我们知道，刘向、刘歆两父子注意到收集方言的工作。在扬雄以前，有蜀人严君平及临邛林闾翁孺做过收集方言的工作。仅仅就这两封信，就已经知道，注意方言收集的人和亲身做收集方言的人，就有刘向、刘歆、严君平、林闾翁孺、扬雄等五人。我想一定还有好些我们所不知名的。何以在汉代，一般人又注意到收集方言这个工作呢？这是与当时国君的提倡有关系的。《刘歆与扬雄书》中说：

今圣朝留心典诰，发精于殊语，欲以验考四方之事、不劳戎马高车之使，坐知徭俗；适子云攘意之秋也②。

当时的统治者为什么注意方言收集工作呢？《汉书·食货志》已指出目的在于"王者不窥牖户而知天下"，也就是说，统治者想

① 周祖谟、吴晓铃：《方言校笺附录》，《方言校笺及通检》，科学出版社 1956 年版，第 92—93 页。

② 同上书，第 92 页。

通过收集方言了解地方情况，以便加强政治上的统治。因此在《汉书》本纪中常记载着派遣大臣巡行天下览观风俗的事。例如：

《汉书·宣纪》第八："遣太中大夫强等十二人循行天下，存问鳏寡，览观风俗，察吏治得失。"

《汉书·平纪》第十二："遣太仆王恽等八人，置副假节，分行天下，览观风俗。"

所谓"览观风俗"实际是兼做方言收集工作的，古人对"风俗"的"风"的观念中，是包含着方言的不同。清代王先谦指出："前古采风使者方行列国，匪独陈其诗篇而已；其于异俗殊言，必将备其声音训诂，随以上进。"①

明白了以上的情况，对汉代有较多的人注意方言收集工作的事，就不奇怪了。我想，扬雄《方言》可能是在前人收集方言的基础上，更进一步而完成的。

另一方面，秦汉两代成为中央集权大国以后，由于社会、经济、文化的发展，也影响到语言的发展。在语言发展方面，一方面是春秋战国各地语言的交流融合，另一方面是共同语的统一性加强。这样丰富复杂的语言事实，提供了小学家扬雄等研究语言的资料。我国语言研究从汉代开始，就不是偶然的。是社会发展、语言发展的自然要求。

其次，我们谈谈收集方言的人与文字训诂学及《尔雅》的关系。前面我们说过，在汉代的时候，一般人注意到收集方言的工作，朝廷也重视这项工作，那么，收集方言的人到底是怎样去收

① 郭庆藩：《方言校注》，思贤讲舍本。

集呢？在《扬雄答刘歆书》中，说到收集方言的严君平“财有千言”，说到收集方言的林闾翁孺是“梗概之法略有”。至于说到他自己收集方言的情形是：

故天下上计孝廉及内郡卫卒会者，雄常把三寸弱翰，赍油素四尺，以问其异语；归即以铅摘次之于椠，二十七岁于今矣。而语言或交错相反，方复论思，详悉集之，燕其疑①。

《西京杂记》中也记载了扬雄收集方言的情形：

扬子云好事，常怀铅提椠，从诸计吏，访殊方绝域四方之语，以为裨补輶轩所载，亦洪意也②。

由以上记载，我们可以知道，收集方言时，并不是得一条记一条，随便零星的散记，而是有条理，有组织，有方法的。即所谓“翁孺梗概之法略有”。当然，关于林闾翁孺的梗概之法，我们是无从知道了。不过，关于《方言》如何收集成书，从《方言》本身，是可以推寻的。

在《扬雄答刘歆书》中，说到收集方言的严君平与林闾翁孺，都是“深好训诂”的人。而扬雄自己，就是一位小学家。刘向、刘歆也是对文字训诂素有研究的人。由此我们看到一个事实：那就是这五位注意收集方言工作和亲身作方言收集工作的人，都是

① 周祖谟、吴晓铃：《方言校笺附录》，《方言校笺及通检》，科学出版社 1956 年版，第 93 页。

② 葛洪：《西京杂记》卷三，《四部丛刊》子部。

具备有文字训诂知识的人。另一方面，《尔雅》在《汉书·艺文志》中，虽被列入孝经家；可是《汉书·艺文志》书家中却说："古文读应《尔雅》，故解古今语而可知也。"① 由此可见，汉代人仍把《尔雅》看作是一部文字训诂的书。事实上《尔雅》主要是为解经而作的，这部书的完成一定是在汉武帝提倡经学之后，而且是经过许多人补充的。那么，毫无疑问，扬雄等五位当然都见过《尔雅》的。《方言》这部书，也是一向被列在小学训诂类的，所以明陈与郊作《方言类聚》，就是以《尔稚》的分类组织，作《方言》内容的分类。总之，就由于以上这些线索，引起我对《方言》与《尔雅》的关系的注意。

第三，《方言》与《尔雅》编制的粗略对照：

《方言》一书一共是十三卷，六百七十五条。每一条分成两部分，上面一部分是雅诂，下面一部分是方言。方言就是作者所收集的。但是，上面一部分的雅诂是从哪里来的呢？如果说就是下面一部分的方言，为什么在有些条中，方言与雅诂又不相符合呢？有时方言多于雅诂，如：

> 娥嬿好也。秦曰娥，宋魏之间谓之嬿，秦晋之间凡好而轻者谓之娥。自关而东河济之间谓之媌，或谓之姣。赵魏燕代之间曰姝，或曰妦。自关而西秦晋之故都曰妍。好，其通语也。(3/卷一)

有时又雅诂多于方言，如：

论著选登

① 《艺文志》，《汉书》卷三十，第8页。

> 慎济曆惄湿桓忧也。宋卫或谓之慎，或曰曆。陈楚或曰湿，或曰济。自关而西秦晋之间或曰惄，或曰湿。自关而西秦晋之间，凡志而不得，欲而不获，高而有坠，得而中亡，谓之湿，或谓之惄。(10/卷一)

在卷十二、卷十三中又大部分仅有雅诂，如：

> 爰暖哀也。(1/卷十二)
> 儒输愚也。(2/卷十二)
> 裔历相也。(1/卷十三)
> 裔旅末也。(2/卷十三)

我们知道，《方言》是一部未完成的作品，卷十二、卷十三仅有雅诂的现象就遗留下著作的痕迹，说明了作者是先有了雅诂，然后根据这些雅诂，再去求方言的。由于《方言》是一部未完成的作品，没有经过作者重新整理，所以在有些条中，雅诂与方言不相符合，以及卷十二、卷十三仅只有雅诂的现象。那么，这些雅诂究竟是从哪里来的呢？我认为《方言》的雅诂是从《尔雅》中来的。也就是说，《方言》是根据《尔雅》先立下雅诂，然后再去求方言的。关于这个论点，在下一节中，我用两书具体内容的排比与对照来作证明。

（二）从两书内容观察

在上面一节中，我说明了《尔雅》与《方言》有着密切的关系。现在，作更进一步的具体的排比与对照。

第一，名物分卷的对照：

《尔雅》十九篇，第一篇释诂分上下两卷，所以一共是二十卷。除释诂上下、释训、释言四卷外，其余的十六卷，都是释名物方面的。《方言》是十三卷，除卷一、卷二、卷三、卷六、卷七、卷十、卷十二、卷十三外，其余五卷，也都是释名物方面的。现在，就名物方面，作《方言》与《尔雅》的对照：

《尔雅》	《方言》
《释器》第六	卷五、卷九。
《释虫》第十五	卷十一。
《释鸟》第十七 《释兽》第十八 《释畜》第十九	卷八。

这些名物方面的，与本文所要讨论的关系不大，所以就不再作详细的排比研究了。

第二，雅诂形式的对照：

《尔雅》的雅诂组织形式，归纳起来可分为下列三式：

第一式：初哉首基肇祖元胎俶落权舆始也。(1/释诂)
如适之嫁徂逝往也。(6/释诂)
般齐中也。(1/释言)
第二式：明明斤斤察也。(1/释训)
条条秩秩智也。(2/释训)
第三式：姜女为媛。(92/释训)
鬼之为言归也。(114/释训)

第一式是列举群诂例字，以母题作义类的统领，放在一句的最后，并且一定以语助词“也”作结束。第二式在母题形式方面与第一式一样；但在群诂例字方面就不同了，所举的群诂例字，都是重言的复合词。第三式的形式最不整齐，群诂例字与母题形式都不一定，整个一条，好像是一句文章。

《方言》的雅诂组织形式，归纳起来，也可分为三种形式：

第一式：党晓哲知也。(1/卷一)

　　　　悛怃矜悼怜哀也。(7/卷一)

第二式：迹迹屑屑不安也。(20/卷十)

第三式：张小使大谓之廓。(25/卷一)

　　　　东齐之间壻谓之倩。(2/卷三)

由以上看来，《方言》雅诂组织的三种形式，与《尔雅》雅诂组织的三种形式是没有什么不同的。现在，我们再看看这三种形式在二书中的应用情况：《尔雅》的释诂、释言完全是用第一式；释训大部分用第二式，有一小部分是用第三式；《方言》则十分之九用第一式，用第三式的有十余条，以第二式的应用最少。

第二式，在《尔雅》中列入释训，朱骏声《说雅》上说：“训，说教也。或双声，或叠韵……皆连文以为谊，当口以说教，斯聆音而晓焉。”[①] 可见释训中的连文词，多半是以声为义的。《毛诗关雎诂训传正义》上说：“训者，道也。道物之貌以告人也。”[②] 可见释训中的连文词，在语法作用上是用作“道物之貌”，就是说用作形容名词的形容词，或用作形容动词的副词。汉字是单音节

① 朱骏声：《说雅》卷一，花雨楼丛书本，第31页。

② 《释诂训传》，《毛诗正义》卷一。

的，表现在文学语言上有一种求偶的现象，于是有双声、叠韵、重言。所谓“灼灼状桃花之容，依依尽杨柳之貌”，可见古人早已有应用重言的现象。可是，由于社会不断发展，语言也随着社会的需要而有所变迁。也就是说，古人的重言，不一定就是今人所用的重言。我们试翻开《尔雅》释训来看，其中的重言复词，大都已不存在于现代汉语中了。不过扬雄的时代，去古不远，为什么在《方言》中也找不出《尔雅》释训中所收的重言复词？为什么《方言》中以第二式应用最少？是由于语言发展变迁的缘故？还是有其他的原因？由于《方言》是一部未完成的作品，还有待于进一步的研究。

第三，母题重见的对照：

现在，我们来作《方言》与《尔雅》母题排比的研究。在进行排比研究以前，我们先将《尔雅》的母题情形说明一下。《尔雅》卷一释诂上 57 条，释诂下 93 条，释训 114 条，释言 272 条，一共是 536 条。在这 536 条中，并不是有 536 个不同的母题，因为其中有七个母题重见了：

1. 忥谧溢蛰慎貉谧顗頠密宁静也。(22/释诂上)
   密康静也。(19/释诂下)
2. 永羕引延融骏长也。(30/释诂上)
   育孟耆艾正伯长也。(56/释诂下)
3. 薨薨增增众也。(18/释训)
   烝烝众也。(53/释训)
4. 蠲明也。(85/释言)
   翌明也。(200/释言)
5. 逸諐过也。(21/释言)

邮过也。(172/释言)

6. 追及也。(92/释言)

逮及也。(121/释言)

7. 检同也。(154/释言)

弇同也。(208/释言)

同样的母题，同在释诂，释训或释言的范围下，为什么不合放在一条，而分开于两处呢？我称这种现象叫做母题重见。母题的重见，不一定是作者的失误，同样的母题，在同一范围下却分置成两条，是有它分置的道理的。就像上面所举的母题“长”，见于释诂上 30 条，又重现于释诂下 56 条。从字形看起来，释诂上 30 条的母题“长”与释诂下 56 条的母题“长”是完全一样的；但是由语音及义类去看，两个母题“长”的确是不同的。见于释诂上 30 条的母题“长”是长大、久远的意思，而见于释诂下 56 条的母题“长”是长官、长辈的意思。像这样的母题重见，《方言》中是很多的。本文所取材的八卷方言，共计是 528 条，在这 528 条中，母题重见约七十多次，凡二百十余条。母题重见的条数，占了二分之一，像这样一个普遍的现象，当然不是偶然的，重见有它重见的道理，分置有它分置的原因。关于《方言》中的母题重见，我打算在另外一篇文章里专门讨论，现在，暂时不谈了。

第四，母题相同的对照：

《尔雅》的释诂、释训、释言 536 条中，除了有八个母题重见了，还有 26 个母题相同。“母题重见”与“母题相同”的含义是不同的。在同一性质范围下，同样母题，分置成两条，称做“母题重见”；同样母题，分置在不同性质范围下，这只能称做“母题相同”。就是说，同样一个母题，见于释诂，又见于释言或释训中。像这样的情形，在《尔雅》中，有二十六个母题是如此的，总共是52条，我想不必逐条抄录，现在按《尔雅》的卷数、条数，即释诂上卷一、释诂下卷二、释训卷三、释言卷四，将母题相同的情形，列表于下：

母题	大	勉	美	和	众	病	思	敬	危	言
条数/卷数	3/一	33/一	41/一	42/一	49/一	52/一	55/一	1/二	4/二	8/二
	26/三	28/三	20/三	6/三	18/三	44/三	16/三	3/三	10/三	234/四
母题	止	直	安	作	清	爱	动	喜	正	迎
条数/卷数	14/二	18/二	20/二	31/二	39/二	49/二	50/二	66/二	73/二	81/二
	15/三	62/三	24/三	19/三	64/四	21/三	8/三	32/三	194/四	68/四
母题	食	忘	毒	智	缓	小				
条数/卷数	82/三	80/三	67/三	2/三	31/三	42/三				
	42/四	129/四	170/四	192/四	252/四	258/四				

现在，我们再来谈《方言》的母题。《方言》是十三卷，我取材的是卷一、卷二、卷三、卷六、卷七、卷十、卷十二、卷十三等八卷，总共是528条。我拿《方言》528条中的母题与《尔雅》的母题对比研究，结果是母题相同的有68次，共计是228条。现将《方言》与《尔雅》母题相同的情形列表于下：

母题	《尔雅》条数/卷数	《方言》条数/卷数
大	3/一　26/三	12/一　21/一　24/一　95/十二　36/十三　131/十三
勉	33/一　28/三	32/一
美	41/一　20/三	3/二　124/十三　140/十三
和	42/一　6/三	107/十三
病	52/一　44/三	21/三　48/十三
思	55/一　16/三	11/一

续表

母题	《尔雅》条数/卷数	《方言》条数/卷数
敬	1/二　3/三	28/六
危	4/二　10/三	37/六
止	14/二　15/三	24/十二　25/十二
作	31/二　19/三	51/六　19/十三
清	39/二　64/四	18/十二　43/十二
爱	49/二　21/三	6/一　17/一　26/七
动	50/二　8/三	65/十二　38/十三
喜	66/二　32/三	95/十三
正	73/二　194/四	35/三　4/六　74/十二
迎	81/二　68/四	29/一
食	82/三　42/四	31/一　27/七　69/十二
忘	80/三　129/四	14/十三
毒	67/三　170/四	42/十三
缓	31/三　252/四	60/六　45/十二
小	42/三　258/四	8/二　28/十二　84/十二　10/十三
始	1/一	23/十二　78/十二　72/十三　91/十三
至	5/一	13/一
往	6/一	14/一
谋	12/一	81/十三
法	13/一	32/三　5/七　46/十三
信	16/一	20/一　11/七
匹	20/一	10/二　8/十二
远	25/一	21/六　24/七
高	31/一	56/六　95/十二　108/十二
强	34/一	9/七　36/十二　72/十二

续表

母题	《尔雅》条数/卷数	《方言》条数/卷数
尽	44/一	49/三　76/十二　40/十三
丰	45/一	2/二
聚	46/一	50/三
疾	47/一	34/二　1/七　4/十二　35/十二
惧	51/一	15/一
忧	53/一	10/一
待	3/二	52/十二　123/十三
厚	6/二	79/十二　129/十三
见	10/二	119/十三
审	51/二	41/六
养	62/二	5/一　73/十三　82/十三
难	68/二	6/六
取	77/二	30/一　19/六　44/三　17/十　47/十　53/十三　62/十三
余	80/二	4/一　30/二
续	84/二	26/一　48/六
定	86/二	27/六　69/十三
恶	40/三	29/十　35/十三
来	10/三	14/二
离	2/四	16/六　12/七
声	9/四	16/十三
然	14/四	43/十　54/十二
戾	22/四	37/三
隐	26/四	43/三

续表

母题	《尔雅》条数/卷数	《方言》条数/卷数
行	28/四	22/六　31/六　11/十二　19/十二　80/十二　64/十三　112/十三
发	58/四	53/十二
益	70/四	51/三　122/十三
试	80/四	58/十三
下	94/四	15/六　60/十三
暴	96/四	15/七
分	117/四	33/六
怒	118/四	20/二　33/三　53/六　18/七　53/十二　59/十三
重	123/四	9/六　109/十二
本	167/四	47/十三
能	198/四	23/十三
极	208/四	39/十三　89/十三
痛	201/四	8/一　21/二　71/十三
恨	213/四	55/十二

第五，内容现象的对照：

以上的排比，主要是组织形式方面的。现在，我们作内容上的排比研究。就是在母题相同的条件下，以《方言》的雅诂内容与《尔雅》的雅诂对照，比较研究。研究的结果，有以下几种现象：

其一，雅诂完全相同：

烈枿余也。（《尔雅》80/二）

烈枿余也。（《方言》4/一）

其二，雅诂部分相同：

（1）弘廓宏溥介纯夏幠庞坟嘏丕奕洪诞戎骏假京硕濯讦宇穹壬路淫甫景废壮冢简菿昄晊将业席大也。（《尔雅》3/一）

敦丰庞夰幠般嘏奕戎京奘将大也。（《方言》12/一）

硕沈巨濯吁敦夏于大也。（《方言》21/一）

坟地大也。（《方言》24/一）

（2）追及也（《尔雅》92/四）

追遝及也。（《方言》18/三）

（3）逆迎也。（《尔雅》68/四）

逢逆迎也。（《方言》29/一）

（4）迄臻极到赴来吊艐格戾怀摧詹至也。（《尔雅》5/一）

假狢怀摧詹戾艐至也。（《方言》13/一）

（5）如适之嫁徂逝往也。（《尔雅》6/一）

嫁逝徂适往也。（《方言》14/一）

（6）允孚亶展谌诚亮询信也。（《尔雅》16/一）

允谌恂展谅穆信也。（《方言》20/一）

展惇信也。（《方言》11/七）

（7）刘狝斩刺杀也。（《尔雅》32/一）

虔刘惨綝杀也。（《方言》16/一）

（8）亹亹蠠没孟敦勖钊茂劭勔勉也。（《尔雅》33/一）

钊薄勉也。（《方言》32/一）

（9）肃齐遄速亟屡数迅疾也。（《尔雅》47/一）

速逞摇扇疾也。（《方言》34/二）

（10）悠伤忧思也。怀惟虑愿念惄思也。（《尔雅》55/一）

郁悠怀惄惟虑愿念靖慎思也。（《方言》11/一）

（11）煤怜惠爱也。（《尔雅》49/二）

怃㤿怜牟爱也。（《方言》6/一）

亟怜怃㤿爱也。（《方言》17/一）

（12）浡肩摇动蠢迪俶厉作也。（《尔雅》31/二）

蠢作也。（《方言》19/十三）

（13）餥糇食也。（《尔雅》42/四）

餥飵食也。（《方言》31/一）

其三，还有一类现象，不像以上两类那么明显，就是说在这类现象中，母题虽然相同，而在群诂例字方面，有一些字，若由字形去看，是两个不同形体的字，若由字音或义类去看，这两个不同形体的字所表示的，往往却是相同的。如：

迪繇训道也。（《尔雅》54/二）

裕猷道也。（《方言》23/三）

这两条母题相同，在群诂例字方面似乎都不相同，可是，只要仔细观察，我们可以进一步认识它们真正的关系。例如：《尔雅》54/二的“繇”与《方言》23/三的“猷”由表面上看来，是两个不同形体的字；可是，我们应进一步由音义方面去看。《广韵》：

“猷，道也。尤韵，以周切。”① “繇，犹也。尤韵，以周切。”② 根据《广韵》我们知道，“猷”与“繇”同属尤韵；根据反切我们知道，“猷”与“繇”同属喻母。就是说，在字音方面“猷”与“繇”是完全相同的。我们知道字音相同的字往往义类相通，所以《诗·小雅·巧言》：“秩秩大猷”，《汉书》注引作“大繇”③ 由此可知《方言》23/三的“猷”与《尔雅》54/二的“繇”是相同的。又如：

格怀来也。（《尔雅》10/四）

仪洛来也。（《方言》14/二）

《方言疏证》戴震曰：“格洛古通用。”④ 按“洛”与“格”，《广韵》：“格，陌韵，古伯切。”⑤ “洛，陌韵，古伯切。”⑥ 由此可知“格”与“洛”同属陌韵，见母。也就是说，在音的方面，“格”与“洛”是完全相同的。所以“方言”14/二的“洛”与《尔雅》10/卷四的“格”是没有什么两样的。又如：

燬火也。（《尔雅》216/四）

煤火也。（《方言》6/十）

---

① 《广韵》下平声卷第二，尤第18，四部备要本，第37页。

② 同上。

③ （清）陈乔枞《三家诗遗说考》引《汉书》颜注，《诗·小雅·巧言》之篇曰：“秩秩大繇，圣人谟之。”

④ 戴震：《方言疏证》卷二。

⑤ 《广韵》入声卷第五，陌第二十，第33页。

⑥ 同上。

按《方言注》“煤，呼隗反”，按《广韵》：“燬，纸韵，许委切。”①“煤”与“燬”韵部虽然不同，可是由反切上知道二字同属晓母，又由于母题及二字的偏旁相同，知道二字的义类也相同。总之，由于这些仔细的观察，使我们认识了《方言》6/十“煤”与《尔雅》216/四“燬”的真正关系。像这一类的情形，还有很多，我们现在只举出三条，以说明这一类现象的大概罢了。

其四，除了以上三种现象外，在比较《方言》与《尔雅》雅诂内容时，还发现一种现象，就是在两条母题不同的雅诂中，群诂例字是往往有着牵连的关系，例如：从《方言》18/三“追遝及也”及《尔雅》92/四“追及也”两条来看，《方言》中“追”可以看作是本之《尔雅》；至于另外一个群诂例字“遝”是《方言》新创？还是有所本呢？又本之于何处呢？我们再看《尔雅》121/四“逮及也”这一条母题虽然与《方言》18/三条相同，可是群诂例字又似乎不相干。我们再看《尔雅》113/四条“逮遝也”这一条与《方言》18/三条母题虽然不同，可是这条的母题“遝”却与《方言》18/三条中的群诂例字相同。现在，我们将这四条平列着研究：

追及也。(《尔雅》92/四)
逮及也。(《尔雅》121/四)
逮遝也。(《尔雅》113/四)
追遝及也。(《方言》18/三)

由以上四条平列，展转牵涉的关系上，我们可以看出，《方言》雅

① 《广韵》上声卷第三，纸第四页。

诂本是之于《尔雅》的又一种方式。

总之，不论从组织形式来看，或从母题雅诂对照研究来看，都具体有力地说明了二书的关系：即《方言》的雅诂本是之于《尔雅》。

《尔雅》和《方言》是我国语言科学上两部极其重要的作品，历代学者对二书进行过讨论和研究，至今还存在一些尚未解决的问题。本文所研究的，是提供出这一事实，以作为专家学者们更进一步研究二书，及研究汉语史的参考资料。

《方言》专题研究

前汉方音区域考①

林语堂

（一）总论

素来中国研究古音的人使我们最不满意的大概有三件：（1）没有精确的时代观念，（2）没有地理观念，（3）不讲发音学，未能推到古时某地某韵之实在读法。因为没有精确的时代地理观念，所以每每泛讲周秦古音，并且希望把时代地理极不同的三百篇，硬要归入同一系统，视为同类的材料，以为分部之根据；然其年代地理既实有不同，于是乎分部间每每有扞格不入者，而古音家对此乃百般思索以为之解，或以为非韵，或以为学古之误，或以为古本二音，或以为合韵，或竟以为一二处方音二韵通用之故，而并合其古本截然不紊之韵。（若张行孚之并“支脂之微鱼虞模齐皆灰咍”为一部，试问此一部是何读法?）由是或分或合，而吾人对古韵之读法不会增进丝毫。

大概古音家可分为二派：一派是承认方音的，像顾炎武，江永，孔广森，张行孚；一派是不承认方音的，像钱大昕，段玉裁，张成孙等。顾炎武的方法态度最科学，其时代地理观念也最精密；故其论孔子赞《易》以“真谆耕清”为韵，有“五方之音虽圣人有不能改者”（《唐韵正》卷三）的一句话。其时代观念之精密亦

① 原载于林语堂：《语言学论丛》，上海书店 1989 年版。编者按：本文选入时对原文层级序号、文内注释位置等略作改动。

见于《唐韵正》。顾氏考汉魏后用韵渐渐宽弛，每每必指出其首见于何人。但是这一句虽圣人不能改方音浅显明白的话，硕儒大师如钱大昕者乃不得其解，而谓顾氏为“轻议圣人”（《潜研堂文集》卷六），此直是钱氏无地理观念之证。至于钱氏所谓“转”音，实与顾氏所谓方音相同，不过说方音的人，以为一字音不同者系由地方之异说“转音”的人，以为一字于同时同地可有异读，试问三百篇于时，自商以至周末；于地，由齐以至西秦，方音有不同，必见之于用韵上，何故必作一字异读的解说？

至于段氏之“合韵”则更无聊，因为依段氏说，古之合韵犹今之通韵，以本不在此韵而强以合乎此韵，虽说声相近可通，然总亦由固执古音惟一读法的相信，故一味要抹杀方音。对于这条陈寿祺有一段很好的批评：

> 然即是推之，知古音之变因乎时，方音之转因乎地，虽圣人不能强之使同。要之，在古人未尝不可通近于音韵，使其不相通近，岂能笔之于书，传之其人哉？今之专讲字母者，固不可以六朝以后之音读，上绳周秦古书，而专谜三百篇以定古音部分者亦恐隘而不能尽通。不知所谓古音在某部者，诚三代之韵书乎，抑亦一家之言乎？部分不能尽通，则归之合韵，合韵有以异于唐以来之言叶韵乎？又以三百篇后，孔子赞《易》，老子言道德，用韵即不必皆同，夫同在一代，何以音之变转若是？果如所云，是周人未尝断断于十七部之分明矣……（《与王伯申詹事论古韵书》，见《左海文集》）

近来的人渐渐明白合韵非精确之论，及古韵之不可强合，故俞樾也有同样的批评：

> 今世有韵书，故虽方音各异，而不能入诗。古人无韵书，则诗之韵各随其方音而殊矣，后人乃欲于数千年后为古人厘定一韵书，何怪其劳而无功乎？（《说文发疑序》）

据俞樾这样说，则三百篇及古有韵之文，似应按地理分配，各分出研究才是，然这种工作总是没有人做。直到张行孚乃明白说出“古韵惟兼用双声，故必不能分部”的一句话。

张氏“双声”之说，可谓继顾之方音说、钱之转音说、段之合韵说而起，是最有创见的。张氏说：

> 顾、江二家，谓古韵兼用方音，钱氏谓古韵兼用双声转音，皆知古韵有必不能强合者，其说固已十得八九矣。然必合顾、江、钱三家之说，知古韵所以不能强合者，皆方音为之，方音所以不能尽合者，皆双声为之，然后古韵之条理可得而言也。（《说文发疑》卷一“假借”条）

张氏所谓双声，例如“临”与“躬”韵必方俗“临”先有“隆”音（“临隆”双声），“敦”与“摧”韵必方俗“敦”先有“堆”音（“敦堆”双声）。不过照张氏说法，“方音之所以不能尽合者，皆双声为之”，双声未免要神秘起来，若为一种魔力可以改造方音。其实所谓双声，只是韵母已变声母未变（如“临”变“隆”）的自然结果，非方音转变之原因，所以张氏所谓“古今方俗语音，虽有变易，要不出双声叠韵二者”，也不过是说音韵之变，不是双声母便是双韵母的一句平常话而已。故单讲双声，不能使我们明白方音的真相。

总而言之，自顾、江言方音以后虽屡有相信其说的人，却没有一人去做古方音考的工夫，到现在虽大家说古方音必有不同而到底所不同者何在，齐音有何不同，楚音有何不同，连一条古方音例都找不出来，此则吾国音韵学欠精细之处。个人找得出来，只有江永曾经发现的一条例而已，其论 am、ang 之混，谓“其诗皆西周及秦豳岂非关中有此音……乎？……夫子传《易》……岂非鲁地亦有此音……乎？”（见《古韵标准》，《守山阁》本卷一页四）总而言之，清朝古音家审音最精者当推江永，见其所著《音学辨微》，戴氏为其及门弟子，故亦精于发音）我们应能层层逼进，明指其何地之音读，此一步办到，然后可谓古音至今犹存。且须此一步办到，然后分部乃有意义。盖古音本是可分的，只是分部乃是考古音之工具，非是考古音之目的。所谓分部直如西洋文之有字母，清代古音家给我们分出古部来犹如替我们指出其古音之一字母，有分部然后有字母，有字母然后有条理可研究其读音。并非分部即谓一部只有一样读法，不许有方音之异，也不是说古同部字必是同样读法，如“阳”“唐”古同部，然并非古“阳”“唐”读法相同（“阳”齐齿）。若谓古同部者必同韵母，同韵母者必只有一样读法，不容方音之转变分并，便是泥于分部之说。

素来古音专以分部为事。而对于古音古读，不甚了了，便是泥于分部之弊。在今日最重要的便是从事于古方音的考证。这有三样的重要。第一，便是使我们得知某地某时实在方言的差别，得了许多方言音变的公例，有了这些公例，将来训诂的事业就可格外精细，格外有条理，不但能说某字为某部的转音，并且能说其为何时何地的转音。我们看了章氏的“成均图”及对转旁转之说所得的印象，便是古音几乎无一部不可直接或间接转入他部，绝无地理上与时间上的条件，例之以西洋之语原学通则，可谓不科学之至。

第二，因为研究各部在方音中的转变，可以使各部的正音愈明。我们要知道古音，最要从他的转变上面看出来。我们应把古音看做动的不看做静的，看做活的不看做死的，看做有变化历史，有连贯统系的，不是永远静止，各部分离的。这也是犹如科学家研究物理每每注意其例外的，其不规则的，因为愈例外愈不规则的现象，愈容易出现新的物理（恩斯坦相对论的发明与证实也不过在于一些星光上的不规则而已）。素来古音家以全副精力研究分部，而于不合分部的韵反置之不理，此古音学成绩之所以不甚足观。

第三，用之于书的考证上面，也可以帮助我们断定书的出处年代及真伪，我们可因其合于某条方音的例证明其非某地方音，或因其合于某条方音的例用为其出自某方音的佐证，如《周礼》是否为齐音（江永说）便可用齐音的例为证。其他如古文中之奇字或体字，如“我”之作“遻”，“鲜”之作“誓”实皆方言之字，我们都不知道拿来做系统的研究。又如汉字的读音其初每每实只是方音之读法而已，后来因为“经音家”之注释，乃成为普通读音，若“傩”读为“娜”（鲁卫音），“洧”读如“鲔”（郑音），我们因为不细究古方音之差别，故不明其原委。这些精细的工夫都得靠古方音的考证才能慢慢弄个条理出来。

研究古方音自然不是十分容易的事，其方法当于另篇专论之。其范围之广，也不是一人一时之力所能胜任，论其章氏之所谓对转旁转无一条不可做一篇方音考，以明其转变之时代与区域。我现所考的三条不过是做一种的例，并以证明考古方音之可能而已。一《寒歌对转考》，限于陈宋汝颍江淮区域；二《寒模对转考》及《仙支对转考》，限于齐鲁；三《谆脂对转考》，限于鲁齐而东至东齐，北至北赵皆在音变区域内。又因扬雄《方言》书中所称引地名之分合，而定其统类（如秦晋每同举则为一类，郑韩周常同举亦为一类。若东齐西秦每另表出，可明知其与齐秦之他部截然不同，故亦各成一类），附证以种姓迁移之迹，计得汉代方言十四类：（1）秦晋；（2）郑韩周；（3）梁、西楚，为中国西部系；（4）齐鲁；（5）赵魏之西北，燕及代之南部；（6）魏卫宋；（7）陈，郑之东部，及楚之中部为中国东部系；（8）东齐（青）与徐；（9）吴扬越为夷系；（10）楚（荆“蛮”）；（11）南楚，为“蛮”系；（12）西秦，为羌氐系。此外异族与中国种族比较少关系者亦成二系；（13）为狄系，居秦晋之北，其影响及于第五类；（14）为东胡系，居朝鲜及燕代之北。附《前汉方言分区图》一，以为说明之助。①

（二）考证古方音之可能及其方法

1. 古之有方音，不异于今，本无须申辩。但是我们看素来研究古韵的人，对古方音之疏忽，甚至于一味要抹杀方音（如遇方音证据时，辄多方附会以为解释，虽宿学硕儒，且不能免），故不得不申辩一下。《公羊》多齐言，《淮南》多楚语，尽人皆知。楚人谓虎菸兔，见于传文，这些都是方音辞汇之不同，显而易见，虽欲抹杀而不可得的，所以承认他的人也多。至于古方言中语音，语法及文字之差别，若用细心研讨，其可考于载籍的，正复不少。如《周礼》多奇字，实皆方言之异而已（如司烜氏以“烜”代

① 编者按：原文此处附有《前汉方言区域图》，本书收录时略去。

"火",《考工记》以"準"代"水")都可拿来做研究方音的材料。《周礼》一书,极富方言性无疑,乃古方言稿本,研究方言之好材料。然《周礼》究属何种方言,至今古韵家皆莫能言(惟江慎修聊有暗示而已)。因缺少此种方音知识,以致许多语言史上的统系,都未曾弄清楚。盖凡研究古文古韵,时代愈古,愈近于初创时代,则歧分愈多,而方音与文字之关系愈接近,而方音之研究亦愈重要。征之西洋文字史上,莫不皆然。(如上古英文稿本分三种方音,至中古已渐趋一致,如不知上古英文之有方音,则英文古音无从讲起。)上古用字不离方音,去方音亦无所谓古韵。故非从方音下手,古韵之学,永远不会精密。

2. 反过来说,如认明上古用字不离方音,则方音材料,随地可以发现。盖上古书体未定,字形得因字音随时而变,凡声音可通者,可以假借,其无可假借者,亦不妨别造,使字之音义得时相符契。虽不能绝对吻合,然其依音变形的趋向,明白可考。所以秦汉以前,假借奇字特多(征之各国文字史初期,亦皆如此)。用假借及别字,既不能不以各自的方音为准,所以假借及别字,就是古方音的痕迹。我们能因其假借别体,而考其声音递变之迹及所出地点,则古方音之异,厘然可见,惟在吾人能通声音之理,而知其所以然而已。姑举两个例为证:(1)如《诗》"有兔斯首"。郑笺:"斯,白也,今俗语斯白之字作鲜,齐鲁之间声相近。"这明明是假借即方音的凭据,所以"鲜"又可假借作"斯",故《诗》"鲜民之生"即"斯民之生"(王说),又是倒过来的用法。又因方音之异,假借不能满意,而别造"誓"字(惠栋《释诂》),"誓"便就是所谓"奇字""别体",其实都是根据方言之需要而另造的,即所谓"方音字"(Dialektwort)。其实凡或体字皆方音或体,就地方方音而造的。(2)如《周礼·梓人》"献以酌而酬以觚”，注“觚当作觶”，郑驳《异义》说“觶字角旁支，汝颍师读所作，今礼角旁单，古书或作角旁氏。”一“觶”字，可有“角旁单”，“角旁支”，“角旁氏”，“角旁瓜”四样写法，可见是书体尚未统一，四字都是根据方音造出的字，而康成明说：角旁支是“汝颍师读所作”，盖汝颍之间，已失“单”之鼻音，而声近“支”，故亦以“支”书之。许慎为汝南人，所以《诗·四牡》“啴啴骆马”《说文》引作“痑痑骆马”，则又变“单”旁为“多”旁，明明是“汝颍师读所作”，汝颍已失“单”本音甚明，郑氏之言非诬。此种别体字如“誓”“觗”“痑”及石鼓文之“遳”都是“方音字”，都是古方音所留的痕迹。他如孟喜、京房《易》，三家《诗》，《春秋》三传，凡所谓异文，著之竹帛，类皆音之递传，或绝代殊语，我们能本声音之理，揆其条贯，都是考查古方音的好材料。

3. 再进一步说：方音语音之不同至何程度及方音区域界线何在，我们也是茫渺得很。所谓方言不同，只是辞汇不同的区别，还是语音有绝不可通的地方？我们可引一条证据，来证明春秋之时，就有言语不通的困难。《左传》文公十三年六卿相见于诸浮，使魏寿余伪以魏叛者诱士会还晋，以下说“秦伯师于河西，魏人在东，寿余曰，请东人之能与夫二三有司言者，吾与之先。使士会”。因为秦人言语不易使魏人明白，只有士会是东人，故寿余对秦人说，请派东人能同魏的军长说话的，使秦人不得不派士会。这是秦魏言语难通之明证。

4. 本篇所要讨论的就是前汉时代中国方言的种类及其区域。要知道古代方言区分的梗概，并不是不可能的事，尤其是汉晋，因为这时代是经音家昌盛时期，如康成的笺《诗》注《礼》，慈明、仲翔的注《易》，何休的注《公羊》，司农的注《周礼》，或如刘熙的《释名》，子云的《方言》，许慎的《说文》及注《淮南》（见洪亮吉《汉魏音序》），都包含许多关于当时方言种类的材料。譬如经音家每言“楚语也”，“楚谓〇为〇”，则楚为特别一类方音，自不待言；若每将秦人语，齐人语另举，则秦语齐语之为特别方言，亦不待言。或每言齐鲁之间，赵魏之间，或曰陈楚，或曰青徐，则亦可推知齐鲁、赵魏、陈楚、青徐凡地名常并举者，音必相类。这是一个普通说法，可以作为我们研究的起点。这种例子很多，我姑且举几条。如见于《说文》的：“燕代东齐谓信曰訦，齐楚谓信曰訏”；“河内之北谓贪曰惏。”，“吴楚谓瞋目顾视曰眮，海岱之间谓眄曰睎，江淮之间谓眄曰眮，南楚谓眄曰睇”，“拓拾也陈宋语”，“迢往也，齐语”等。见于《释名》的，如“齐鲁谓库曰舍”“女青徐州曰婚”“青徐人谓兄为荒”“汝颍言贵声如归往之归也”。见于郑注《礼记》的，如“齐人言殷如衣”（《中庸》），“秦人犹遥声相近”（《檀弓》）。见于《公羊》注的，如“踊豫也，齐人语，若关西言浑矣”。见于《周礼》司农注的，如“越人谓死曰札”，“齐人名浩酒曰涤”。见于孙注《尔雅》的，如“物丛生曰苞，齐人名曰稹”。见于郭注《尔雅》的，如“暖江东通言燠”，“江东呼大曰驵”。诸如此类，不胜枚举，大概郭璞多江东语，刘熙多青徐语，许慎多汝南语，何休、康成多齐语，《汉书》注多陇西秦语，若能合而观之，加以精细系统的研究，很可以使我们看出当时方言种类的大概。

5. 但是这些只可以做方言种类的佐证，若要做精密的研究，必须有较丰富的材料，而这些材料最好是出于一人一时之手。要符合这些条件，自然当以扬雄《方言》为最适当。因为《方言》的成书前后经廿七八年是子云亲自搜集。扬雄与刘歆书曰：“故天下上计孝廉及内郡卫卒会者，雄常把三寸弱翰赍油素四尺以问其异语，归即以铅摘次之于椠，二十七岁于今矣。”可见得此书是汉代由一人独任的，最长期、最详细的方言调查的结果。（参见以下第九节和第十节。）我们倘以科学方法分析研究它，应可以略还他本来面目，得到扬雄心目中所见尔时方言种类及区域的大概。

（三）整理扬雄《方言》的方法

1. 要把《方言》材料整理成一个系统出来，我们须先明白这些材料的性质。《方言》所供给的是关于辞汇的零碎材料，而直接关于语音的材料（如《释名》及《礼记》郑注中可以找到的）及关于语法句法构造的差不多没有。《方言》可谓声相近之转语者如（卷一）“宋鲁陈卫之间谓之嘏……秦晋之间……或曰夏”即 k 与 h 之转。但是此种例不多。我们举一两个例。

> “奕僷容也。自关而西凡美容谓之奕，或谓之僷，宋卫曰僷，陈楚汝颍之间，谓之奕。”（卷二）
>
> “顭，铄，盱，扬，睽双也，南楚江淮之间曰顭，或曰睽，好目谓之顺，黸瞳之子谓之眼，宋卫韩郑之间曰铄。燕代朝鲜冽水之间曰盱，或谓之扬。”（卷二）

因为扬雄所集的是零碎字的传布材料，所以表面上不能不呈一种错综复杂的现象。因为字之传布，本不必相同，各字有各字的历史。“铄”字传布区域固然是“宋卫韩郑之间”，但是宋卫不必与“铄”字同：或同于齐鲁，或同于陈楚，所以若单就“方言”表面上笼统观察，必不能得何种的统系。更重要的一层，我们知道辞汇是区分语言或方言最靠不住的标准；区分方言的标准在语音及句法构造，而不在于辞汇。所以 Meyer-Luebke 说：“在 Rumaenisch 语言中，非腊丁的分子（辞汇）占多数——至少以数目言——但是 Rumaenisch 仍不能算为罗马尼斯系（即俗所谓腊丁系）语言；反过来说，在 Albanesisch 语言腊丁罗马尼斯的遗语虽占二十不仙，其原有土著语差及十六仙，但 Albanesisch 仍不能算为属于罗马尼斯系”（Einleitung in die Romanische Sprachwissenschaft，3te Aufl.，S. 10）。但是虽然如此，我们相信我们可利用方言材料分出统系，而因其统系得到汉时方音分类的情形。第一，因为我们主要研究的是在《方言》书中扬雄并举两地名之常度。如《方言》每言陈楚谓之曰，则在扬雄心目中早把陈楚两地看为一整个方言区域。倘是并举陈楚不只一次而多至三数十次，则在扬雄心目中以陈楚为一方言无疑。反是《方言》不言郑楚，只言郑周，是陈郑虽相去不远，而陈语近楚，郑语近周甚明。又《方言》并提齐赵只有一次，可见齐赵虽为比邻，而方言上很少有共通之点，即可知齐赵之间，有方言界线在焉。第二，因为方言材料，不仅是辞汇关系而已，而实含有语音关系于其间。盖《方言》之搜集，本得之于天下孝廉卫卒之口。如《方言》曰“自关而西秦晋之间凡取物之上谓之挢捎”，即可知在所言区域内“挢捎”语音必非大异，始可使作者闻之得同音之印象，而得概括之为一字，所以依方言统计，如某地与某地得多数关系，是不仅指该两地有多数相同的辞汇，而实指两地同义的辞字可为作者耳所闻见认为一字者之比较常度。

2. 概括起来，我们可以定几条通例，做我们的标准：

（1）甲地在《方言》所见次数多半为与乙地并举，则可知甲乙地方音可合一类（如秦晋）。

（2）甲地与某邻近地名并举之次数多于与他方面邻近地名次数，则可知甲方音关系之倾向（如齐之与鲁）。

（3）某地独举次数特多者，可知其独为一类（如楚及齐）。

（4）凡特举一地之某部，其次数多者，则可知某部有特别方音，别成一类，由该地分出（如齐分出东齐，七三次；楚分出南楚，八五次，燕分出北燕，四三次）。

3. 我们可依这些原则，先把《方言》书中各地并见之次数，统计一下，列成一表（不列入本篇）。《方言》一书中所引地名，约五十余，但是这五十余中，许多是同指一地，如既曰东齐，又曰海岱，又曰青（州），或是所指的城名，已包括于他地名之内，所以普略归纳起来，约可分为二十六处（见下第十二节）。因方言每次并举者，不仅为两地名，而常至三至四地名或多至九地名者，所以若照此二十六处并举错综之程式，列表必为不可能之事，所以唯一的方法，是列表记明两地并举的关系。这种表的用处在使我们容易一目了然于各地与他地普略的关系，但是不能精密无讹地表示《方言》里面所给的材料。如《方言》合称“宋魏陈楚”共十五次，而此表只能拆开，每次只表宋魏，或宋陈，或宋楚的关系。（如此等有可注意者，特另列备注中以存其真。）再须注意的，如《方言》中两地合称不杂入其他地名的证据，比杂入其他地名的较有价值。如《方言》单言“宋魏曰某”，则以此一条做宋魏关系证据，比诸“齐鲁宋卫赵魏曰某”的证据较为重要。所以表中凡两地合称不杂入他地名者，记其次数于点号之右，以表示其重要，如秦晋凡并举八十九次而其中单言秦晋不加入他地者八十二次，在表中即以八九・八二表之。齐鲁十一・五，即指凡书齐鲁并称者十一次，其中单言“齐鲁”者五次（点右无号者即在书中二地未尝单独连合）。（参看《〈方言〉地名并见次数图》，此图凡非比邻地名并举者皆下表出。）①

① 编者按：原文此处附有《扬雄〈方言〉地名并引次数图》，本书收录时略去。

(四)《方言》之作者年代版本及称引地名

1.《方言》作者问题以戴氏在武英殿聚珍版考证本讨论最详。戴氏结论“反复推求其真伪皆无明证，姑从旧本。仍题雄名”(见《提要》)，此足以代表戴氏之细谨无偏的科学态度。卢文弨承认扬雄为《方言》作者(见《重校〈方言〉序》)。钱绎亦无异议，惟承认今本有为后人所添补者：“至卷帙字数之不同，或子云既卒之后，侯芭之徒，搜其遗稿，私相传述，不免辗转附益，如徐铉之增益《说文》。”(见钱氏《笺疏》本郭璞《序》“暨乎扬生……”注。)近人王先谦更明白地驳复非疑扬雄为作者的话(见思贤讲舍刻本《方言》王序)。大概戴、卢、钱、王主张相同，理由也相似，洪迈所疑，根本不必重新讨论，其详皆见以上征引诸书，兹不复赘。我们此地所要另补跟本篇论题有特别关系的两条：

(1)至少在应劭时(东汉)此书行世已久，故即使万一非扬雄所作，亦必为扬雄前后人所作，若是书于应劭时行世未久，即应劭不易公然伪托为子云所作。(应劭自己为《风俗通义》作者，更无自作《方言》而伪托子云之理。)况劭以后李善注《文选》，魏孙炎注《尔雅》，吴薛综述《二京解》，晋杜预注《左传》等，皆有引用《方言》之处，即东汉《说文》亦多有可与《方言》参证之语。(如《说文》“适之也，宋鲁语”，“海岱之间，谓眄曰睎”等，与《方言》或同，或有出入。)所以我们可以说《方言》的书至少是西汉末西历纪元前后的书，书中材料即为尔时材料。

(2)即使方言有为后人所添补(按《风俗通义》序取答书语详具本末云，《方言》凡九千字，今本凡一万一千九百余字，约多二千字)，也不能减少《方言》的价值，因为我们所研究的是《方言》的分类，只要其本书是出自扬雄及扬雄时人之手，后人虽有零碎增益，也不足以影响于分类的统系。况且如果所增益的是汉时方音，则愈俗愈妙，并不一定要出于博览群籍的扬雄才有价值，因为扬雄自己也是由“上计孝廉内郡卫卒”得来的。

2. 倘是这书是扬雄所做的，即依雄答刘歆书，是书之作当始于汉成帝元延二三年至王莽天凤五年（扬雄卒年），即西历纪元前十一或十年至纪元后十八年，前后计廿八或廿九年。

3.《方言》的年代。《方言》的年代已如上述，但是也许一部分的材料是更早的也未可知。如果刘歆与扬雄往来的书可信（按李善《文选注》已引此书，故此书之附《方言》内已久），就此书之分材料至少起于周代。《方言》书名至今尚为“輶轩使者绝代语释别国方言”，所以这个名目如果是扬雄原书所有，很难说这书的材料一定与先代輶轩之使所采石室所藏没有关系。子云答歆书明言“蜀人有严君平，临邛林间（戴案：林间复姓，《华阳国志》作林闾字孺，误），翁孺者……犹见輶轩之使所奏……君平财有千言耳，翁孺梗概之法略有”。《华阳国志》《汉书·地理志》，及王吉、贡禹、两龚、鲍宣传俱言严君平与扬雄同为蜀郡名冠一时之士，且谓扬雄少时从君平游学；翁孺据雄书亦为子云“外家牵连之亲”。所以我们可以估定輶轩使者所载，是经扬雄看过的，至其采用与否，则书中未明言，惟应劭《风俗通义序》云“……翁孺才有梗概之法，扬廉好之，天下孝廉卫卒交会周章质问，以次注续”等语，似应劭明白以为扬雄是“注续”周秦輶轩所载。

还有一层，《方言》一部分材料是从周秦旧书得来的，不尽采之于孝廉衙卒之口。至少我们也可以说扬雄是用过参证旧书的功夫。《方言》卷一“假”条说“皆古雅之别语也，今则或同”，可见书中所载不尽是当时方言，因为当时已经有点糊混，故其所分出有存古性质甚明。又卷一“敦”条自述著书之旨说“皆古今语也，初别国不相往来之言也，今或同，而旧书雅记故俗语不失其方而后人不知，故为之作释也”。可见《方言》所据材料有两种，一为旧书雅记，二为故俗语，其参用周秦古书尤明。

按：故俗语与绝代语，古今语同释；方音中常保存古音古语是极明的道理，旧书雅记辞字不同系乎时而故俗殊语不同系乎地，其源一也。前人不得其解，故有很勉强的注释，惟郭注得其真义。戴氏释“雅”为“常”，谓“旧书常记故俗之语不失其方……郭注皆误”，句法未稳。卢氏读为“（旧书雅）记（载）故（训故）俗（语）”，虽一读法，亦未见尽顺。顺丁氏（杰）释“故”如“诗鲁故韩故”之“故”，与“诂”同；雅当如郭氏解为《尔雅》，实与下一节“古雅之别语”辞义不合。“雅”为普通名词，有风雅之雅，有古雅之雅，有《尔雅》之雅，有雅言之雅，固不必专指《尔雅》。郭注“而后人不知故为之作释也”句云“释诂释言之属”最得真义，释诂即释旧书雅记，释言即释当代俗语也。

4.《方言》地名。《方言》所用地名最为复杂，如宋卫韩周皆沿用周代名词，故欲详指区域界线，颇不易易，其困难与作《春秋》列国图同等，况晋灭十八国，而三家分晋，《方言》既曰晋，又曰赵魏，究竟所指之魏晋为何时地，是否相蒙，抑系独立，颇不易定。如卷一“虔”条“晋谓之䅗……自关而东赵魏之间谓之黠”，即明白以晋与赵魏相对，所以只能以河内以北为赵魏地（即前汉赵国魏国地，按《方言》亦言“赵魏之间河内以北”似可看出作者原意所指）。但是仍然不能全以春秋或战国或汉初或前汉为准，因为作者就未尝纯用何时地名，只以当时通用名词概括表出，我们也只好用 eclectic 方法逐条审订。如《方言》每言楚而春秋之楚与战国之楚不同（楚吞并四十二国，尽江淮汝颍之地而有之，则战国之楚已包括吴扬越陈等处。似非《方言》所指）。若据狭义言之，前汉楚国属徐州刺史惟彭城七县而已，不能包括荆楚江湘等处。又如《方言》或称雍凉，或称梁益。汉益州即古梁州，凉州即古雍州，王莽并凉为雍，益为梁，并司隶于雍，复杂已甚，而《方言》又言“梁宋”，即又非梁益之梁。（后者当指江汉流域，前者当指豫州梁国梁王彭越地睢阳等县。）我们只能如此细察作者之用法详加审择，不能有如何固定的标准。

5. 今本《方言》。刘歆与扬雄往返书皆称《方言》十五卷，郭璞《方言》序亦云“三五之篇”，与歆书合。但是《隋书·经籍志》称《方言》十三卷，《旧唐书》称《别国方言》十三卷，所以钱绎断并十五为十三在郭注后（按郭璞生西历纪元后275年卒323年），隋以前（隋正统自589年始）。《风俗通义序》云《方言》九千字，今本凡一万一千九百余字。清以来经过戴震校勘、考证，凡正讹字二百八十一，补脱字二十七，删衍字十七。按武英殿聚珍板《方言》注《提要》作于乾隆四十四年（西历1779），并题戴震及纪昀名。隔年卢文弨得读戴校本于京师丁小雅家，戴氏有未尽载者，由丁氏集众家校本补之。卢氏得丁稿后，复以雄识古文奇字不必执《说文》之体以尽易之。戴氏或有过信他书，辄改本文者，或注及音义有遗及误改者，又由卢氏据丁本重校，凡改正百二十有余条。卢重校本序作于乾隆四十七年（1782）。上海涵芬楼影印宋刊本，现入商务印书馆《四部丛刊》，可与卢重校本对照。

（五）方言的系统研究

1. 依《方言》统计，我们可分书中地名二十六类为前汉方言十四种，此十四种中有非纯粹中国方言而夹入他语者，如东齐青徐之夷，西秦之羌，秦北之狄，南楚之蛮，北燕之东胡皆异种语。然何者为“纯粹中国语言”，我们实不知道，故不必分而为二也。其中有两地合并的，有一地而分为二的，如秦分出西秦，楚分出南楚，齐分出东齐，有一地处于方言之会属两处方言的，或系属不明的，如魏半属于赵魏系，半属于宋卫系，鲁处于齐宋卫之间，而稍倾于齐，郑既属韩周系，又半隶于陈宋系，这都足以证明方言常没有分明界线，所谓界线常是比较的话。① 这些话容在结论中讨论。

2. 方言与人种学。于可能时，我们可以用我们所有关于古代种姓及人种学的知识帮助讨论方言种类的分并。如我们知道东齐海岱之间为古东夷地，就更加可以相信东齐方言之所以自成一系。有时候也可由他处找到直接证据，如郭注《尔雅》说“东齐呼息为呬”，而《说文》说“东夷谓息为呬”，即东齐语就是东夷语尤明，又如《史》称汉初大乱，燕齐赵人往避朝鲜者数万口，这也可以使我们明白《方言》书中北燕朝鲜语言与燕赵齐语言的关系。其余西秦南楚语言之不同，都可由异族杂处而得满意的解释。

3. 前汉方言十四系如下：

（1）秦晋为一系。

（2）梁及楚之西部为一系。

（3）赵魏自河以北为一系（燕代之南并入此系）。

（4）宋卫及魏之一部为一系（与第十系最近）。

（5）郑韩周自为一系。

（6）齐鲁为一系而鲁亦近第四系。

（7）燕代为一系。

（8）燕代北鄙朝鲜洌水为一系。

（9）东齐海岱之间淮泗（亦名青徐）为一系（杂入夷语）。

---

① 参考 C. Haag：Veber Mundartengeographie und Mundartengrenzen，Alemannia，29，288f. L. Gauchat：Giebt es Mundartgrenzen? Arch. f. d. Stud. d. Neuereu Sprachen，111，365.

（10）陈汝颍江淮（楚）为一系（荆楚亦可另分为一系）。

（11）南楚自为一系（杂入“蛮”语）。

（12）吴扬越为一系（而扬尤近淮楚）。

（13）西秦为一系（杂入羌语）。

（14）秦晋北鄙为一系（杂入狄语）。

①秦晋系

秦（亦称雍凉）。秦晋之为一系可无疑义，《方言》引秦共一〇六次，而此中八九次系与东邻之晋并引，《方言》单言秦晋曰某者八二次。在南一面秦梁并举仅六次，秦西楚并举仅二次。周秦虽为比邻，而中间函谷，故并称者仅二次，周秦显然为二不同方音甚明。《方言》每言关而东曰某，关而西曰某，似子云心目中早认该关为方言畛域。计言“关而西”，“自关以西”……者四七次（“自关而西秦晋”者尚不在此数），言“自关而东”，“关而东”……者三二次，而每以关西关东相对，即系两方所用之字大有区别。然《方言》言“关之东西”者十次，似系指关之近地。

西秦。秦之西鄙自为一系，盖书中言“秦陇”，“自陇而西”，“秦西”等者六次，言“凉州西南”者一次。而最奇者即一次以东齐及秦西并举。

晋（亦称汾，唐）。晋之见于书中共一〇八次，其中最要者为与秦并举八九次。惟晋与秦不同之点，即晋与周郑等中州之地较有关系。计与赵并举者三、魏四、卫五、宋二、郑二、陈二。《方言》书中既言晋，又分赵魏，则子云所言系指晋之故都及汾河流域，自河东河阴北至汾谷，换言之即秦之东赵魏之西。

②梁及西楚（江汉）为一系

梁（亦称西南蜀，汉，益）。《方言》作者虽为蜀人而书中言蜀语者绝少，其理由或一是因子云生长其地不自觉其方言之异，二是因为汉都邑不以方言例之，或因知者较众不另录之。其书中言“梁益”及“益”（汉时用名）二十次，其中独立不与他地并称者十一次。其最要关系为北与秦并引六次，东与楚并引六次，

（《方言》书中亦言“梁宋”五次，惟汉有梁州，近宋，即所指非此地甚明。）

③赵及魏之西北为一系

赵。赵魏固为一系（书中并列二三次），然不可不注意者为赵与宋卫几乎全无关系，而魏则关系密切，以并引次数而论，不能与宋卫分开。再赵与燕代并引者颇常，而魏则不然。此界线之非在赵魏之间甚明，盖赵见书中三六，其中赵魏并提者二三，单言赵魏不涉及他地又至二十次之多。故方言之界线必在魏之境内，魏之一部语言近晋，一部近宋。所谓魏境内界线，即黄河，书中亦屡言“自河而北，赵魏之间”或言“河内以北”。赵晋虽为比邻，并引仅三次，其语言似与晋语分别。赵齐分线更为显然，书中并引者仅一次，而齐见书中四六次，其截然不同可知。魏之与齐亦然，魏为齐比邻，而见于书中六一次仅仅二次与齐并引。燕赵关系见下。

魏。魏介乎宋赵之间，其倾向于宋卫陈楚之趋势为不可掩之事实（总数六一，与宋并举者二九，陈二十，楚亦二三），书中凡言“宋魏陈楚”不杂入他地者凡十五次，可见扬氏似以宋魏陈楚为一方言，合杂入他地者则二十九次。魏卫所以不并提者（仅二次）盖此所指同地，言魏则不言卫，故宋卫二十次，宋魏亦二九次，而赵魏并提仅二次。至魏同时又与赵有至密切关系（二三次），是其一部所谓“河内以北”与赵联合为一方言，而河以南或称卫或称魏则与陈宋同系（周六、秦四）。

④宋卫及魏之一部

卫。宋卫为一系，语言相通，绝无疑义。盖卫见于书中者二五次，与宋并提者则二十次。此卫则魏之一部。所与魏不同者，卫与鲁并提者六次，而魏则未尝一次。卫之于陈楚并提者必连宋，盖宋卫本已合为一方言，言卫必言宋。

宋。宋处于数方言界线相毗之间，北为齐鲁，东为青徐，南为陈楚，西为魏卫，故其语言似与各方皆有出入，然齐鲁固自为一系，而鲁已非齐语本色，青徐语自不同，故其语言仍与陈楚较为相近，计宋见书中六七次，而与陈楚并提者三五次，与魏并提者二九次（此关系上节已说明），若求细密则宋卫自为一系，若概括言之，宋卫与陈汝颍淮楚之言实同一方音区域（宋鲁八、宋齐八、宋郑仅五）。

⑤郑韩周自为一系

郑，韩，周。此三地每每并引而与他地极少关系，又三地皆同，故自成一系。陈郑曾为比邻，然两者关系截然不同，陈楚并举者至五十次之多，而郑楚并举全书仅二次，是陈语近楚而郑语近周甚明。三地所略不同者周与秦晋魏等并举者略多（周秦二、周魏六），而郑则偏于东方诸国（宋五、卫三、陈六），韩则与外间无关系可言。

⑥齐鲁为一系

齐。齐语自成一系，可由汉晋诸儒每言齐语一事而知。《方言》单言齐者共十四次。依《方言》研究之结果，齐之有语言关系者仅在西南鲁宋，而西与赵魏北与燕代皆若绝不可通（赵一、魏二、燕五），其东部海岱之间则又自成一系（见下）。与齐最近者惟鲁一地（计齐四六、齐鲁十二），至宋则稍弱，仅八次，至齐楚并提虽至十四次之多，然战国之时齐并宋卫，楚亦东至于徐，故齐楚已成比邻，书中言徐楚者殆指此。

鲁。鲁见书中共二六次，齐鲁并引十二次，其中单言齐鲁者九。鲁语虽属于齐，然已非重心所在，盖处于数语区域相蒙之地，东南介青徐，西南通宋卫（鲁与青徐并引六次，其中单言鲁与青徐者二次，明言“东鲁”者一次）；鲁宋关系亦颇重要（宋鲁八、鲁卫六），尤可证明鲁语不能自成一系之一事者，即书中单言“鲁曰○”（不杂入他地）仅1次。故鲁语介乎齐语，青徐语，宋卫语三系交界之间。

⑦燕代为一系

燕，代。代之见于书中者五次，其中与燕并称者四次，故燕代为一系。与燕最近者为东齐（八），其次为赵（六），其次为齐晋（各三）。

⑧北燕朝鲜为一系

北燕，朝鲜。燕之分出北燕，犹齐之分出东齐。《方言》言朝鲜洌水者共二六次，而其中二四次为与燕北或燕东北并引（燕北十六、燕东北六），至直言燕朝鲜者仅二次。故燕北与朝鲜在扬雄必以为一种方言无疑。燕北之自成一系与燕不同，且可以一事证之。即书中单言“燕北”及“燕之北鄙”者十一次，与他地并引者十次。书中凡言及燕者五九次，而其中言燕北者至四三次之多，较之燕自身之数（十六）还多。此系方言之最重要关系为南与东齐（五次），盖或因汉初大乱，多由渤海而徙往朝鲜，故不能无语言上之关系。

⑨东齐海岱之间淮泗自为一系

东齐（亦言青，海岱之间），徐。《方言》记东齐语多于齐语，盖言东齐凡七三次而不杂入他地者五十次，其自为一特殊方音，自不待言。此方音之传布系沿岸而南达于淮泗，盖《方言》每以青徐并举（计言青者凡十一次，言徐者凡十二次，而其中青徐并举者十次）。《方言》每言“青徐淮泗”“青徐江淮”“青徐淮楚”“东齐淮楚”，故知此系方言布于淮河流域而南与淮楚相近，其西亦与鲁相近。

⑩汝颍陈楚（江淮）为一系

陈。陈楚之方言关系极密，凡书中言陈者六七次，而其中陈楚并引者五十次。至陈与宋卫关系亦重要（陈宋三十，陈魏二十），盖不但陈如此，楚亦如此（楚宋二八、楚魏二三），因陈楚同一方言，故其关系亦相同。《方言》言“陈楚宋魏”者十五次，言“宋魏陈楚江淮”者三次。故陈楚可认为与宋魏至近之一系方言，至陈自身为一新系，界线可由陈楚之特别关系及陈之各方关系看出。

约而言之，此系方言包括陈，汝颍流域暨发源地（郑自嵩岳以南），以至正南江淮之地。所以知郑语半属陈半属郑韩周系者，盖《方言》明言。汝颍嵩岳之南者二次，此由地势可以推知，而郑自身之关系又一面与陈颇相近。至所谓“楚”者多半系指淮楚，因《方言》称陈汝颍之后常加江淮二字（十七次）。盖楚之观念太广，不但汝颍可称楚地，即陈亦为楚之一部，故《方言》言楚只得作与陈最近一部之楚解释。

汝，颍。《方言》称汝颍凡十六次，与陈并引者七，与楚并引者五，与淮并引者共四（言“淮汝”者二），其次为与宋并引凡四次。

江，淮。书中言江淮三二次，合“淮楚”共三四次。最常并引者为陈（十六），而言“陈楚江”十次（淮中并引宋魏者三），故其与陈相合无疑。有可注意者即江淮与南楚之关系（共十次）。东与吴扬越东北与青徐皆有相当关系。

楚。楚之观念最广，包括最多者。战国之时楚吞四十二国而有之，汉时之楚则仅彭城七县。《史记·货殖传》言淮北沛陈汝南南郡此西楚也，彭城以东东海吴广陵此东楚也，衡山九江江南豫章长沙此南楚也。《方言》所言有“西楚”有“淮楚”有“荆楚”有“南楚”，凡扬淮徐陈宋诸地皆另有地名，自不相混，故《方言》楚者不外江汉，荆，楚，江淮之间。《方言》称“夏”似亦指荆楚而言。

楚语与他语不同，众所共知，其所指谅系南“蛮”之语（惟“蛮夷”语在“中国语”之势力何若，其互相关系何如，及何谓“蛮”，皆未考证，不得断其非“中国语”，盖何者为“纯粹中国语”我们真不知道）。《方言》单言楚者共四十次，与他地并引者一三六次，其重要可知。扬氏列之《方言》中亦可知其认为中国方言之一种，惟辞汇有特异而已。楚与他地并引者九六次，而其中陈楚并引者五十次，则陈楚之关系可知。楚宋并举凡二八次，楚魏二三，齐楚十四。说见上，梁楚并举共五次。

⑪南楚自为一系

南楚（包括沅，湘，湘潭，九嶷，苍梧，湘源等）。《方言》中言南楚语极详，或因其语言多异，或因子云个人经验所致。共言南楚八五次（中言南楚之外，南楚以南十次），单言“南楚”，不并引他地共四二次。其自成一系殆无疑义。最重要关系为东北江淮（十八）。除三次与陈二次与宋并引外，与其他方言似皆绝无关系。

⑫吴扬越为一系

吴，扬，越。吴扬越互相关系及与方外关系三地大致相同。最近关系为楚，其言吴扬淮楚关系者二一次。《方言》所载关于吴最多（三五），扬次之（二五），越又次之（十八）。至越而所记甚寡，是否自成一系，颇不易定，大抵同由中国徙往者，其语言虽有出入，尚不至于隔阂不通。至越以南则不得其详。《方言》称引最南者为“西瓯”“东越”，尤可注意者即一次以瓯吴外、燕外合称，似中国语言系外极南极北尚有相同之语。或同一异族为中国人征伐以致分离，据理论之，诚非不可能之事，惟《方言》记之不详，不足取证耳。

1927 年 12 月 6 日

方言声转说①

蔡凤圻

我国的文字是统一的，语言也是统一的；但是为什么甲地有甲地的土语，乙地有乙地的土语呢？其中最大的原因是在语音的歧异。语音歧异的缘故，在乎语音转变的不同，从时代言，一个音历时久长以后，可以转变出不少不同的音；从地域言，一音到了各地转变出来的音，也各不相同，更或甲地保存某时代的音，而乙地却保存某时代的音，这样就发生了歧异的语音。从现代的方言中举一例，如“昨日”，在北方叫做“ㄓㄚㄖ”，吴语字音叫做“ㄙㄛㄙㄜ”，语音叫做“ㄙㄛㄏㄜ”，宁波叫做“ㄙㄛㄇㄜ”。就“日”字言：在三处地方，有四个不同的音，这里我们要特别注意的，这四个音不过是音的转变，也就是“日”字在各处读音的不同，并不是对于这“日”字本身有所殊异。我们以“日”字古音“ㄋㄧㄜ”为标准，北方音变为ㄖ，正如章太炎所云“娘日归泥”也。江南无翘叶音，遂变为平叶音为“ㄙㄜ”，在吴语中仍保存古

① 原载于《说文月刊》1940 年第 2 卷第 8 期。

音，宁波却读成明母，泥明皆带鼻音，以是转变，所以这四个音实同出一源。

扬雄《方言》所载大部分也是语音的转变，其中所记的某地叫什么，某地叫什么，大都代表音的，就以上例“日”字，我们也可以仿《方言》的语气来说：“聂、食、墨，日也。吴谓之食，或谓之聂；东越谓之墨，青齐兖冀之间谓之日，日其通语也。”这样一来，好像聂、食、墨三个字有了“日”字的意义，而一个“日”字就变成四个字了；其实三个字是代表音的。本来以前的假借字，都是代表音的，所谓“依声托事”。方言中的文字，虽然其歧异之道由于义的如“鸡头或谓之雁头，或谓之乌头”等，但由于音的究属多数。扬雄在收集方言的时候，亦深明此理，所以他明白说出是转语的有下列几条：

庸谓之倯，转语也。（卷二）

扑、铤、澌，尽也……铤，空也，语之转也。（卷三）

煤火也，楚转语也，犹齐言娓火也。（卷十）

嘱哰、謰謱，拏也。东齐周晋之鄙曰嘱哰，嘱哰亦通语也。南楚曰謰謱，或谓之支注，或谓之詀謕，转语也。（卷十）

緤、末、纪，绪也。南楚皆曰緤，或曰端，或曰纪，或曰末，皆楚转语也。（卷十）

蜘蛛，蛛蝥也。自关而西，秦晋之间，谓之蛛蝥，自关而东，赵魏之郊，谓之蝇蝓，蝇蝓者侏儒语之转也。（卷十一）

郭璞注《方言》，更直白地说是声转，兹举出于后：

剿、蹶，狯也。秦晋之间曰狯，楚谓之剿，或曰蹶，楚郑曰苏。注："音指㧑，亦或声之转也。"（卷二）

苏、讹、谇、涅，化也。谇字下注云："五瓜反，皆化声之转也。"（卷三）

杷，宋魏之间谓之渠挐，或谓之渠疏。注："语转也。"（卷五）

臿，燕之东北，朝鲜洌水之间谓之斛。注："此亦锹，声转也。"（卷五）

薄，宋魏陈楚江淮之间，谓之苗，或谓之麴。注："此直语楚转声耳。"（卷五）

床，齐鲁之间谓之箦，陈楚之间或谓之笫，其杠北燕朝鲜之间谓之树，自关而西秦晋之间谓之赵。注："赵当作兆，声之转也。"（卷五）

竘、貌，治也。吴越饰貌为竘，或谓之巧。注："语楚声转耳。"（卷七）

尸鸠，燕之东北，朝鲜洌水之间，谓之鶝鵶，自关而东谓之戴鵀，东齐海岱之间谓之戴南，南犹鵀也。注："此亦语楚声转也。"（卷八）

崽者，子也。注："声之转也。"（卷十）

据以上所引，便可明白方言由于声转，不过有许多声音转变得太远，不易看出而已。我们试再一检《方言》，其中更有不少极容易看出的转语，述之如下：

"台、胎、陶、鞠，养也。晋卫燕魏曰台，陈楚韩郑之间曰鞠，秦或曰陶，汝颍梁宋之间曰胎，或曰艾。”（卷一）郭注：“台犹颐也，音怡。”陶又读姚。鞠古与育通假。怡、姚、育并与养双声。鞠、陶古韵通。疑喻混读，如“元”“原”或读“袁”，艾或亦读喻纽音，则音与怡近。

“牴、㑧，会也。雍梁之间曰牴，秦晋亦曰牴，凡会物谓之㑧。”（卷一）㑧古音如抵，犹至古音如抵、如到也（按到、抵古韵通）。

“捊、攓、摭、挺，取也。南楚曰攓，陈宋之间曰摭，卫鲁扬徐荆衡之郊曰捊，自关而西秦晋之间凡取物而逆谓之篡，楚部或谓之挺。”（卷一）捊、攓、篡、挺古韵皆通，攓、摭音易混，犹“钊”《广韵》“指遥切”，又“古尧切”。摭音变为捊，照纽变禅纽也，如“纯”读“之尹切”，又读“常伦切”。又为篡，犹“事”之读“侧吏切”，又读“仕于切”。捊又变为挺，如“鋋”读“市连切”，又读“以然切”。

“朦、厖，丰也。自关而西秦晋之间，凡大貌谓之朦，或谓之厖，丰其通语也。”（卷二）朦、厖双声，古韵又通（东冬江通）。丰、朦叠韵，唇音转变也。

“奕、偞，容也。自关而西，凡美容谓之奕，或谓之偞，宋卫曰偞，陈楚汝颍之间谓之奕。”（卷二）奕、偞音似。

“殗、殜，微也。宋卫之间曰殗，自关而西秦晋之间，凡病而不甚曰殗殜。”（卷二）殗扩增为殗殜。

“台、敌，延也。东齐海岱之间曰台，自关而西秦晋之间物力同者谓之台敌。”（卷二）台扩增为台敌。

“抱嬔，耦也。荆吴江湖之间曰抱嬔，宋颍之间或曰嬔。”（卷二）抱嬔缩减为嬔。

“倚、踦，奇也。自关而西秦晋之间凡全物而体不具谓之倚，梁楚之间谓之踦，雍梁之西郊凡兽支体不具者谓之踦。”（卷二）郭注：“倚，丘奇切。”音与踦同。

“逴、獡、透，惊也。自关而西秦晋之间凡蹇者或谓之逴，体而偏长短亦谓之逴，宋卫南楚凡相惊曰獡，或曰透。”（卷二）逴，“敕略切”，獡音铄，彻纽变为审纽，如“晒”读“丑离切”，又读“所卖切”。透，郭注“式六切”，音如獡。

“䵒、 𪎭，黏也。齐鲁青徐自关而东或曰䵒，或曰𪎭。”（卷二）䵒为𪎭之入声，并双声。

“锴、鐕，坚也。自关而西秦晋之间曰锴，吴扬江淮之间曰鐕。”（卷二）鐕，郭注“音启”，古韵与锴通，并双声。

“搜、略，求也。秦晋之间曰搜，就室曰搜，于道曰略。略，强取也。”（卷二）章太炎说齿音往往归舌。审纽之读来纽音者如“泷”，音双，又音“吕江切”。搜读舌音如楼，转入声为略。

“餶、 喙、呬，息也。周郑宋沛之间曰餶，自关而西秦晋之间或曰喙，或曰餶，齐曰呬。”（卷二）餶，郭注“音息”，心晓易混，如“眭”，《广韵》切“息为”“许为”二音，息音转为呬，又为喙，呬、喙古韵通。

“翿、幢，翳也。楚曰翿，关西关东皆曰幢。”（卷二）郭注翿，“音涛”，幢，“徒江反”，双声。江、豪古韵或通，如“獶”，《玉篇》“女江切”，《广韵》“女交切”。

“陈楚之间凡人兽乳而双产谓厘孳，秦晋之间谓之健子，自关而东赵魏之间谓之孪生。”（卷三）健子、厘孳音近似，健、孪音近，生孳之转音也。

“楚东海之间亭父谓亭公，卒谓之弩父，或谓之褚。”（卷三）褚，《广韵》“丁吕切”，古音如屠，为亭父之合音。父或作公，由义变，弩父亦由义变，非关声转。

“斟、协，汁也。北燕朝鲜洌水之间曰斟，自关而东曰协，关西曰汁。”（卷三）斟、汁双声，汁为斟之入声。汁协古通假，《尔雅·释天》“太岁在未为协洽”，《史记·历书》作“汁洽”，知汁、协古音同，协音由汁变。

“蘴、荛，芜菁也。陈楚之郊谓之蘴，鲁齐之郊谓之荛，关之东西谓之芜菁。”（卷三）蘴为芜菁之合音。从尧得声之字读晓纽音者甚多，荛或亦音晓平声，轻唇与晓纽混，东、冬、豪、萧或通，如上述獿字例（獿又音农），故蘴转为荛也。

“凡饮药傅药而毒，南楚之外谓之瘌，北燕朝鲜之间谓之痨，东齐海岱之间谓之眠或谓之眩，自关而西谓之毒。瘌，痛。”（卷三）痨、瘌双声，古韵辗转相通（灰尤豪通）。来、明两纽古亦通转，如“埋”从里声，“牦”读厘亦读茅，以是瘌转为眠。眠又转眩，如民声之有昏也。

“胶、谲，诈也，凉州西南之间曰胶，自关而东西或曰谲，或曰胶，诈通语也。”（卷三）胶、谲双声，胶读入声成谲。

“迨、遝，及也。东齐曰迨，关之东西曰遝，或曰及。”（卷三）迨、遝双声，遝为迨之入声。从及得声之字，如笈亦读穿纽音，齿音归舌，则遝与及可通转矣。

“氓，民也。”（卷三）氓、民双声，古韵亦通，《诗·白华》以梁、森、人、心为韵。

“杋，仇也。”（卷三）杋、仇音似。

“寓，奇也。”（卷三）从“奇”得声之字亦有读疑纽音者，如“锜”鱼绮切，而兼读见、疑两纽音之字有“嶢、浇、琅、剀”等字（见《广韵》音切），故寓、寄通转。

“轸，戾也。”（卷三）从“参”得声之字如“沴”读来纽音为郎计切，其音正如戾，以是知轸、戾通转。

“氀，数也。”（卷三）从“娄”得声之字如“缕”，其音似氀，齿音归舌，数音正如氀也。

“屑，洁也。”（卷三）从“㓞”得声之字如“楔”，《广韵》音“古黠切”，又音“先结切”，故知洁、屑声之转也。

“俚，聊也。”（卷三）俚、聊双声，古韵亦通。

“禅衣……无褒者谓之裎衣，古谓之深衣。”（卷四）从“罙”得声之字如“琛”，《集韵》读“痴林切”，亦读深。裎，郭注“音逞”，音正如琛，可知裎、深古音似。

“襜褕，江淮南楚谓之𧝓褣，自关而西谓之襜褕。”（卷四）襜，《集韵》亦为僋，从“詹”得声之字如“澹”，即读定纽音，则襜、𧝓双声，褕、褣亦双声，𧝓褣、襜褕韵转也。

“裙，陈魏之间谓之帔，自关而东或谓之䙖。”（卷四）帔、䙖音近。

“褕谓之袖。”（卷四）袖从“由”得声，由、俞双声，古韵亦通。

“袿谓之裾。”（卷四）袿、裾双声，古韵亦通。

“衿谓之交。”（卷四）衿、交双声，郭注：“衣交领也”，衿正为交领之合音。

“厉谓之带。”（卷四）带、厉古韵通，《广韵》兼读端、来两纽之字有“梩、剅”等，知厉由带转。

“緉、緉，绞也。关之东西或谓之緉，或谓之緉，绞通语也。”（卷四）緉、緉古音同，章太炎云：“齿音往往归舌也。”

“釜，自关而西，或谓之釜，或谓之鍑。”（卷五）鍑为釜之入声。

“缶谓之瓿㼚，其小者谓之瓶。”（卷五）缶、㼚古韵通，缶实为瓿㼚之合音。瓿、瓶双声，韵转。

“炊䉛谓之缩，或谓之䈙，或谓之匠。”（卷五）䉛、缩叠韵，缩变为籅，如“嗄”《广韵》“所嫁切”，又“于犗切”。簻为缩之去声。匴，《集韵》“式撰切”，与缩为双声，韵转。

“扇，自关而东谓之箑，自关而西谓之扇。”（卷五）箑为扇之入声。

“碓机，陈魏宋楚自关而东，谓之梴碓，或谓之碓。”（卷五）从“延”得声之字有“诞”，知碓、梴古双声，机、梴叠韵，因此梴碓由碓机音转。碓音由碓变，或曰碓为碓机之合音，亦通。

“繘，自关而东周洛韩魏之间谓之绠，或谓之络，关西谓之繘绠。”（卷五）绠读入声为繘。络从各声之音，当由繘变。繘绠为繘或绠之扩增也。

“刈、钩，江淮陈楚之所谓之鉊，或谓之鐹，自关而西或谓之钩，或谓之镰，或谓之锲。”（卷五）从“过”得声之字如“檛”“挝”读“张瓜切”，“檛”又读“庄华切”，与鉊双声，音相似，故知鐹由鉊转。鐹，郭注“音果”，与钩双声，钩又与鉊古韵通。镰从“兼”声，兼与钩同纽。镰，古或读如兼，韵转为镰，读入声为锲。

“槌，宋魏陈楚江淮之间谓之植，自关而西谓之槌，齐谓之样。”（卷五）槌读入声为植。郭注槌又读“度畏反”，样，《集韵》“音详”，定纽转邪纽。如“褶”，《广韵》“徒协切”，又“似入切”，知样为槌转，韵亦变易。

“筕篖，自关而东周洛楚魏之间谓之倚佯，自关而西谓之筕篖，南楚之外谓之篖。”（卷五）筕转为倚，晓匣变影喻也。如“行”吴语读喻纽音。篖、佯叠韵。两字语之转变，往往上一字声不变，下一字韵不变。筕篖又省为篖。

“榻前几江沔之间曰桯，赵魏之间谓之椸。”（卷五）桯、椸同纽。

“络谓之格。”（卷五）络、格皆从“各”声，知络为格转。

“蛩烘，战栗也。荆吴曰蛩烘，蛩烘又恐也。”（卷六）恐为蛩烘之合音。

“鋡、龛，受也。齐楚曰鋡，扬越曰龛。”（卷六）鋡、龛叠韵，龛从合声，鋡、合同纽，知鋡、龛通转。

“颠、顶，上也。”（卷六）颠、顶同纽，古韵亦通。

“汩、遥，疾行也。南楚之外曰汩，或曰遥。”（卷六）汩，郭注“于笔反”，与遥同纽，遥转入声为汩。

“参、蠡，分也。齐曰参，楚曰蠡，秦晋曰离。”（卷六）离、蠡音近。参，审纽，如搜略例转来，韵转为离。

“缗、绵，施也。秦曰缗，赵曰绵，吴越之间脱衣相被谓之缗绵。”（卷六）绵、缗同纽，古韵亦通。

“泷涿谓之沾渍。”（卷七）泷从“童”声，童从“东”声，则其音发源于端纽。沾知纽，古知、端双声，以是知泷、沾古同纽。涿、渍皆入声，入声韵易变，渍由涿转。

“罗谓之离，离谓之罗。”（卷七）罗、离音近。

“钊、超，远也。燕之北郊曰钊，东齐曰超。”（卷七）从“召”得声之字如“招”，音同钊，知超为钊变。

“茹，食也。吴越之间凡贪饮食者谓之茹。”（卷七）茹，今吴音如食，古或已有此音。

“……凡以驴马馲驼载物者谓之负他，亦谓之贺。”（卷七）匣纽与轻唇混，负他之合音为贺。

“貔，陈楚江淮之间谓之貅，北燕朝鲜之间谓之貊，关西谓之狸。”（卷八）貔、貅音近。貅、狸古音似。兼读来、滂两纽音如“泺”，知貊狸通转。

“獾，关西谓之貒。”（卷八）端纽音转晓纽音者如“滩”，《广韵》"他丹切"，又"呼旱切"。知貒转变为獾。

"鸠，自关而东周郑之郊韩魏之都谓之鵖。"（卷八）不鶵音不郎，知见、来通转，鸠为音，韵转。

"鹂黄，自关而东之创鹒，自关而西谓之鹂黄，或谓之黄鸟，或谓之楚雀。"（卷八）从"丽"得声之字多读穿纽音，创穿纽，楚亦穿纽，鹂、创、楚古或同纽。黄从"光"声，古音如光，庚、阳古韵通，黄鹂古音近。雀今吴音读如将，阳韵，与黄叠韵。黄鸟由义命名，不关音转。

"钻谓之鍴。"（卷九）齿音归舌，知钻为鍴转变。

"轸谓之枕。"（卷九）轸、枕音近。

"諫，不知也。沅澧之间凡相问而不知，答曰諫，使之而不肯，答曰吂。"（卷十）諫音转如彼，犹貏转为貊，为不知之合音。吂又为不肯之合音。

"粃，不知也。"（卷十）粃亦不知之合音。

"迹迹、屑屑，不安也，江沅之间谓之迹迹，秦晋谓之屑屑，或谓之塞塞，或谓之省省，不安之语也。"迹迹、屑屑、塞塞、省省音均近。

"颔、颐，颌也。南楚谓之颔，秦晋谓之颌，颐其通语也。"（卷十）颔、颐音似。晓匣变影喻，颔转为颐。

"纷怡，喜也。湘潭之间曰纷怡，或曰巸巳。"（卷十）晓匣与轻唇音混，纷怡之合音为喜，音喜亦为巸巳之合。

"欸、瞖，然也。南楚凡言然者曰欸，或曰瞖。"（卷十）欸、瞖音似。

"蜻蛉谓之蝍蛉。"（卷十一）蜻之入声为蝍。

"春黍谓之蠀蝑。"（卷十一）春黍、蠀蝑音近。

"蜂，燕赵之间谓之蠓螉。"（卷十一）蜂、蠓皆唇音声转，蜂为蠓螉之合音。

“赵、肖，小也。”（卷十二）赵、肖皆从“小”声。

“箪，悚也。”（卷十三）箪、悚音近。

“屋梠谓之棂。”（卷十三）梠、棂双声，韵转。

语言变易，类皆如此。一源滥觞，化成千百，声转较远，统系乃失。如考其辗转相通之道，不难溯流究源。不独方言为声转，即古今语也不能例外。

一九四〇年九月二十五日

扬雄《方言》里的同源词[①]

赵振铎

通常所说的同源词是指有共同来源的词。由于这些词有共同来源，它们在音义方面总有一定的联系，或者音义皆近，或者音同义近，或者音近义同。以现代汉语的方言为例。如“鸡”这个词，普通话读［睽 55］。温州话读［tsɿ 44］，听起来像[②]“孜”；广州话读［kei55］，听起来像“该”；潮州话读［koi33］，听起来像“规”[③]。根据汉语音韵学提供的知识，我们知道这些词有共同的来源，它们是源词。

这一条现代汉语方言的材料，如果照汉朝扬雄用方块汉字来作记音工具，它就可以写成下面这个样子。

鸡，温州谓之孜，广州谓之该，潮州谓之规，鸡其通语也。

① 原载于吕叔湘等著：《语言文字学术论文集——庆祝王力先生学术活动五十周年》，知识出版社 1989 年版。

② 编者按：原文“象”视具体情况改为“像”，此据现代汉语规范改。下同。

③ 方括号内是国际音标，音标后面的数目字表示声调的高低升降。

这样用方块汉字来表示，它们之间语音上的关系和联系看不出来了。扬雄《方言》的情况正是这样。好些同源词被方块汉字的形体掩盖住了。

扬雄收集方言材料的时候就意识到同源词的存在，他把这种现象称为“转语”。例如卷三有这样一条：

庸谓之倯，转语也。①

这就是说“庸”和“倯”在语音上有联系，它们是由一个词演变来的，它们属于一组同源词。

晋朝郭璞给《方言》作注，对同源词有进一步的解释。在卷十一“蝇，东齐谓之羊”条下他解释说：

此亦转语耳。今江东人呼羊声如蝇。凡此之类皆不宜别立名也。

郭璞说的不别立名，指的是它们属于同一个词，不必用不同的字去表示。可是，正是扬雄对这些转语现象用了另外的字去表示，才使我们能够根据扬雄提供的材料来探索“方言”里的同源词。清朝研究方言的戴震就不赞同郭璞这个看法，他反驳说：

蝇羊一声之转。羊可呼蝇，蝇亦可呼羊。方音既异，遂成两名。书中皆此类。注以为不宜别立名非也。

---

① 编者按：引用《方言》及其他古籍，除个别因为需要保留繁体外，其余一律写作简体。

“方音既异，遂成两名。”这是扬雄记录方言的重要原则。

下面准备研究一下《方言》里记录的同源词。

一

扬雄编《方言》的目的在于收集方言词汇。至于揭示方言里的同源词，并不是他的任务。书中偶一涉及“转语”，但是为数不多。现抄录如下，并且略作解释①。

（一）庸谓之倯，转语也。（卷三）

（二）撲，铤，澌，尽也。南楚凡物尽生者曰撲生。物空尽者曰铤，铤，赐也。连此撲澌皆尽也。铤，空也，语之转也。（同上）

（三）煤，火也。楚转语也。犹齐言焜火也。（卷十）

（四）嘛哰，謰謱，拏也……南楚曰謰謱，或谓之支註，或谓之詀謕，转语也。（同上）

（五）緤，末，纪，绪也。南楚皆曰緤。或曰端，或曰纪，或曰末，皆楚转语也。（同上）

（六）鼅鼄，鼄蝥也。自关而西秦晋之间谓之鼄蝥。自关而东赵魏之郊谓之鼅鼄，或谓之蠾蝓。蠾蝓者，侏儒语之转也。（卷十一）

这里除（五）比较费解外，其余都容易说明。（一）“倯”，郭璞音相容反，在心纽东部。“庸”，在喻纽东部。两字韵部相同，

① 这里分析古音采用王了一师的古韵二十九部和古声三十纽。

语转是喻纽和心纽的关系。（二）戴震说：“铤罗同音，《广雅》：澌，铤，尽也。罗，空也。义皆本此。”这就是说“铤”表示尽，与空的意义相近，所以也说是语转。（三）“煤”，郭璞音呼隗反，在晓纽歌部。“火”，在晓纽微部。两字声纽相同，语转是歌部和微部的关系①。（四）“支注”，郭璞音支之豉反，注音注，都在照纽，是双声联绵字。“詀謕”，郭璞音“上托兼反，下音啼”。托在透纽，啼在定纽，发音部位相同，也可看作双声。钱大昕说“古音多舌音”。这些字声纽发音部位相近，可以相转。（六）“蠾蝓”，郭璞音“烛臾二音”。蠾侏同在照纽，是双声。蝓儒同在侯部是叠韵。所以也是转语。

从以上的分析可以看出，扬雄所说的转语有意义的变化，如（二），但是主要是音方面的变化。其中包括声纽或韵部的变化，也包括联绵词双声叠韵的关系。

二

郭璞《方言注》里揭示了《方言》里的同源词比扬雄多。他用的术语有“转语”“语声转”“声之转”“转声”等。除了谈同源词外，他还用“转语”来解释《方言》里个别的词。如：

> 卷三：苏，芥，草也。郭璞注：《汉书》曰樵苏而爨。苏犹蘆，语转也②。

① “焜”，郭璞音“毁”，也在晓纽微部。

② “蘆”原作“芦”，据周祖谟说校改。

这里用“蘆”来解释“苏”，而且说是语转，因为“苏”在心纽鱼部，“蘆”在清纽鱼部。两字韵部相同，声纽发音部位相同。郭璞在校勘文字时也用语转。如：

卷五：床，其杠南楚之间谓之赵。郭璞注：赵当作桃，声之转也。中国亦呼杠为桃床，皆通语也。

“赵”在定（澄）纽宵部，“桃”在定纽宵部。两字声纽韵部都相同。

下面将郭璞谈到转语的材料摘录出来，并列出古声纽和韵部。郭璞注都写在括号内。

（一）剿，蹶，狯也。秦晋之间曰狯，楚郑曰蔿（音指㧑，亦狯声之转也）。（卷二）

狯　见纽月部　蔿　晓纽歌部

（二）蔿，音花。訛，讹言。譁，五瓜反，皆化声之转也。涅，化也。燕朝鲜洌水之间曰涅，或曰哗。（卷三）

化　晓纽歌部　蔿　晓纽歌部

讹　疑纽歌部　譁　疑纽鱼部

（三）臿，燕之东北朝鲜洌水之间谓之斛（汤料反，此亦锹声转也）。赵魏之间谓之喿（字亦作锹也）。（卷五）

斛　透纽宵部　锹（喿）　清纽宵部

（四）杷，宋魏之间谓之渠拿，或谓之渠疏（语转也）。（同上）

拿　泥纽鱼部　疏　山纽鱼部

（五）薄，宋魏陈楚江淮之间谓之苗，或谓之麹（此直语楚声转也）。（同上）

苗　溪纽屋部　麹　见纽屋部

（六）竘，貌，治也（谓治作也。竘，恪垢反）。吴越饰貌为竘，或谓之巧（语楚声转耳）。（卷七）

竘　溪纽侯部　巧　溪纽幽部

（七）尸鸠，自关而东谓之戴鵀，东齐海岱之间谓之戴南，南犹鵀也（此亦语楚声转也）。（卷八）

鵀　泥纽侵部　南　泥纽侵部

（八）崽者，子也（崽音枲，声之转也）。湘沅之会，凡言是子者谓之崽，若东齐言子矣（声如宰）。（卷十）

崽　精纽之部　枲　心纽之部

宰　精纽之部

（九）誺，不知也（音痴眩，江东曰咨，此亦知声之转也）。沅澧之间，凡相问而不知答曰誺。（同上）

痴　透（彻）纽之部　知　端（知）纽支部

此外，郭璞也还用说明的办法解释同源词。例如：

华，荂，晠也（荂亦华之别名，音夸）。齐楚之间或谓之华，或谓之荂。（卷一）

华　匣纽鱼部　荂　溪纽鱼部

类似的情况还多，这里不一一举出。

三

清朝古音学发达，利用古音学的成果揭示方言语转现象的大有人在。其中戴震、王念孙的成就最大。

戴震曾经打算写《转语二十章》，讨论古声纽的变化，但是没有写成[①]，从他集子里保存的那篇序还可以看出一个大概来[②]。戴震在序中说：

> 今别为二十章……其为声之大限五，小限各四……截四章为一类，各有四位。三与十有五，数其位皆至三而得之，位同也。凡同位为正转，位同为变转。

用现代语言学的术语来解释。所谓“同位”就是发音部位相同。发音部位相同，发音方法容易变转，所以说“同位为正转”。所谓“位同”指发音方法相同。发音方法相同，发音部位容易前后移动，所以说“位同为变转”。清人洪榜曾经根据戴震的叙述参考了他的《声类表》编制了一张《四声韵和表》，这张表基本上体现了戴震的转语学说。这里大体依据他的分析，列表如下[③]：

发音部位	**喉**		**吻**		**舌**		**齿**		**唇**	
发音方法	清	浊	清	浊	清	浊	清	浊	清	浊
发声	见		端		知照		精		帮	

① 段玉裁《戴东原先生年谱序》：“为转语二十章，亦未卒业。”

② 李运益：《关于戴震的“转语二十章”》，《西南师范学院学报》1979年第4期。

③ 关于戴震学说不科学的地方，李运益的文章已有说明。

发音部位	喉		吻		舌		齿		唇	
送声	溪	群	透	定	彻穿	澄床	清	从	滂	並
内收	影	喻微		泥		日		疑娘		明
外收	晓	匣		来		禅	心	邪	非敷	奉

戴震关于古韵的分部见于他晚年所作的《声类表》，他把古韵分为九类二十五部，现在列表如下：

（一）歌鱼铎类

1. 阿（歌戈麻） 2. 乌（鱼虞模） 3. 垩（铎）

（二）蒸之职类

4. 膺（蒸登） 5. 噫（之咍） 6. 亿（职德）

（三）东尤屋类

7. 翁（东冬钟江） 8. 讴（尤侯幽） 9. 屋（屋沃烛觉）

（四）阳萧药类

10. 央（阳唐） 11. 夭（萧宵肴豪） 12. 约（药）

（五）庚支陌类

13. 婴（庚耕清青） 14. 娃（支佳） 15. 戹（陌麦昔锡）

（六）真脂质类

16. 殷（真臻谆文欣魂痕先） 17. 衣（脂微齐皆灰） 18. 乙（质术栉物迄没屑）

（七）元祭月类

19. 安（元寒桓删山仙） 20. 霭（祭泰夬废）
21. 遏（月曷末黠辖）

（八）侵缉类

22. 音（侵盐添）　23. 邑（缉）

（九）覃合类

24. 腌（覃谈咸衔严凡）　25. 諜（合盍叶怗业洽狎乏）

在清代古音学家里，戴震比较重视审音。他选用影纽字作为韵部的代表字就说明了这个问题。他还注意韵部的变化。在《答段若膺论韵》一文里谈到韵的变化时说：

正转之法有三：一为转而不出其类，脂转皆，之转咍，支转佳是也。一为相配互转，真文魂先转脂微灰齐，换泰，咍海转登等，侯转东，厚转讲，模转歌是也。一为联贯递转，蒸登转东，之咍转尤，职德转屋，东冬转江，尤幽转萧，屋烛转觉，阳唐转庚，药转锡，真转先，侵转覃是也。以正转知其相配及次序，而不以旁转惑之。以正转之同入相配，定其分合，而不徒恃古人用韵为证①。

戴震的这些学说是我们理解他在《方言疏证》里所谈“语之转”的钥匙。下面就根据这些说法来解释一下《方言疏证》（简称“疏证”）所说的“语之转”。

（一）烈，枿，余也。秦晋之间曰肄，或曰烈。《疏证》：肄余语之转。（卷一）

① 《戴东原集》卷四，安徽丛书本。

按，肄在影纽六类，余在喻纽一类，影喻一清一浊，既为同位，也为位同。

（二）敦，大也。《疏证》：敦大语之转。（同上）

按，敦在端纽六类，大在定纽七类。端定为同位。

（三）剿，蹶，狯也。秦晋之间曰狯，楚谓之剿，或曰蹶。《疏证》：蹶狯一声之转。（卷二）

按，蹶狯声纽相同。蹶在七类遏部，狯在七类霭部，属相配互转。

（四）炊篼谓之缩，或谓之篓。《疏证》：篓即篼之正体，亦作籔。缩与籔一声之转。（卷五）

按，缩在审纽屋部，籔在心纽讴部。审心为位同，屋讴同在第三类，属相配互转。

（五）颠，顶，上也。《疏证》：颠与顶一声之转。（卷六）

按，颠顶声纽相同。颠在六类殷部，顶在五类婴部，属联贯递转。

（六）诬，淹与也。吴越曰诬，荆齐曰淹与，犹秦晋言

阿与。《疏证》：谙与犹阿与。谙阿乃一声之转。（卷十）

按，谙阿声纽相同。谙在九类醃部，阿在一类歌部。

（七）戏泄，歇也。楚谓之戏泄。《疏证》：戏歇一声之转。（卷十）

按，戏歇声纽相同。戏在五类娃部，歇在七类遏部。

（八）溯，或也。沅澧之间凡言或如此者曰溯如是。《疏证》：或溯一声之转。（同上）

按，溯，郭璞音酒酣之酣，与或声纽相同。溯在九类醃部，或在二类亿部。

（九）愮，疗，治也。江湘郊会谓医治之曰愮，愮又忧也，或曰疗。《疏证》：疗愮语之变转，故愮可从疗为治疗，又可从愮为忧。（同上）

按，愮疗同在四类夭部。疗在来纽，愮在喻纽①。

（十）铺，脾，止也。《疏证》：脾之为止，不见于书传，与铺一声之转，方俗或云铺，或云脾也。（卷十二）

① 根据戴震的转语学说，来纽和喻纽的关系不容易讲清楚。但是根据近人的研究，愮为喻纽四等字，上古音是一个接近定纽的声母，这样，它和来纽的发音部位就相同了。

按，铺在滂纽一类乌部，脾在并纽五类娃部。滂並同位。如果依郭璞音铺音妨孤反，则在並纽，与脾为同纽。

四

王念孙关于《方言》同源词研究的材料主要在《广雅疏证》中。三国时张揖编《广雅》，对《方言》的训诂多有收录。《广雅疏证》有些涉及《方言》的地方可以看作是对《方言》的解释。

下面根据王念孙所定古声二十三纽和古韵二十一部来分析一下他所说的语转现象①。在叙述时先列《方言》的条目，后面再列《广雅》有关的条目，王念孙《广雅疏证》的文字附在《广雅》文字之后，并且标出“疏证”字样。

(一) 亟，怜，怃，㤿，爱也。宋卫邠陶之间曰怃，或曰㤿。(卷一)

《广雅·释诂一》:“㤿，爱也。”《疏证》:㤿爱一声之转。

按，㤿在影纽谈部，爱在影纽脂部。

(二) 䵖，黏，黏也。齐鲁青徐自关而东曰䵖，或曰黏。(卷二)

《广雅·释诂四》:“黏，䵖，黏黏也。”《疏证》:䵖黏黏一声之转。

① 王念孙早年定古韵为二十一部，载于王引之《经义述闻》卷三十一。关于他对古声纽的看法，系近人根据他编的《释大》残稿推断的。

按，据戴震《方言疏证》，“䎡”就是“䵒”。䵒在日纽鱼部，䎡在泥纽脂部，黏在泥纽谈部。三字声母相近。

（三）冯、龂，苛，怒也。楚曰冯，小怒曰龂，陈谓之苛。（同上）

《广雅·释诂二》：“冯，龂，苛，怒也。”《疏证》：《尔雅》：“苛，妎也。”妎与龂同。苛妎皆怒也。苛妎一声之转。

按，苛在匣纽歌部，妎在匣纽祭部。

（四）陈楚之间凡人兽乳而双产谓之厘孳，秦晋之间谓之健子。自关而东赵魏之间谓之孪生。（卷三）

《广雅·释诂三》：“厘孳，健，孨也。”《疏证》：厘健语之转，厘孳犹言健生。又孪亦双也，语之转耳。

按，厘在来纽之部，健在来纽元部。孨在心纽元部，双在心纽东部①。

（五）东齐之间壻谓之倩。（同上）

《广雅·释亲》：“壻谓之倩。”《疏证》：倩者壻声之转。

按，壻在心纽鱼部，倩在清纽耕部。

① 依《释大》残稿，王念孙没有单列照系字。孨双为审纽二等，故归入心纽。

（六）炊篼谓之缩，或谓之篓，或谓之匼。（卷五）

《广雅·释器》："篓，匼，篼也。"《疏证》：《说文》："籔，炊篼也。"《玉篇》或作箵。篓《方言》又作缩。缩箵篓籔四字古声并相近。《说文》："匴，盝米籔也。"《集韵》匴作匼。缩薮匴一声之转。

按，缩籔都在心纽侯部，但是声调不同。匴在邪纽元部。

（七）絓，挈，儝，介，特也。秦曰挈，兽无偶曰介。（同上）

《广雅·释诂三》："絓，挈，儝，介，特独也。"《疏证》：挈亦介也，语之转耳。

按，挈在溪纽，介在见纽，两字同在祭部①。

（八）緍，绵，施也。秦曰緍，赵曰绵。吴越之间脱衣相被谓之緍绵。（卷六）

《广雅·释诂三》："緍，绵，施也。"《疏证》：緍绵一声之转。

按，緍在明纽真部，绵在明纽元部。

（九）蹶，膂，力也。宋鲁曰膂。膂，田力也。（同上）

① 王念孙晚年将祭部一分为二，从其中分出去声字仍称祭部，入声字称月部。

《广雅·释诂二》："踞，膂，力也。"《疏证》：膂力一声之转。

按，膂在来纽鱼部，力在来纽之部。

（十）膊，曝也。东齐及秦之西鄙言相暴僇为暴。燕之外郊朝鲜洌水之间凡暴肉发人之私，披牛羊之五脏谓之膊。（卷七）

《广雅·释诂二》："膊，曝也。"《疏证》：膊与曝声之转也。

按，膊在滂纽鱼部，曝在并纽侯部。

（十一）蛥蚗，自关而东谓之虭蟧，或谓之蝭蟧。（卷十一）

《广雅·释虫》："蟪蟧，蛁蟟也。"《疏证》：《夏小正》："七月寒蝉鸣。"传云："寒蝉者，蝭蛛也。"蝭蛛与蝭蟧同，蛁蟟之转声也。

按，蝭在定纽支部，蟧在来纽宵部。蛁在端纽宵部，蟟在来纽宵部。

（十二）蜻蛉谓之蝍蛉。（同上）

《广雅·释虫》："蜻蛉，蝍蛉，仓蜓也。"《疏证》：由蜻蛉转之则为蝍蛉。

按，蜻在清纽耕部，蝍在精纽至部。

（十三）舂黍谓之𧒂蝑。（同上）

《广雅·释虫》："蜙蝑，蟒𧍘也。"《疏证》：声之转也。

按，《广雅》的"蜙蝑""𧍘"就是《方言》的"𧒂蝑""舂黍"。𧒂舂同在心纽东部，蝑舂①同在心纽鱼部。

（十四）蚰蜒，自关而东谓之螾𧍰。（卷十一）

《广雅·释虫》："蛈蛃，蚰蚭，蚨虷，蚰蜒也。"《疏证》：蚰蜒与螾𧍰声之转。

按，"蚰蜒""螾𧍰"都是双声联绵词。蚰在喻纽幽部，蜒在喻纽元部，螾在喻纽真部，𧍰在喻纽元部。

（十五）梗，觉也。（卷十三）

《广雅·释诂四》："梗，觉也。"《疏证》：梗觉一声之转。

按，梗在见纽阳部，觉在见纽幽部。

《广雅疏证》里面谈到声近义同，方俗语有轻重，不少地方是讲《方言》的同源词。例如：

（十六）蟒，宋魏之间谓之蚮，南楚之外谓之蟅蟒，或谓之蟒，或谓之螣。（卷十一）

《广雅·释虫》："蟅蟒，蚮也。"《疏证》：蚮犹言螣也。方俗语有轻重耳。

---

① 编者按："舂"当作"黍"。

按，蛍在定纽之部，螣在定纽蒸部。

（十七）鼅鼄，鼄蝥也。自关而东赵魏之郊谓之鼅鼄，或谓之蠾蝓。北燕朝鲜洌水之间谓之蝳蜍。（卷十一）

《广雅·释虫》："蛛蝥，蠾蝚，毒蜍也。"《疏证》：蝳蜍，蠾蝓声亦相近。

按，蝳在定纽幽部，蜍在喻纽鱼部。蠾在端纽侯部，蝓在喻纽鱼部。

（十八）爰，暖，哀也。（卷十二）

《广雅·释诂二》："爰，暖，愁也。"《疏证》：爰，暖，咺，古同声而通用。

按，爰在喻纽元部，暖在晓纽元部。

（十九）冲，俶，动也。（同上）

《广雅·释诂一》："冲，俅，动也。"《疏证》冲俶与僮俅同。冲亦动也。方俗语有轻重耳。

按，冲在透纽东部，动在定纽东部。

如果把这类材料加在一起，王念孙《广雅疏证》里揭示《方言》同源词的数量是相当可观的。

五

近代语言科学日趋发达，研究方法更加完善。有人发现《方言》里有更多的音转现象①，有人认为《方言》里保存了不少古代复辅音的遗迹②，这些研究对于揭示《方言》里的同源词有很大的好处。但是也还有一些问题需要进一步明确。

首先，《方言》里记录的并不都是同源词。因为方言间词汇异同的情况是多种多样的。除了同词同义外，还有同词而表现的意义范围不同，有同词而表现的意义不同，有意义相同而表现的语音形式不同等等。这些不同情况中属于同源现象的情况也不完全一样。

同词而表现的意义范围不同，这可能是同源词。例如：

（一）咺，唏，痛也。凡哀泣而不止曰咺，哀而不泣曰唏。于方则楚言哀曰唏，燕之外鄙朝鲜洌水之间少而泣不止曰咺。（卷一）

（二）慎，涩，忧也。陈楚曰涩。自关而西秦晋之间凡哀而不得，欲而不获，高而有堕，得而中亡谓之涩。（卷一）

（三）亟，爱也。东齐海岱之间曰亟，自关而西秦晋之间凡相敬爱谓之亟。（同上）

（四）聳，聹，聋也。半聋梁益之间谓之聹。秦晋之间听而不聪，闻而不达谓之聹。生而聋陈楚江淮之间谓

① 蔡凤圻：《方言声转说》，《说文月刊》1940 年第 2 卷第 8 期。

② PaulL-M. Serruys. *The Chinese Dialects of Han Time According to Fang Yan*. University of California Press，Berkeley and LosAngels，1959.

之聋，荆扬之间及山之东西双聋者谓之聋。聋之甚者秦晋之间谓之䎽，吴楚之外郊凡无耳者亦谓之䎽。（卷六）

（五）展，难也。山之东西凡难貌曰展，荆吴之人相难谓之展。（同上）

这里（一）的“唏”“咺”、（二）的“溼”、（三）的“亟”、（四）的“聳”“䏶”“䎽”、（五）的“展”都属于同词而在不同方言里表示的意义范围不同，它们可能有同源关系。

同词而表现的意义不同，甚至差别很大。例如：

（一）床，其杠南楚之间谓之赵。（卷五）

（二）赵，小也。（卷十二）

这两个“赵”不能因为它们都写成同一个字而认为同源。同源词是语言的概念，不是文字的概念。

意义相同而表现的语音形式不同，也就是说写成不同的字，《方言》里绝大多数条目都是如此，它们是探索同源词的重点。但是对这类词也要作具体分析，不能够不加区别把它们都看成是同源词。例如：

楚东海之间亭父谓之亭公，或谓之褚。（卷三）

按，“亭父”和“褚”得名由来各不相同。东汉末年应劭对“亭父”的得名有明确的解释。他在《风俗通义》（编者按：原文为《风俗通》，现统一改为《风俗通义》）里说：“汉家因秦，大率十里一亭。亭，留也。盖行旅宿会之所馆。亭吏旧名负弩，改为长，或谓亭父。”[①] 又《汉书·高祖本纪》颜师古注引应劭曰：“旧时亭有两卒。一为亭父，掌开闭扫除；一为求盗，掌捕盗贼。”至于“褚”的得名，郭璞注《方言》已经指明：“言衣赤也。”《周礼·春官·司常》：“司掌，掌九旗之名，各有属。”郑玄注：“属谓徽识也。大传谓之徽号。今城门仆射所被及亭长著绛衣皆其旧像。”更是郭璞注的有力旁证。可见“褚”得名于衣着的颜色，并不是“亭父”的合音。因此，不能够把“亭父”和“褚”看成同源词。

> 蔆，芡，鸡头也。南楚江湘之间谓之鸡头，或谓之鴈头，或谓之乌头。（卷三）

郭璞注：“状似乌头，故转以名之。”郭璞的解释很有启发。芡的花托形状像鸡头，所以古人把它叫作鸡头。称作鴈头、乌头是人们从不同角度命名的结果，当然不能够认为是同源词。

确定这类同源词关键在于确定它们在语音上的关系和联系。戴震、王念孙都是根据自己建立的古音理论来论证《方言》的转语。而确定语音上的关系和联系关键在于古音研究的水平。因为《方言》是汉朝扬雄根据前代材料和他调查的成果整理的。正如段玉裁在《周礼汉读考》的序文中所说的：“汉之音非今之四声二百六韵也。则非通乎虞夏商周秦汉之音则不能究其条理。”

汉语的古音研究到今天已经取得了不少的成果。用它来认识《方言》里的同源词，在戴震、王念孙之外又有更多的发现。但是，古音本身是一个复杂的概念。《方言》记录的材料又有时地两

---

① 刘昭注引：《续汉书·郡国志》。

方面的差别。今天考订的古音系统只能够是一个大概的情况，绝不能说不同时代不同地域就没有差异。清代学者从汉语的实际出发探讨了一些语音变异的现象。戴震论声转有同位、位同，论韵转有正转、旁转，孔广森有阴阳对转说，这些对于解释汉语语音的变化都有一定的好处。例如：

> 奔，幠，㚊，大也。东齐海岱之间曰奔，或曰幠，宋鲁陈卫之间谓之㚊。秦晋凡物壮大谓之㚊，或曰夏。（卷一）

根据郭璞注“奔”音介在见纽，“㚊”也是见纽。“幠”郭璞音海孤反是晓纽，“夏”是匣纽，它们都是舌根音。再从韵部来看，“奔”在月部，“㚊”“幠”“夏”都在鱼部。鱼月二部主要元音相同。它们是一组同源词。

> 倚，踦，奇也。自关而西秦晋之间凡全物而体不具谓之倚。梁楚之间谓之踦。雍梁之西郊凡兽支体不具者谓之踦。（卷二）

“倚”“踦”“奇”同在歌部。“倚”，郭璞音于寄反，在影纽，属零声母。“踦”，郭璞音部寄反，在溪纽。“奇”，郭璞音奇耦，意思是音奇耦之奇，则在见纽。

> 铪，龛，受也。齐楚曰铪，扬越曰龛。（卷六）

“铪”“龛”同在侵部。“铪”，郭璞音含，在匣纽。龛在溪纽。

遥，窕，淫也。九疑荆郊之鄙谓淫曰遥，沅湘之间谓之窕。（卷八）

“遥”“窕”同在定纽宵部。

拊，抚，疾也。（卷十）

戴震《方言疏证》说：“《广雅》：拊，舞，疾也。义本此。曹宪音释：拊，方于反。据《广雅》拊抚应读夫舞两音。”据此，拊抚都在鱼部，拊在帮纽，抚在明纽。

这里有以下几点在探索《方言》同源词时应该特别注意。

第一，汉语的音节里声母和韵母构成一个统一的整体，它们的配合有一定的规律，谈声不能不管韵，谈韵也不能不管声。只注意声而不考虑韵，或者只注意韵而不考虑声都是不妥当的。分析某些词有没有同源关系应该从声韵两方面入手。如果某一方面相去太远，都不宜把它们硬拉在一起说是同源词。例如：

党，晓，哲，知也。楚谓之党，或曰晓，齐宋之间谓之哲。（卷一）

“知”和“哲”都在端纽。“知”在之部，“哲”在职部，它们主要元音相同，职部是之部的入声。“党”虽然也在端纽，但是韵部相去较远。至于“晓”从音上要跟“知”“哲”拉上关系就更困难了。因此，比较保守一点还是只认为“知”和“哲”有同源关系。又如：

汩，遥，疾行也。南楚之外曰汩，或曰遥。（卷六）

汩，郭璞音于笔反，在匣纽物部。遥在定纽宵部。它们声韵都相去太远，不能够认为是同源词。有人认为遥转入声为汩，是没有根据的。

纰，绎，督，雉，理也。秦晋之间曰纰。凡物曰督之，丝曰绎之。（卷六）

“纰”“绎”“理”也不好说是并、喻、来的相转。因为“纰”在脂部，“绎”在铎部，“理”在之部。韵部的距离太远了。

第二，语音演变具有规律性，方言作为全民语言的分支，它们在语音上应该有对应关系。但是，《方言》记录的材料并不完整，因此要像印欧语采用历史比较法列出方言语音变转的对应规律往往是困难的。例如：

棱，怜，哀也。赵魏燕代之间曰棱。（卷一）

早在晋朝郭璞就发现了“棱”和“怜”有联系。他说“棱”亦“怜”耳。棱怜都在来纽。“怜”在真部，“棱”在蒸部。它们的主要元音相同，韵尾鼻音有舌尖和舌根的区别。这两个词有同源关系是没有问题的。可是《方言》记录的赵魏或者赵魏燕代近三十条材料中要再找出一条蒸部字的材料来印证上面的论述却是无能为力的。《方言》里记录的材料绝大多数都是这种情况。所以从语音方面确定《方言》里的同源词还需要探索其他的方法。在这方面，传统音韵学的成就还有很大参考价值，而利用汉代文献记录的方音资料有时也很有帮助。比方，蒸真两部相通，在汉碑和焦赣的《易林》的押韵中都可以找到证据。又如：

貛，关西谓之貒。（卷八）

这两个字都在元部。但是“貛”在晓纽，“貒”在透纽。乍看起来似乎相去较远。但是汉末刘熙《释名》却提供了一条很重要的旁证材料。《释名·释天》说：

天，豫司兖冀以舌腹言之。天，显也，在上高显也。青徐以舌头言之，天，坦也，坦然高远也。

这正表明当时河南河北和山东的东北部“天”字在晓纽，而山东南部江苏一带“天”字在透纽。因此“貛”“貒”有同源关系不是不可能的。

第三，自从西方的语言学传入我国，有人接触了西方一些语言和国内汉藏语系的语言，提出了古代汉语有复辅音声母的假定。《方言》被利用来研究复辅音。在有些人看来，《方言》里有些词有不同的声母是复辅音分化的结果。《方言》里是不是保留有古汉语复辅音分化的遗迹？要回答这个问题并不容易，但是有些条目好像和复辅音有关。例如：

貔，陈楚江淮之间谓之貅，北燕朝鲜之间谓之貊，关西谓之狸。（卷八）

郭璞在“貊”下解释说：“今江南呼为貊狸。”“狸”《广雅·

释兽》作“貍”。戴震在《方言疏证》里指出：“狸貄一声，貊貍转语为不来。故《大射仪》奏狸首，郑注云：狸之言不来也。”很可能这是一个有双唇塞音和舌尖边音的复辅音声母的词。陈楚江淮之间称为“貄”，关西称为“貍”，保留了边音声母，北燕朝鲜之间称为“貊”，保留了双唇塞音声母。它大概和“风”在汉语和僮侗语支中声母分化的情况相似。

但是，汉语在古代复辅音能有多少结构类型，这个问题不弄清楚，利用《方言》材料也是有困难的。因此，要从保留复辅音的遗迹入手来探索《方言》里的同源词还有许多工作要做。

基于以上种种原因，我们认为《方言》记录的材料里确实有同源词，但是就目前的研究水平来看，它的数量不会很大。

《方言》郭注研究

书郭注方言后①

王国维

书郭注方言后一

郭景纯于《尔雅》有注、有音，而注中之音则专为今语而作，前篇既详之矣。其于《方言》，则音即在注中，体例与音义为近。其音有为本文作者，有为己注作者，可一一分别之。盖所音之字，惟见注中而不见于本文者，此音为注作而不为本文作，固不待言。即其字并见本文及注中，而其音在注所引今语下，则其音实兼为注作，而不徒为本文作。盖注中所出之今语，本有音无字者也。景纯以其音及义拟之，而以当古之“厶”字，故必存其音；而古语之音亦可由此音推之，固与注《尔雅》之旨同也。如卷一：“好，自关而东，河、济之间谓之媌。”注：“今关西人呼好为媌，莫交反。”此“莫交反”之音，实音晋时关西之语。而汉时关东之语，亦从可知矣。又：“虔、刘、惨、綝、杀也。”注：“今关西人呼打为綝，音廪，或洛感反。”此音关西呼打之“綝”，而本文之“綝”亦从可知矣。卷二：“遽，吴、扬曰茫。”注：“今北方通然也，莫光反。”此音晋时北方通语之“茫”，而汉时吴、扬之“茫”音亦可知矣。又：“狯，楚、郑曰蔿，或曰婚。”注：“言黠婚也。今建平人呼婚，胡刮反。”此亦音，晋建平人所呼之“婚”，而汉时

---

① 原载于王国维：《观堂集林》，中华书局 1959 年版。

楚、郑之"婚"音亦可知矣。又卷三："苏，沅、湘之南谓之蓍。"注："今长沙人呼野苏为蓍，音车辖。"又："揠，拔也。"注："今呼拔草心为揠，乌拔反。"又："荄，杜根也。"注："今俗名韭根为荄，音陔。"又："庸谓之倯，转语也。"注："倯犹保倯。今陇右人名孏为倯，相容反。"卷四："袴，齐、鲁之间或谓之襱。"注："今俗呼袴踦为襱，音鲖鱼。"卷五："𧆓，陈楚宋魏之间或谓之櫼。"注："今江东通呼勺为櫼，音羲。"又："箸筩，自关以西谓之桶檧。"注："今俗亦通呼小笼为桶檧，音笼冠（谓桶之音如笼）。檧，苏勇反。"又："甂，陈、魏、宋、楚之间谓之题。"注："今河北人呼小盆为题子，杜启反。"又："所以注斛，陈、楚、宋、魏之间谓之篙。"注："今江东亦为'篙'，音'巫觋'。"又："扇，自关而东谓之箑。"注："今江东亦通名扇为'箑'，音篓。"又："杷，宋、魏之间谓之渠挐。"注："今江东名亦然，诺猪反。"又："佥，宋、魏之间或谓之度。"注："今江东呼打为度，音量度也。"卷六："擘，楚谓之纫。"注："今亦以线贯针为纫，音刃。"卷七："茹，食也。吴越之间凡贪饮食者谓之茹。"注："俗呼能粗食者为茹，音胜如。"又："滕，儋也。"注："今江东呼儋两头有物为滕，音邓。"卷八："虎，江、淮、南楚之间或谓之于𪊽。"注："今江南山夷呼虎为𪊽，音狗窦。"又："貔，北燕、朝鲜之间谓之貊。"注："今江东呼为貊狸，音丕。"又："桂林之中，守宫大者而能鸣，谓之蛤解。"注："江东呼为蛤蚖，音颔额。汝、颍人直名为蛤解，音懈，误声也。"卷九："车枸篓，宋、魏、陈、楚之间谓之筷。"注："今呼车子弓为筷，音巾帼。"又："锬谓之铍。"注："今江东呼大矛为铍，音彼。"又："小舫谓之艖。"注："今江东呼艖小底者也，音叉。"又："短而深者谓之䑸。"注："今江东呼艖䑸，音步。"又："船后曰舳。"注："今江东呼柁为舳，音轴。"卷十："粃，不知也。"注："今淮、楚间语呼声，如非也。"又："物生而（不）长大又曰瘠。"注："今俗呼小为瘠，音荠菜。"又："颡，湘江之间谓之顙。"注："今建平人呼頟为顙，音旃裘。"又："推，沅、涌、澆、幽之语或曰挡。"注："今江东人亦名推为挡，音晃。"卷十一："蝉，海岱之间谓之蚑。"注："齐人呼为巨蚑，音技。"又："蜻蛚，楚或谓之蛬。"注："梁国呼蛬，音巩。"又："姑螿谓之强蛘。"注："建平人呼蛘子，音芊。芊即姓也。"卷十二："筑娌，匹也。"注："今关西兄弟妇相呼为筑娌，度六反。"又："殇，傍也。"注："今江东呼极为殇，音喙。"卷十三："瘆，极也。"注："江东呼极为瘆，倦声之转，巨畏反。"又："翭，本也。"注："今之鸟羽本为翭，音侯。"又："隑，陭也。"注："江南人呼梯为隑，所以隑物而登者也，音剀切也。"又："炀，炙也。"注："今江东呼火炽盛为炀，音恙。"又："笼，南楚、江沔之间谓之篣。"注："今零陵人呼笼为篣，音彭。"又："箯，南楚谓之筲。"注："今建平人呼筲，音鞭鞘。"又："饧，谓之餹。"注："江东皆言餹，音唐。"此诸条，以《尔雅》注之例推之，固皆为注作音，而因以求《方言》之音者。至今语之音与古语相近而微有别，则亦著之。如卷三："蘴。"注："旧音蜂，今江东音嵩，字作菘也。"又："軫，戾也。"注："谓了戾。江东音善。"卷八："北燕、朝鲜、洌水之间，爵子及鸡雏皆谓之鷇。"注："恪遘反。关西曰鷇，音顾。"卷十："荆之南鄙谓何为曾，或谓之訾。"注："今江东人语亦云訾，为声如斯。"又："誺，不知也。"注："音痴眩。江东曰咨，此亦如声之转也。"卷十一："蝉，其小者谓之麦蚻。"注："今关西呼麦䖶，音痈癤之癤。"是景纯注《方言》时，全以晋时方言为根据，故于子云书时有补正。读子云书可知汉时方言，读景纯注并可知晋时方言。张伯松谓《方言》为"悬之日月不刊之书”，景纯之注亦略近之矣。乃景纯《尔雅》《方言》二注，颇为后人所乱。《尔雅》注之音，为《注疏》本删刿殆尽。吾乡卢抱经学士校刊《方言》，世称善本，乃分别音与注为二，又乱其次第。嘉定钱氏《笺疏》从之，致令景纯晋方言注汉方言之根据全不可见。亦可谓景纯之不幸也。

书郭注方言后二

景纯注《方言》，全以晋时方言为本。晋时方言较子云时固已有变迁，故注中往往广子云之说。其例有广地，有广言。就广地言之，有子云时一方之言至晋时为通语者。如卷一：“慧，楚或谓之䜬。”注：“他和反。亦今通语。”又：“好，赵魏燕代之间曰姝。”注：“昌朱反。亦四方通语。”卷二：“好，青、徐、海岱之间曰釥，或谓之嫽。”注：“今通呼小姣洁喜好者为嫽釥。”又：“遽，吴、扬曰茫。”注：“今北方通然也，莫光反。”卷三：“凡草木刺人，江、湘之间谓之棘。”注：“《楚辞》曰：曾枝剡棘。亦通语耳，音已力反。”又：“凡饮药、傅药而毒，东齐、海岱之间谓之眠，或谓之眩。”注：“眠、眩亦今通语耳。”又：“南楚物空尽者曰铤。铤，赐也。”注：“亦中国之通语也。”卷五：“床，其杠南楚之间谓之赵。”注：“赵当作桃，声之转也。中国亦呼杠为桃床，皆通语也。”卷六：“视，吴扬曰略。”注：“今中国亦云目略。”卷七：“涩，赵曰杜。”注：“今俗语通言涩如杜。”又：“舍车，东齐、海岱之间谓之发。”注：“今通言发写也。”卷八：“貔，关西谓之狸。”注：“此通名。”又：“守宫，南楚谓之蛇医。”注：“今所在通名蛇医耳。”卷九：“车枸篓，南楚之外谓之篷。”注：“今亦通呼篷。”卷十：“沅、澧之间，使之而不肯答曰吂。”注：“音茫。今中国语亦然。”又：“荆汝江湘之郊凡贪而不施谓之亄。”

注："亦中国之通语。"又："愬，楚以南谓之诼。"注："诼、谮，亦通语也。"又："晞、晒，干物也。扬、楚通语也。"注："晞音菲。亦皆北方常语耳。"又："譙极，吃也。楚语也。"注："北方通语也。"又："眠娗、脉蜴、赐施、茭媞、譠谩、愓他，皆欺谩之语也。楚郢以南、东扬之郊通语也。"注："六者，中国相轻易、蚩弄之言也。"又："颌，南楚谓之颔。"注："亦今通语尔。"此皆汉时一方之语，景纯时见为通语者也。

又汉时此方之语，晋时或见于彼方。如卷一："好，自关而东河济之间谓之媌。"注："今关西人呼好为媌，莫交反。"又："平原谓啼极无声谓之唴哴。"注："哴音亮。今关西语亦然。"又："跳，楚曰蹶。"注："勑厉反，亦中州语。"又："狯，楚、郑或曰婚。"注："今建平人呼婚，胡刮反。"卷三："鸡头，北燕谓之葰。"注："今江东亦呼葰耳。"又："凡草木刺人，北燕、朝鲜之间或谓之壮。"注："今淮南人亦呼壮。"卷四："裙，自关而东或谓之襬。"注："音碑，今关西语然也。"卷五："蠡，陈、楚、宋、魏之间或谓之檵。"注："今江东通呼勺为檵，音羲。"又："罂，灵桂之郊谓之瓺。"注："今江东通呼大瓮为瓺。"又："周、魏之间谓之甒。"注："今江东亦呼罂为甒子。"又："所以注斛，陈、魏、宋、楚之间谓之篙。"注："今江东亦呼为篙，音巫觋。"又："扇，自关而东谓之箑。"注："今江东亦通名扇为箑，音篓。"又："杷，宋、魏之间谓之渠挐。"注："今江东语亦然，诺猪反。"又："簟，宋、魏之间谓之笙。"注："今江东通言笙。"卷七："东齐、海岱、北燕之郊，跪谓之踑蹬。"注："今东郡人亦呼长跽为踑蹬。"又："儋，自关以西，陇、冀以往，谓之贺。"注："今江东语亦然。"卷八："貔，北燕、朝鲜之间谓之貊。"注："江东呼为貊狸，音丕。"又："布谷，自关而西或谓之布谷。"注："今江东呼为获谷。”又：“桂林之中，守宫大者而能鸣，谓之蛤解。”注：“江东人呼为蛤蚖，音颔额。汝、颍人直名为蛤解，音懈，声误耳。”卷十：“楚凡挥弃物，或谓之敲。”注：“恪校反。今汝、颍间语亦然。”又：“颡，湘江之间谓之巓。”注：“今建平人呼额为巓，音旃裘。”又：“沅、涌、浇、幽之语推或曰挡。”注：“今江东人亦名推，为音晃。”卷十一：“蝉，宋卫之间谓之螗蜩。”注：“江南呼螗蛦。”又：“鼅鼄，自关而西，秦、晋之间，谓之鼄蝥。”注：“今江东呼蝃蝥，音掇。”卷十三：“篆，其小者，自关而西，秦、晋之间，谓之箄。”注：“今江南亦名笼为箄。”又：“曲，晋之故都曰尌。”注：“今江东人呼曲为尌。”凡此，皆汉时一方之语，景纯时见于他方者也，此广地之二例也。

至于广语，则亦有二例。（一）今语虽与古语同，而其义广狭迥异，或与之相涉，则亦著之。如卷一：“掕，杀也。”注：“今关西人呼打为掕。”又：“凡物盛多谓之寇。”注：“今江东有小凫，其多无数，俗谓之寇凫。”又：“相谒而餐，秦、晋之际，河阴之间曰𩞁饐。”注：“今关西人呼食欲饱曰𩞁饐。”又：“毳，燕之北郊，朝鲜、洌水之间，曰叶输。”注：“今名短度绢为叶输也。”卷二：“燕、齐之间养马者谓之娠。”注：“今之温厚也，音振。”卷三：“庸谓之倯。”注：“倯犹保倯。（即保庸。）今陇右人名孏为倯，相容反。”卷四：“袴，齐鲁之间或谓之襱。”注：“今俗呼袴踦为襱，音鲷鱼。”卷五：“箸筩，自关而西谓之桶檧。”注：“今俗亦通呼小笼为桶檧，音笼冠，檧，苏勇反。”又：“佥，宋、魏之间或谓之度。”注：“今江东呼打为度，音量度也。”卷六：“擘，楚谓之纫。”注：“今亦以线贯针为纫，音刃。”卷七：“吴、越之间，凡贪饮食者谓之茹。”注：“今俗呼能粗食者为茹，音胜如。”卷九：“车纣，自关而东或谓之曲绹。”注：“今江东通呼索为绹，音伦。”（今本夺“为”字，从《原本玉篇》所引补。）卷十三：“篆，析也。析竹谓之篆。”注：“今江东呼篾竹里为篆（荼）。”又：“隑，陭也。”注：“江南人呼梯为隑，所以隑物而登者也，音剀切也。”又：“炀，炙也。”注：“今江东呼火猛炽为炀，音恙。”此皆语同而义稍异者也。至义同而语异者，景纯亦随时记于注中。如卷二“逞、苦、了，快也”下注：“今江东人呼快为愃，相缘反。”卷三：“东齐之间壻谓之倩。”注：“言可借倩也，今俗呼女壻为“卒便”（原注一作“平使”。疑“平使”是）是也。”又“苏、芥，草也”下注：“或言茉也。”又：“苏，亦荏也。”注：“今江东人呼荏为菩，音鱼。”又“蘴、荛，芜菁也”下注：“今江东名为温菘。”又“胶、谲，诈也”下注：“汝南呼欺为讉訑，他回反。亦曰诒，音殆。”又“氾、潤、洼，洿也”下注：“荆州呼潢也。”卷四：“襜褕，自关以东谓之裗裾。”注：“俗名裾掖，音倔。”又：“袀繵谓之襌。”注：“今又呼为凉衣也。”又：“绕衿谓之裙。”注：“俗人呼接下，江东又名下裳。”又：“裪橘谓之袖。”注：“江东呼碗，音婉。”卷五“甑”下注：“凉州呼鉹。”“炊籅”下注：“江东呼淅签。”“臿”下注：“江东又呼锹刃为鐅，普篾反。”“橛”下注：“江东呼都。”又：“槌，其横，关西曰概。”注：“亦名校，音交。”又“箄”下注：“江东呼籧篨为籧，音废。”“筕篖”下注：“江东呼笪，音靼。”“榻前几”下注：“江东谓之承。”卷八“虎”下注：“俗曰伯都。”又：“北燕、朝鲜、洌水之间谓伏鸡曰菢。”注：“江东呼蓲，央富反。”又“桑飞”下注：“今亦名为巧妇，江东呼布母。”又“守宫”下注：“南阳人又呼蝘蜓。”卷九：“凡矛，骹细如鴈胫者谓之鹤膝。”注：“今江东呼为铃钉。”又：“鐏谓之釬。”注：“或名为镦，音顿。”又：“方舟谓之潢。”注：“扬州呼渡津舫为杭，荆州人呼树。”又：“所以隐棹，谓之浆。”注：“江南又名为胡人。”又：“船首谓之阁闾。”注：“今江东呼船头屋谓之飞闾是也。”卷十：“弃，淮、汝之间谓之投。”注：“江东又呼㧊，音黶。”又：“吃，或谓之涩。”注：“今江东又名吃为嚛，若叶反。”卷十：“蛥蚗”下注：“江东人呼蟪蟧。”又：“蜩蟧谓之蓋蜩。”注：“江东呼为蓋蠽也。”又：“螳蜋谓之髦。”注：“江东呼为石蜋，又名齕髗。”又：“姑𧓍谓之强蛘。”注：“江东谓之蛪，音加。”又：“蜻蛉谓之蝍蛉。”注：“江东名为狐黎，淮南人呼蠊蛜。蠊音康，蛜音伊。”又：“春黍谓之䘀蝑。”注：“又名蚣䘀，江东呼蚝蛨。”又：“蠀蚭谓之尺蠖。”注：“又呼步屈。”又“蜂”下注：“或呼笛师。”“蚍蜉”下注：“建平人呼蚳，音侈。”“蠀螬”下注：“亦呼当齐，或呼地蚕，或呼蠀蝖。”“蚰蜒”下注：“江东又呼蛩，音巩。”“鼅鼄”下注：“齐人又呼社公，亦言罔工。”卷十三“盂”下注：“江东名盂曰凯，亦曰瓯也。”又：“屋梠谓之棂。”注：“亦呼为联（编者按：原文为“连”，全书根据现代用词规范，统改为“联”。）绵。”是皆今语之异于古者，亦记之以广异语。此广语之二例也。故景纯注《方言》，全以晋时方言为本，虽注而不域于注体焉。然则《方言》注中之音，实不能与注离。后人分而二之，可谓失景纯之旨矣。

书郭注方言后三

《方言》一书经戴东原、卢抱经、刘端临三先生校订，又段懋堂先生《说文注》、王怀祖先生《广雅疏证》亦时订其讹舛。丙辰冬，余读《方言》，复取诸古书，用戴氏《疏证》例校之，即书于戴本上。戊午冬，复检前校，见有足订正本文及注者，得十六事，聊书于后。其本文之显然误者。如卷一：“慎、济、曙、怒、溼、桓，忧也。自关而西，秦、晋之间，凡志而不得，欲而不获，高而有坠，得而中亡，谓之溼。”注：“溼者，失意、潜沮之名。”案：《原本玉篇》《荀子·修身篇》注均引“溼”作“濕”，《玉篇》又引注“潜沮”作“惨怛”。“濕”，古人皆读“他合反”。今人于“志而不得，欲而不获，高而有坠，得而中亡时，犹皆读之如“他合反”之“濕”。以此一音，表彼四义，当是秦、晋旧语。自以作“濕”为长。卷三：“胶、谲，诈也。凉州西南之间曰胶。自关而东西或曰谲，或曰胶。”案：《原本玉篇》《尔雅序》《释文》、玄应《一切经音义》卷二、慧琳《音义》卷六、卷七、卷三十八并引“谬，诈也”，疑“胶”乃“谬”之讹。《说文》“谲”字注：“益、梁曰谬，欺天下曰谲。”即本之《方言》。“益、梁”即所谓“凉州之西南之间”，“天下”所谓“自关而东西”也。是《方言》本作“凉州西南之间曰谬”。又《原本玉篇》引：“自关而东西或曰谬。”是末“胶”字亦本作“谬”。《广雅》：“谬、谲、诈、胶，欺也。”上三字与《方言》次序同，当本之《方言》。“胶”字或取诸他书，或后人据讹本《方言》羼人也。卷六：“台既，失也。宋、鲁之间曰台。既、隐、据，定也。”今本分二节，上十字为一节，下五字为一节。案：《广雅》：“隐、据，定也。”无“既”字。是张稚让读“宋、鲁之间曰台、既”为句，义较今本分节为长。又：“纰、绎、督、雉，理也。秦、晋之间曰纰。凡物曰督之，丝曰绎之。”《原本玉篇》引：“纰，理也。秦、晋之间曰雉，宋、郑曰纰。”是今本夺“曰雉宋郑”四字，于是宋、郑语误为秦、晋语，而“雉”之为何语，亦不可知矣。又：“擱、剿，续也，秦、晋续折谓之擱，绳索谓之剿。擘，楚谓之纫。”今本自“擘”以下五字自为一节。案：《原本玉篇》引：“剿，续也。楚谓之纫。”洪兴祖《楚辞补注》亦引：“续，楚谓之纫。”是此二节本是一节，又衍“擘”字。王逸《楚辞注》：“纫，索也。”正本之《方言》。郭注云：“今亦以线贯针为纫。”义亦与“擘”无涉，而与“续”及“绳索”之义相近。今本盖误。卷十三：“扶，护也。”注：“扶挟将护。”案：《原本玉篇》引：“挟，护也。”郭璞曰：“挟持，护之也。”玄应《音义》卷一、卷十并引：“挟，护也。”《广雅》语同。是本文“扶”当作“挟”，涉注“扶”字而讹。又：“无升谓之刁斗。”戴云：“‘无升’二字应有讹舛。”案：《淮南·齐俗训》：“炮格生乎热升。”《北堂书钞》一三五、《太平御览》七一二并引“热升”作“热斗”。说者以为尉斗。汉尉斗之状与刁斗同。今传世汉器，其铭皆作鐎斗。“无升”“热升”“鐎斗”，字形皆相近，当云“鐎斗谓之刁斗”，犹《尔雅》云“萑蔽谓之戎菽”矣。（萑、戎，鐎、刁，音均相近。）又：“饵谓之餻。”《御览》八百六十引作“饵谓之餻”。下有注“音恙”二字。《原本玉篇·食部》：“餻，餘障反。”引《方言》“饵谓之餻”。《广韵》四十七：“漾、餻，饵也。”《集韵》则云：“餻，《方言》：‘饵也。’”又《原本玉篇·食部》无“餻”字，大广益会本始有之。是六朝尚无“餻”字，《广雅》之“餻”字亦本作“餻”，与《方言》同，均后世所追改也。此皆本文之讹舛也。至注文亦有当订正者。卷一：“慧，秦谓之谩。”注：“言谩訑。音詑（二字疑衍）。大和反。谩，莫钱又亡山反。”案：《原本玉篇》引：“秦晋谓慧为谩。郭璞曰：‘言訑谩也。’”是旧本作“訑谩”故先音“訑”，后音“谩”。《楚辞》：“惜往日或訑谩。”而不疑其证也。又：“烈、枿，餘也。”注：“谓烈餘也。”戴云：“‘烈餘’当作‘遗餘’。”卢本从之。案：《原本玉篇》引注作“谓残餘也”。慧琳《音义》卷六十七引“櫱（即枿字），谓残餘也”，韦昭《齐语》注亦云：“裂，残也。”是注“烈餘”当作“残餘”。戴改“遗餘”，非也。卷二：“揄、铺、艦、帗、缕、叶、输，毳也。”注：“音脆。皆谓物之行蔽也。”《集韵》十“虞”引注同戴本，改“行蔽”作“扞蔽”，卢本从之。案：《原本玉篇》引注作：“谓物之行敝者也。”是今本“蔽”字乃“敝”之讹。《周礼·司市》注云：“害，害于民，谓物行沽者。”沽之言苦，不攻致也。“行敝”犹言“行沽”矣，今人犹呼货物之次劣者为“行货”，与“毳”义正合。下注言：“今名短度绢为叶输。”绢之短度者，正物之行敝者也。卷九：“车枸篓，或谓之隆屈。”注：“尾屈。”卢据宋本改为“屈尾”。（今传世李文授本作“尾屈”。）然“尾屈”二字是音，非义。高诱《淮南·原道训》注：“屈读‘秋鸡无尾屈’之屈。”是“尾屈”二字乃汉魏以来成语，故景纯取以为音，改为“屈尾”者非也。又：“箭，其三镰长尺六者谓之飞虻。”注：“此谓今射箭也。”又：“内者谓之平题。”注：“今戏射箭。”案：慧琳《音义》卷四十五引注云：“三镰，今箭射箭也。平题，今戏射箭也。”是戏射与箭射相对为文。《御览》三百四十九引《开元文字》亦有此二语。盖即本《方言》注。《大唐六典·兵部》“员外郎”职：“凡应举之人有谋略、才艺，平射、筒射。”《唐韵》十一“没蔽”字注云：“筒射。”《广韵》同。是古弩射之外，别有筒射。矢长尺六，较诸矢为短。盖如后世袖箭矣。今注夺“筒”字。卷十：“翥，举也。”注：“谓轩翥也。”案：《广雅》卷一：“翥，举也。”曹宪《音》曰：“《方言》为署音。”又卷三：“翥，飞也。”曹曰：“《方言》音曙。”是注“谓轩翥也”下旧有“音署”或“音曙”二字，今本夺。又：“挻、扰，推也。”“挻”下有“揰挻”二字注，戴改为“神祕”，卢改为“挡挻”。案：《文选·西京赋》：“徒搏之所撞挻。”是“揰挻”乃“撞挻”之讹，“揰”“撞”一字也。卷十二：“杼、廋，解也。”“杼”下有“杼井”二字注，戴改“杼”为“抒”，卢复改“杼井”为“抒渫”。案：《说文》“𣂷”字注云：“量物之𣂷。一曰抒井𣂷。”是古有“抒井”语，井字不误，卢改非是。此注文及后世改字之当订正者也。校本虽戢孴丛杂，然可纪者止此。书之以谂世之读是书者。

博闻强记的郭璞——中国语言学史话之二①

周因梦

从曹丕篡汉那年（220）算起，到东晋的最后一个皇帝司马德文被刘裕逼下帝位那年（420）为止，这中间整整 200 年，是中国历史上的所谓魏、晋时代②。

……③

鲁迅在他的《魏、晋风度及文章与酒及药之关系》④ 里曾经简要而生动地描绘了这个时代的政治状态和一般名士的精神生活。

我们要谈到的郭璞也是这个时代的一位名士。他生于 276 年（西晋咸宁二年），324 年（东晋太宁二年）被军阀王敦杀害，在世共 49 年。他经历了魏、晋时代最动荡最不安定的一段岁月。

在《晋书》里，郭璞是和葛洪放在同一个“列传”里的⑤。葛洪是个很奇特的人物，他既是极力崇奉孔、孟学说的儒者，又是道士似的官僚，讲求烧丹炼汞、服食长生这一套方术。他的《抱朴子》充分地表现了他这种双重人格。郭璞也是个很特异的人，《晋书》本传主要地记载了他替人家占命卜卦之类的许多事迹，把他当作一个很神秘的预言家来描写，说是汉代有名的占卜术士京房、管辂两人的本领也不能超过他。郭璞的著述中也有许多是专

---

① 《中国语文》1956 年第 7 期。

② 魏晋时代可以把曹操当权的年代也算进去，这里的算法只是按照历史年表说的。

③ 编者按：此处有删节。

④ 《而已集》。

⑤ 《晋书》卷七十二，列传四十二。

谈阴阳、卜筮和风水的①。当然，后人不是因为郭璞是个非常神秘的占卜术士才看重他，而是因为他是个博闻强记的诗人、学者。他的辞赋和诗篇被一致推许为东晋初年的第一名②。他辛勤地为下列这些古代的重要典籍作了注解：《尔雅》《方言》《山海经》《穆天子传》《三苍》《楚辞》；还注解了司马相如的《子虚赋》和《上林赋》。他虽然没有把他渊博的知识和精辟的见解集中成为几部专书，但是他的这些古书的注解带给中国文献学的影响是很大的，《尔雅》《方言》两书的注解尤其对词汇学和方言学具有重大的意义。

魏晋是所谓"玄风独盛"的时代，尤其是晋代。"玄风"指的是以老、庄思想为基础的言论行为；其实发展到后来，有些地方就和服食求仙的道士气很难分得清楚了，因为道教也是假借老、庄的某些说法做幌子的。这种"玄风"和道士气以各种各样的方式反映在魏晋士大夫的生活言谈中，也反映到他们的诗篇文章里。所以从整个魏晋时代的风尚看来，郭璞的道士气是容易理解，不足为怪的。比起同时代的那些放言高论的名士或"溺乎玄风"的诗人来，郭璞的博学多才与平易切实倒是很特殊，很突出的。

他原来家住河东闻喜（今山西省闻喜县）。在西晋末期③，郭璞就很敏感地看到了"黔黎将湮于异类，桑梓其翦为龙荒"④（百姓将沦陷于异族，故乡将成为外人的领土）。他于是暗地里结集了几十家亲戚朋友，往东南方逃难。辗转来到庐江。这时，长江和淮河流域一带还非常平静，但是郭璞劝庐江太守赶快往江南跑，

① 这种书有《葬书》一卷（大约不是原书，出于后人伪造）、《易洞林》一卷、《玄经》一卷、《玉照定真经》一卷。这些书多半已残缺不全，清人分别收入各种丛书中。

② 见《晋书》本传，《文心雕龙》的《才略》《明诗》等篇，钟嵘《诗品》上、中。

③ 编者按：此处有删改。

④ 《晋书》本传。

太守不信那里会有什么兵乱，郭璞只好自己渡江了。过了几十天，果然庐江陷落了。郭璞的这些预言据《晋书》本传都说是占卦得来的，正如他后来的许多预言一样。其实很容易设想：魏、晋的统治者曹家和司马氏以及一般的军阀、官僚都是以刻薄残忍著名的，那是个“动辄得咎”、是非很多的时代，许多文人都因为得罪了这般军阀官僚被杀了，早一点的有孔融、弥衡等人，过后有嵇康、张华、潘岳、陆机、陆云、刘琨。像阮籍，就只好有时装糊涂，尽力做到不谈论这般军阀官僚的是非，或整天以酒来掩盖他的愤慨，虽然有人劝司马懿好几次想把他杀掉也找不到借口，阮籍好不容易才得到个“善终”。《晋书》郭璞本传说他“博学有高才，而讷于言论”，大约郭璞也采取了与阮籍类似的处世办法，即诸葛亮所说的“苟全性命于乱世”，所以才“讷于言论”。如果碰到非表示意见不可的时候，就巧妙地利用占卦的方法表示一下。他是多见博闻的，机智而敏感的，所以能预见到许多重大事件的发展；他又喜欢占卜，所以人家把他看得很神秘，许多离奇的传说都傅会到他身上去了。我们从现存的郭璞的几篇奏疏里看到他并不是不关心世事的书呆子或游方道人，他对当时混乱的政局和人民的痛苦时常怀着不安的心情，希望有所改进。过江以后，他往来长江中下游一带，似乎在暨阳（今江苏江阴附近）的时候最多，那里靠近东晋的都城建康（南京）①，他在朝廷做过几任官，东晋的重臣王导和元帝司马睿对他的政见相当重视。

王敦是野心勃勃的一个军阀，他第一次造反，皇帝虽没当上，却赢得个丞相的职位。第二次造反前，要郭璞替他卜一卦。郭璞

① 郭璞是南渡的中流士族，这些中流士族那时大都住在都城附近的晋陵、京口（今镇江以至常州一带）等地，参看陈寅恪：《述东晋王导之功业》，载《中山大学学报》（社会科学版），1956 年第 1 期。

说："卦凶，不会成功。"王敦听了已经不高兴，又叫郭璞卜寿命。郭璞说："您要起事的话，不久必死；假若回驻武昌，寿命长得很。"王敦大怒，说："你自己呢？"郭璞看出了王敦决心要杀他，说："命尽今日！"郭璞就这样被王敦杀害了，而王敦果然也在当年失败而死①。王敦死后，朝廷追封郭璞为"宏农太守"。

无论郭璞怎样机智，怎样善于用些阴阳五行的话来装饰他的议论，处在政治矛盾的夹缝里，他到底像嵇康等人一样作了时代的牺牲。

郭璞留给后代的文化遗产是丰富的，最主要的是对于古籍的整理和注解②。他注解的古书大致可分为两类：《楚辞》《山海经》《穆天子传》是一类。这几部书的共同特点是，充满了古代诗人和学者对于历史和世界的奇思妙想，里面有广博的实际知识和可喜的神话以及丰富的关于草、木、鸟、兽、虫、鱼的名称和描写（例如《山海经》所举的动植物就有 400 多种）。《尔雅》《方言》《三苍》是另一类。这几部书是中国古代语词的宝库，是汉语发展史上的里程碑。至于《子虚》《上林》两篇汉赋则是介乎这两类之间的东西；汉赋"铺张扬厉"的风格接近《楚辞》，它堆砌的词藻又类似字书。总起来看，郭璞所注解的全部典籍有一个共同的特点，这就是，它们包含着关于动物、植物、（少量的矿物）器物、地理风土等等方面的广博知识，包含着有关这些知识的大量语词。所以，这些原著和郭璞的注解都在不同程度上对我们的语言史和

① 郭璞被杀害这件事，明朝无名氏的戏曲《运甓记》里有描写，收在《六十种曲》。编者按：本条脚注有删节。

② 关于郭璞的诗、赋等方面的著作，可查看明朝张溥编的《汉魏六朝一百三家集》里的《郭宏农集》，或清朝严可均编的《全上古三代汉魏六朝文》卷一百二十一的《全晋文》。

语言学史发生作用，而我们现在只着重介绍郭璞注解《尔雅》和《方言》这两部书对于中国语言学史的贡献。

《尔雅》这部书产生的时代和作者说法不一，大体说来，它绝不是一个人作的，多半是西汉初年的儒家经师们讲授儒家经典的杂记，因为这部书具有解释先秦典籍中字义的作用，所以受到重视，后来也列为儒家的经典之一。在郭璞以前，注《尔雅》的已有十余家①。郭璞感到注得还不够详细，而且说法不一，又有误注或漏注的地方。他是自小就研究这部书的，于是“缀集异闻，会粹（会聚）旧说；考方国之语，采谣俗之志。”② 对旧日的注解做一番改正、选择工作，旧注还有不明白的地方就给疏通证明，又加上许多他自己的新注。郭璞还作了一部《尔雅音图》，音是用来确定某个字在某一意义上的读音，图是用来说明实物的形态，帮助对注解的了解。他还为每幅图作了一首“赞”③。郭璞对《尔雅》是经过这样的一番辛勤的劳力的。自他的注出来之后，旧日十余家的注都慢慢失去作用以至消失了，后来谈《尔雅》的人也只能在他所注的基础上补充或发挥。

《方言》这书的作者、性质和价值我们上次已详细介绍过了④。我们说过，扬雄以后一直到清朝末年，几乎两千年间，真正了解扬雄的《方言》的，只有郭璞一个人！郭璞之前没有人替《方言》作过注。他说“余少玩雅训，旁味方言”，可见他对《尔雅》和《方言》是同时进行钻研的，郭璞这两部书的注也是互相证发的。

---

① 参考郭璞《尔雅序》，清朝谢启昆《小学考》或胡元玉《雅学考》。

② 《尔雅序》。

③ 郭璞《尔雅图赞》久已散失，清严可均有辑佚，叶德辉《观古堂汇刻书》第 1 集收入。

④ 详见周因梦：《扬雄和他的〈方言〉——中国语言学史话之一》，《中国语文》1956 年第 5 期。

《尔雅》主要是为了通“训诂之指归”，为了解释先秦典籍的语词用的；而《方言》主要是为了“考九服之逸言”，是西汉方言语词的忠实记录。这是这两部书本质上的不同。但是这两部书在体例上是近似的：《尔雅》是“总绝代之离词，辨同实而殊号”，而《方言》也是“类离词之指韵，明乖途而同致”，都是比较词汇式的著述[①]。所以，郭璞给这两部书作注，在方法上或作用上有共同的方面；由于这两部书的性质不同，当然也有不同的方面。

先谈共同的方面：

（一）以晋代的口语词解释古代的语词。这是郭注最突出的一方面，也是在方法上最受重视的创见。这一类注在两部书的草、木、鸟、兽、虫、鱼和器物名下面最丰富，在旁的地方也并不算少。郭璞所引用的晋代语词有的是当时通行的，有的是某地方言，有的是流行面较广的方言。

1. 晋代通行的词，例如：

鸤鸠，鴶鵴。注：今之布谷也。（释鸟）

朕、余、躬，身也。注：今人亦自呼为身。（释诂）

亏……毁也。注：亏，通语耳。（释诂）

猷、肯，可也。注……肯，今通言。（释言）

——以上《尔雅》

钊、薄，勉也……薄努，犹勉努也。注：如今人言努力也。（卷二）

凡草木刺人……自关而东或谓之梗。注：今云梗榆。（卷三）

① 本段引文皆见《尔雅序》和《方言序》。

娥……好也……赵魏燕代之间曰姝。注：音朱，亦四方通语。（卷一）

车枸篓……南楚之外谓之篷。注：今亦通呼蓬。（卷九）

——以上《方言》

凡是明指“通言”“通语”“通呼”为某的，自然是晋代没有方言限制的词。标出“今人言”某，没有特指是方言的，也该是晋代的“通语”。还有一些注，没有指出是某地方言或“通语”，却也不是从某个典籍里引证的词，只说“即某”，例如：

蒙，王女。注：蒙，即唐也，女萝别名。（《尔雅》释草）

缶谓之瓿甂。注：即盆也，音偶。（《方言》卷五）

这一类的注非常多，“唐”“女萝”“盆”等等词可以不可以认为也是晋代的“通语”呢？我想，是可以的。这一类的词是和原文来源不同的同义词，是晋代人人都知道的，习用的，所以拿来作注。

2. 晋代某地方言词。例如：

蛄𧐐，强蛘。注：今米谷中小黑蠹虫是也，建平人呼为蛘子。（释虫）

济谓之霁。注：今南阳人呼雨止为霁。（释诂）

——以上《尔雅》

笼，南楚、江、沔之间谓之篣。注：今零陵人呼笼为篣，音彭。（卷十三）

拌，弃也；楚凡挥弃物谓之拌，或谓之敲。注：今汝、颍间语亦然。（卷十）

——以上《方言》

这些方言词是通行区域比较窄的，数量上比下列性质的方言为少。

3. 晋代通行区域较广的方言。例如：

剂、翦，齐也。注：南方人呼剪刀为剂刀。(释诂)

迁、运，徙也。注：今江东通言迁徙。(释诂)

——以上《尔雅》

娥、𡟫，好也……自关而东，河、济之间谓之媌。注：今关西人亦呼好为媌。(卷一)

扇，自关而东谓之箑。注：今江东亦通名扇为箑。(卷五)

——以上《方言》

郭注《尔雅》《方言》两书所引的区域性较大的方言经常称举的有“荆楚”(或称楚)、“关西”“河北”“齐”(或东齐)、“江南”① “江东”等，可见郭璞认为这是东晋方言区域的一些轮廓。其中举得最多的，是“江东”方言，两书合计约 170 处。“江东”就是大江下游南岸一带，即东晋主要的根据地，也就是郭璞和许许多多北方士族以及一部分平民南渡后“侨寓”的地区。江东原来是三国时孙吴的故土，到晋代仍然在经济上和政治上有它的特殊地位，方言也自成一区，即所谓“吴语”。晋室南渡以后，北方来的统治者在经济利益上和政治地位上总难免和原来江东的士族发生一些矛盾，但是东晋必得依靠江东才可以偏安下去。因此，王导等人为了调和阶级内部的矛盾，不得不对东吴士族采取多方

---

① 郭璞所称的“江南”大约是指长江中部南岸一带，与“江东”涵义不同。

面的妥协政策①。以至于在语言使用方面，北方士族与江东士族交接时，也只好学着说“吴语”，久了就成了所谓“共重吴声”的一种风气②。郭璞注《尔雅》《方言》两书不知在什么年代开始的，但是看他引用那么多的江东方言，可见在渡江以后才完稿。江东方言对南渡的人说来是新鲜的，也是许多人在努力学习的，所以郭璞对这种方言特别敏感，取材特别多。

上面谈了郭璞引用晋代的口语词作注的特点。至于这些晋代语词和被注语词之间有些怎样的关系，从这些关系中看出汉语词汇在时间上和空间上有哪些演变的痕迹，这一点我们在后面还要说到。

（二）刻划描写，注重实证。郭璞是精通前人的“传注之学”的人，他书本上的知识非常广博。单从他在《尔雅》注里所引证的典籍看来，就将近50种。本传称他“好经术，博学有高才，好古文奇字”是一点也没有夸张的。但是郭璞也并不是光从书本子上去找知识的人，他还很留心现实的事事物物。他这种现实主义的精神表现在他的注里的，是对于事物的刻划描写，注意实证，尤其是对于动植物特别留心。例如：

> 蜼，卬鼻而长尾。注：蜼似弥猴而大，黄黑色，尾长数尺，似獭，尾末有歧，鼻露向上，雨即自悬于树，以尾塞鼻，或以两指。江东人亦取养之；为物捷健。（《尔雅·释兽》）
>
> 螳蜋谓之髦。注：有斧虫也，江东呼为石蜋。（《方言》卷十一）

① 参看《晋书·王导传》；陈寅恪：《从史实论切韵》，《岭南学报》第9卷第1期。

② 参看《世说新语》的《言语篇》《排调篇》。

这种注解能够抓住事物的特点，很接近于现在辞典学的释义方面的某些要求。这一类注里当然也难免有极少数成分是来源于神话似的传说，但从整个看来，郭璞这一类注是很精确、很动人的。他在《尔雅序》里说："若乃可以博物不惑，多识于鸟、兽、草、木之名者，莫近于《尔雅》。"可见他对"博物不惑"这一意义非常看重。清朝郝懿行的《尔雅义疏》，很能发挥郭璞的这种精神。

（三）《尔雅》《方言》原来没有讲得清楚的，郭璞注使它明确起来①。例如《尔雅》："疆、界、边、卫、圉，垂也。"为什么这许多词都解释为"垂"（陲）呢？郭注："疆埸、境界、边旁、营卫、守圉，皆在外垂也。"这就明白了。《方言》："生而聋，陈、楚、江、淮之间谓之耸。"郭注："言无所闻常耸耳也。"也就叫人知道所以然了。

还有些词，《尔雅》《方言》原来的解释太广泛了，郭璞就给他一个限制性的解释，使它的意义明确起来。例如《尔雅》："委委、佗佗，美也。"美的意义是广泛的，到底指什么美呢？郭注："皆佳丽美艳之貌"，这就有个范围了。《方言》卷十："谪，过也。"单独说"过"是容易引起歧义的，郭注："谓罪过也，音赜，亦音适，罪罚也。"也就明确多了。

郭璞对这两部记载古代汉语的重要著作疏通证明的功劳很大。有了他的注，许多隐晦不明的词才有了确当的涵义，才成为能读懂能利用的书。仔细分析起来，郭注的条例也和这两部书本身的条例一样，非常严格细密。底下再举两条：

（四）《尔雅》《方言》里有许许多多的单音词，这些单音词的

---

① 周祖谟：《方言校笺自序》。

意义在先秦的文献里或在扬雄的时代也许是比较明确的、单纯的，但是后来慢慢产生了歧义。为了确定涵义，这些歧义就进一步分化为双音词，正好像现代汉语中许多双音词的来由一样。郭璞充分利用了这种语言发展的趋势，用了许许多多双音的同义词来注解原书的单音词。例如：《尔雅》："苞、芜、茂，丰也。"注："苞丛、繁芜，皆丰盛。""展，适也。"注："得自申展，皆适意。"《方言》："浑，盛也。"注："们浑，肥满也。""赋、与，操也。"注："谓操持也。"从某些文献来看（例如《世说新语》），汉、魏、六朝似乎是双音词发展很快的时期。这些双音词里头也许有些是出于文人硬造，是为了写文章调协音节用的①，有的用惯了也就可能成为口语。但是硬造的也好，不是硬造的也好，总起来都反映了汉语的新趋势、新现象。郭璞在他的注里把这些现象充分体现出来了。

（五）郭注有许多地方说明是"语转"，意思是说，某些词表面上虽写成不同的文字，然而从这些文字所代表的声音说来，都是一个来源，不过在声音上略有不同罢了。例如：《尔雅》："卬、吾、台……我也。"注："卬，犹姎也，语之转耳。"《方言》："蝇，东齐谓之羊。"注："此亦转语耳。今江东人呼'羊'声如'蝇'。凡此之类，皆不宜别立名也。"郭璞的意思是说，假若声音稍微有点变，就写成另一个词，是不好的，因为容易引起误会。这些地方看出郭璞能够不为文字所拘束，从语音上去考察语词相互间的关系。这种精神也是与扬雄一致的。

以上我们谈了五方面郭璞注《尔雅》《方言》在方法上或精神上共同的特点。这些特点也就是郭璞不同于他以前的传注家的地

① 参看黄侃：《文心雕龙札记》的《丽辞》《练字》等篇，文化学社1929年版。

方，尤其在充分利用活语言方面。比起汉儒解经繁琐的风气来，郭璞的注还有一个很大的特点，就是简明扼要，一点也不觉得罗苏①难懂。他觉得没有注解就能懂的，就不注。这就是他在《尔雅》序里所说的："其所易了，阙而不论"。自己也搞不清楚的，就不强作解释，只在注里说明"未详"。

至于《尔雅》和《方言》两书的注解在方法上有哪些不同呢？不同是有一些的。例如《尔雅》多引用古方言作注，而《方言》注很少引用；《尔雅》注对旧注多所勘正，而《方言》因为没有旧注，也就没有这个问题；《尔雅》注比较详尽，引用了近五十种古书，而《方言》注则比较简略，很少引经据典。这些都是分别，但是这里只提出最主要的一点来说：

《尔雅》所注的音是专为他自己的注文作的，不是为本文作的；而《方言》注音有的只是为本文作，有的也兼为注作。这个分别是王国维发现的②，是研究这两部书重要的关键之一。例如《尔雅》："㛐、怙，恃也。"注："今江东呼母为㛐，音'是'"；"暴雨谓之㴴。"注："今江东人呼夏日暴雨为涷雨，音东西之东。"郭璞的意思等于说："江东管母亲叫'是'，管夏天的暴雨叫'东雨'。原来'是'相当于古代语言的'㛐'字，'东雨'相当于古代的'涷雨'。'㛐''涷'本来各有自己的读音，不音'是'和'东'，我不过拿来标写当前口语里意义上相当的词罢了。"所以从郭璞所注的这些音里，可以看出同一个词古今的音变。可是郭璞《方言》注所注的音的作用就有些不同：有的所音的字注里没有只见于《方言》本文的，当然是为本文作而不是为注作。反过来，

---

① 编者按："罗苏"即"啰嗦"。

② 见《书尔雅郭注后》《书郭注方言后》《海宁王静安先生遗书》，《观堂集林》卷五，商务印书馆石印本。

所音的字不见于本文而只见于注，也当然是为注作的而不是为本文作的。这些不必举例自然明白。问题在于所音的字本文和注里都有，而音是在所引的晋代语词下面。那么，这音是兼为注作而不只是为本文作。例如："好，自关而东河济之间谓之媌。"注："今关西人呼好为媌，莫交反。"这个"莫交反"的音，实际上是音晋代关西的语音，而汉代关东的语音也可从这里推测上去。因为，晋代这个词只有音无字，而汉代有这么一个"媌"字却不知道该念什么音。郭璞就从意义上把这两方面串通起来。这是同《尔雅》音的方法类似而又有点儿不同的。郭璞《方言》的注音使许许多多原来不知道读什么音的字根据晋代的语音标出音来，这是一个大大的功劳。

我们读郭璞这两书的注，这方面的分别最需要搞清楚。

最后谈一谈晋代方言和古代方言的相互关系，从这些关系中我们看到汉语有哪些演变的痕迹。这一点是专就《方言》注来说的①。

扬雄和郭璞的时代相隔 200 多年，这期间，中国变乱相继，改朝换代了好几次，居民大规模地一再迁徙②。这些历史上的原因使汉语的情况起了许多变化，从《方言》注和本文的关系中我们可以看到下列情况：

（一）西汉某地方言词到了晋代有些已发展成为"通语"，例如："好，赵、魏、燕、代之间曰姝。"注："昌朱反，亦四方通语。""守宫，南楚谓之蛇医。"注："今所在通名蛇医耳。"这种注非常多。

① 王国维：《书郭注方言后二》。

② 参看《后汉书·董卓传》，《三国志·魏志·武帝纪》，《晋书·王导传》等史料。

（二）西汉某地方言词到了晋代是另一地方的话。例如："平原谓啼极无声谓之哓哴。"注："哴音亮，今关西语亦然。"草木刺人北燕朝鲜之间或谓之壮。"注："今淮南人亦呼壮。"对这些地方我们可以有两方面的了解：第一，在西汉时这些地带本来也有这个说法，只是扬雄没有调查得到。第二，这些地带的这些说法确实是扬雄以后才有的，从别的地方挪过来的。

（三）晋代的某个词虽然和西汉的相同，但是意义上有区别。例如："茹，食也。吴越之间，凡贪饮食者谓之茹。"注："今俗呼能粗食者为茹。""擘，楚谓之纫。"注："今以线贯针为纫。"这些地方也许汉代的某个词到晋代语义上已发生变化；或者这个词在各方言中意义上本来就有出入，扬雄当时只记了一个涵义，而现在郭璞又发现了另一个稍有区别的涵义。

（四）注里所说的某些词，《方言》里原来没有。这些词，也许是汉以后产生的新词，也许是西汉已经有，而扬雄没有机会碰到，就没有记。例如："燕齐之间，养马者谓之娠。"注："今之'温厚'也。""蜻蛉谓之蝍蛉。"注："六足四翼虫也，音灵。江东名为狐黎，淮南人呼蠊蚜，蠊言康，蚜音伊。"

从这些关系我们看到郭璞一方面承继了扬雄的精神，他的《方言》注等于《方言》的续篇，从多方面扩充了原书的内容，原书和郭注成了不可分割的整体。另一方面他反映了汉语词汇历史演变的许多痕迹。王国维说："读子云（扬雄的'字'）书可知汉时方言；读景纯（郭璞的'字'）注并可知晋时方言。张伯松谓《方言》为悬之日月不刊之书，景纯之注亦略近之矣。"这话是深切了解郭璞的。

论著目录

说明

1.《方言》版本及其校注本不列。

2. 本目录分序跋稽考、整体研究、专题研究和注家研究四类排列，每类按作品发表时间先后排列，收录范围为 1900 年 1 月—2019 年 6 月国内学者发表的作品。

3. 专著中的章节依“作者　章节名　著作名　出版社　时间”例列出。

4. 同一篇文章若有不同出处，将不同出处列于同一条下，如“罗常培:《扬雄〈方言〉在中国语言学史上的地位——〈《方言》校笺及通检〉序》,《光明日报》1950 年 10 月 22 日;《〈方言〉校笺及通检》，科学出版社 1956 年版;《罗常培语言学论文选集》，中华书局 1963 年版;《〈方言〉校笺》(附索引)，中华书局 1993 年版”。若修改后再次刊行，则分列两条，如“鲁国尧:《‘方言’的涵义》,《语言教学与研究》1992 年第 1 期”和“鲁国尧《‘方言’和〈方言〉》,《鲁国尧自选集》，河南教育出版社 1994 年版”。

5. 本目录中 2019 年 3 月 31 日之前的内容为华学诚先生搜集所得，其中 2010 年 10 月 31 日之前的内容已作为《扬雄〈方言〉

校释论稿》的附录发表；其余内容为本书编者检索所得。

一、序跋稽考类

王仁俊：《〈方言〉佚文》，《玉函山房辑佚书续编三种》，上海古籍出版社1989年版。

叶瀚：《扬雄〈方言〉存没考》，《晚学庐丛稿》，上海图书馆藏稿本。

黄仲琴：《扬雄的姓》，《岭南学报》1931年第1期。

丁惟汾：《〈方言音释〉序》，《方言音释》，齐鲁书社1985年版。

王重民：《〈方言考〉序》，《图书馆馆学季刊》1932年第2期；《冷庐文薮》，上海古籍出版社1992年版。

吴予天：《〈方言注商〉序》，《方言注商》，商务印书馆1936年版。

黄肇平：《关于编纂方言诂林的话》，《说文月刊》1939年第9期。

罗常培：《扬雄〈方言〉在中国语言学史上的地位——〈方言校笺及通检〉序》，《光明日报》1950年10月22日；《〈方言〉校笺及通检》，科学出版社1956年版；《罗常培语言学论文选集》，中华书局1963年版；《〈方言〉校笺》（附索引），中华书局1993年版。

周祖谟：《方言校笺自序》，《〈方言〉校笺及通检》，科学出版社1956年版；《〈方言〉校笺》（附索引），中华书局1993年版。

周法高：《〈方言疏证〉跋》，《中国语文论丛》，台湾正中书局1963年版、1981年版。

洪诚：《“扬雄答刘歆书”之说明》，《中国历代语言文字学文选》，江苏人民出版社 1982 年版。

马学良：《〈方言〉考原》，傅懋勣、周定一等主编：《罗常培纪念论文集》，商务印书馆 1984 年版。

束景南：《〈别字〉即〈方言〉考》，《文史》1994 年第 39 辑。

李致忠：《北京图书馆藏宋版书叙录》（十六），《文献》1994 年第 3 期。

二、整体研究类

刘师培：《〈方言〉条例——一义数字，一物数名》，《刘申叔先生遗书·中国文学教科书第 1 册第 35 课·训诂书释例》，下宁南武氏排印本，1936 年。

吴予天：《方言注商》，商务印书馆 1936 年版。

黄侃：《方言、方音》，《文字声韵训诂笔记》，上海古籍出版社 1983 年版。

董作宾：《方言学家扬雄年谱》，《中山大学语言历史研究所周刊》1929 年第 85 期。

崔骥：《方言考》，《图书馆馆学季刊》1932 年第 2 期。

何仲英：《两汉方言》，《训诂学引论》，商务印书馆 1933 年版。

汪国镇：《〈尔雅·释言〉系之专著〈方言〉》，《文字学概论》，商务印书馆 1937 年版、上海书店 1989 年版、南通家刻本 2002 年版；《民国沪上初版书·复制版》，上海三联书社 2014 年版。

汤炳正：《汉代语言文字学家扬雄年谱》，《语言之起源》《论学》1937 年第 4—7 期；《语言之起源》，台北贯雅文化事业公司 1990 年版、三晋出版社 2015 年版。

胡朴安：《方言派之训诂》，《中国训诂学史》，商务印书馆 1939 年版、台湾商务印书馆 1978 年版、北京市中国书店 1983 年版、上海书店 1984 年版。

蔡凤圻：《五雅及〈方言〉的分类》，《说文月刊》1939 年第 2 期。

齐佩瑢：《理论的训诂学》，《训诂学概论》，国立河北编译馆 1943 年版、广文书局 1970 年版、中华书局 1984 年版。

杨树达：《读〈方言〉书后》，《积微居小学述林》，中华书局 1954 年版。

周因梦：《扬雄和他的〈方言〉——中国语言学史话之一》，《中国语文》1956 年第 5 期。

濮之珍：《〈方言〉与〈尔雅〉的关系》，《学术月刊》1957 年第 12 期。

岑麒祥：《扬雄的〈方言〉》，《语言学史概要》，科学出版社 1958 年版、北京大学出版社 1988 年版、世界图书出版公司 2008 年版。

袁家骅等：《汉语方言发展的历史鸟瞰——上古时期》，《汉语方言概要》，文字改革出版社 1960 年版、文字改革出版社 1983 年版、语文出版社 2001 年版。

殷孟伦：《〈尔雅〉〈方言〉简析》，《山东大学学报》1961 年第 2 期。

王力：《方言学的兴起》，《中国语言学史》，山西人民出版社 1981 年版。

赵振铎：《〈方言〉简论》，《成都晚报》1963 年 3 月 15 日。

刘叶秋：《第一部方言词典——〈方言〉》，《中国古代的字典》，中华书局 1963 年版。

丁介民：《方言考》，台湾中华书局 1969 年版。

胡楚生：《方言简说》，《训诂学大纲》，兰台书局 1972 年版、1985 年版。

丁介民：《扬雄年谱》，台北菁华出版社 1975 年版。

林明波：《方言之属》，《唐以前小学书之分类与考证》，台湾商务印书馆 1975 年版。

赵振铎：《扬雄〈方言〉是对〈《尔雅〉的发展》，《社会科学研究》1979 年第 4 期。

黄典诚：《〈方言〉及其注本》，《辞书研究》1982 年第 3 期。

苑育新：《辛勤编写〈方言〉的扬雄》，《辞书研究》1982 年第 3 期。

左民安：《我国第一部方言词典〈方言〉》，《文史知识》1982 年第 4 期。

刘叶秋：《方言词典的先河——〈方言〉》，《中国字典史略》，中华书局 1983 年版。

任铭善：《汉代以前的方言音》，《汉语语音史要略》，河南人民出版社 1984 年版。

何耿镛：《扬雄的〈方言〉》，《汉语方言研究小史》，山西人民出版社 1984 年版。

殷孟伦：《〈方言〉与汉语方言研究的古典传统》，《子云乡人类稿》，齐鲁书社 1985 年版。

杨端志：《扬雄和〈方言〉》，《训诂学》（下），山东文艺出版社 1985 年版、五南图书出版股份有限公司 1997 年版。

张永言：《方言》，《训诂学简论》，华中工学院出版社 1985 年版、复旦大学出版社 2015 年版。

陆侃如：《扬雄年谱》，《中古文学系年》，人民文学出版社 1985 年版。

何九盈：《汉代方言学》，《中国古代语言学史》，河南人民出版社 1985 年版、广东教育出版社 2005 年版、北京大学出版社 2006 年版、商务印书馆 2015 年版。

濮之珍：《扬雄的语言观及其〈方言〉一书的成就、〈方言〉的研究》，《中国语言学史》，上海古籍出版社 1987 年版。

胡奇光：《扬雄奠定小学的基础》，《中国小学史》，上海人民出版社 1987 年版、上海人民出版社 2005 年版。

陈桥驿：《中国古代的方言地理学——〈方言〉与〈水经注〉在地理学上的成就》，《中国历史地理论丛》（季刊）1988 年第 1 期。

赵振铎：《扬雄的〈方言〉》，《训诂学史略》，中州古籍出版社 1988 年版。

傅鉴明：《扬雄的〈方言〉与历史比较语言学》，《成都大学学报》（社会科学版）1988 年第 3、4 期。

黄典诚：《方言》，《训诂学概论》，福建人民出版社 1988 年版。

刘又辛、李茂康：《方言》，《训诂学新论》，巴蜀书社 1989 年版。

徐文炎：《汉扬雄〈方言〉开拓了训诂新径》，《新疆大学学报》（哲学社会科学版）1990 年第 2 期。

阎玉山：《〈方言〉宗〈尔雅〉说辨疑》，《古籍整理研究学刊》1990 年第 3 期。

李恕豪：《论扬雄〈方言〉中的几个问题》，《古汉语研究》

1990 年第 3 期。

李开：《〈方言〉总体结构及其对〈尔雅〉古今语的记述》，《古汉语研究》1990 年第 4 期。

曹先擢、杨润陆：《方言》，《古代词书讲话》，上海教育出版社 1990 年版。

滕瑞：《扬雄》，《十大语文学家》，上海古籍出版社 1990 年版。

康建常：《扬雄的语言观及其〈方言〉的价值》，《殷都学刊》1991 年第 1 期、《复印报刊数据·语言文字学》1991 年第 4 期。

钱曾怡：《方言》，《中国语言学要籍解题》，齐鲁书社 1991 年版。

鲁国尧：《“方言”的涵义》，《语言教学与研究》1992 年第 1 期。

杨钢：《扬雄〈方言〉的历史词汇学价值》，《当代电大》1992 年第 4 期。

濮之珍：《扬雄》，《中国历代语言学家评传》，复旦大学出版社 1992 年版。

赵振铎：《扬雄》，吉常宏、王佩增编：《中国古代语言学家评传》，山东教育出版社 1992 年版。

游汝杰：《方言》，《中国学术名著提要·语言文字卷》，复旦大学出版社 1992 年版。

姜隶华：《方言》，《中国传统语言学要籍述论》，书目文献出版社 1992 年版。

游汝杰：《传统方言学时期》《方言学史概要》，《汉语方言学导论》，上海教育出版社 1992 年版、2000 年版。

刘君惠、李恕豪、杨钢、华学诚：《扬雄方言研究》，巴蜀书社 1992 年版。

顿嵩元：《〈方言〉及〈方言〉对〈说文〉的影响》，河南省语言学会编：《汉语论丛》第 2 辑，河南大学出版社 1992 年版。

顾汉松：《扬雄是怎样写作〈方言〉的》，陈必祥主编：《古代汉语三百题》，上海古籍出版社 1993 年版。

杨钢：《〈方言〉体例发凡》，《昭通师专学报》（社会科学版）1993 年第 2 期。

李智明：《中国第一部方言学著作〈方言〉》，《中国古代语言学史稿》，贵州教育出版社 1993 年版。

李开：《汉代的方言学奠基之作〈方言〉》，《汉语言研究史》，江苏教育出版社 1993 年版。

扬雄著，张震泽校注：《扬雄年表》，《扬雄集校注》，上海古籍出版社 1993 年版。

鲁国尧：《"方言"和〈方言〉》，《鲁国尧自选集》，河南教育出版社 1994 年版。

林庆勋、竺家宁、孔仲温：《扬雄〈方言〉》，《文字学》，"国立"空中大学 1995 年版。

符淮青：《扬雄〈方言〉》，《汉语词汇学史》，安徽教育出版社 1996 年版。

徐超：《〈方言〉》，《中国传统语言文字学》，山东大学出版社 1996 年版。

高小方：《〈方言〉郭注及其版本、有关〈方言〉的研究资料》，《中国语言文字学史料学》，南京大学出版社 1998 年版。

郭成韬：《中国古代语言学名著选读·〈方言〉》，中国人民大学出版社 1998 年版。

申小龙：《中国语文传统的范式变革——论扬雄的〈方言〉》，

《中国海洋大学学报》（社会科学版）1998年第4期。

申小龙：《汉代〈方言〉的经学超越与范式更新》，《学术月刊》1998年第12期。

赵振铎：《扬雄〈方言〉在语言学史上的地位》，张之强、许嘉璐：《古汉语论集》第二辑，湖南教育出版社1998年版。

赵振铎：《方言词汇的收集和〈方言〉》，《中国语言学史》，河北教育出版社2000年版、商务印书馆2017年版。

王宝刚：《传世藏书本〈方言〉校勘献疑》，《古籍整理研究学刊》2000年第2期。

李峰、靳爱红：《〈方言〉：开创中国方言之学的经典之作》，《洛阳师范学院学报》2000年第4期。

王宝刚：《传世藏书本〈方言〉标点商榷十二例》，《淮海工学院学报》2000年第52期。

王青：《扬雄年谱》，《扬雄评传》，南京大学出版社2000年版。

林贞爱：《扬雄年谱》，《扬雄集校注》，四川大学出版社2001年版。

邓文彬：《中国古代方言学的建立与扬雄〈方言〉的地位和影响》，《西南民族学院学报》（哲学社会科学版）2001年第4期。

陆华：《论〈方言〉对〈尔雅〉古今语的记述》，《南宁师范高等专科学校学报》2001年第3期。

华学诚：《〈方言〉研究的历史鸟瞰》，《汉语方言学史研究》，台湾艺文印书馆2001年版。

康素娟：《西汉扬雄〈方言〉浅议》，《陕西教育学院学报》2002年第2期。

华学诚：《扬雄和他的〈方言〉、扬雄〈方言〉的历史评价》，

《周秦汉晋方言研究史》，复旦大学出版社 2003 年版、2007 年版。

韩建立：《〈方言〉与扬雄的语言思想》，《长春大学学报》2003 年第 2 期。

刘敏：《由〈尔雅〉、〈方言〉、〈说文〉、〈释名〉看汉代训诂的发展》，暨南大学硕士学位论文，2003 年。

郭君铭、彭澜：《〈方言〉的创作与扬雄的民族思想》，《中华文化论坛》2004 年第 3 期。

郭君铭：《论扬雄“在夷貉则引之”的民族思想》，《中央民族大学学报》2005 年第 5 期。

柳玉宏：《论〈方言〉的学术价值》，宁夏大学硕士学位论文，2005 年。

邓文彬：《方言学的兴起与中国古代第一部方言学专著——扬雄的〈方言〉》，《中国语言学史》，北京交通大学出版社 2006 年版。

华学诚等：《扬雄方言校释汇证》，中华书局 2006 年版。

华学诚：《近 15 年来的扬雄〈方言〉研究与我们对〈方言〉的整理》，《南开语言学刊》2007 年第 1 期。

华学诚：《20 世纪以来的〈方言〉整理》，《中文自学指导》2007 年第 5 期。

华学诚：《论扬雄〈方言〉的历代整理——为贺佐藤进教授六十华诞而作》，《佐藤进教授还历记念·中国语学论集》，[日本] 株式会社好文出版社 2007 年版。

邵则遂：《浅谈扬雄方言研究后继乏人的原因》，《光明日报》2007 年 10 月 11 日。

王宝刚：《〈方言〉简注》，中央文献出版社 2007 年版。

王智群：《〈方言〉与扬雄词汇学思想研究》，华东师范大学博士学位论文，2007 年。

陈艳静、王红霞：《古代语言学的继承与发展——论扬雄的〈方言〉与〈尔雅〉的传承》，《新西部》（下半月）2009 年第 3 期。

陈安：《〈尔雅〉与〈方言〉》，《商周刊》2009 年第 16 期。

李琦：《悬诸日月而不刊之著——〈方言〉》，《考试周刊》2009 年第 11 期。

宋益丹：《〈方言〉——悬诸日月不刊之书》，《山花》2009 年第 10 期。

徐时仪：《扬雄的〈方言〉》，《语言文字》，南京大学出版社 2009 年版。

竺家宁：《古代方言词汇的纪录——扬雄〈方言〉》，《词汇之旅》，正中书局股份有限公司 2009 年版。

余志鸿：《四部辞书（上）——同义词典〈尔雅〉和地域语言词典〈方言〉》，《语文世界》（教师之窗）2010 年第 6 期。

华学诚：《扬雄〈方言〉校释论稿》，高等教育出版社 2011 年版。

白彦：《近 60 年来〈方言〉学研究》，兰州大学硕士学位论文，2011 年。

杨建忠：《扬雄〈方言〉楚方言标音字表》，《秦汉楚方言声韵研究》，中华书局 2011 年版。

杨博显：《浅析〈方言〉对于〈尔雅〉的传承和发展》，《北方文学》（下半月）2012 年第 6 期。

华学诚、徐研雁：《扬雄〈方言〉及其研究述评》，《苏州大学学报》2013 年第 1 期。

孟昭水：《扬雄的〈方言〉》，《训诂通论与实践》，中国书籍出版社 2013 年版。

远山、张仕芳：《扬雄外传》，中国社会出版社 2014 年版。

钱荣贵：《扬雄〈方言〉的编纂宗旨与编纂方法论》，《辞书研究》2015 年第 3 期。

李正银：《扬雄在蜀》，《文史杂志》2015 年第 6 期。

吴泽顺：《扬雄与〈方言〉》，《清以前汉语音训材料整理与研究》，商务印书馆 2016 年版。

三、专题研究类

黄侃：《〈方言〉声类表》，《黄侃声韵学未刊稿》（下），武汉大学出版社 1985 年版。

林语堂：《汉代方音考》，《语丝》1925 年第 31 期。

林语堂：《前汉方音区域考》，《贡献》1927 年第 2、3 期。

刘盼遂：《〈说文〉汉语疏》，《国学论丛》第 2 号，商务印书馆 1930 年版。

何格恩：《〈说文〉里所见的〈方言〉》，《岭南学报》1932 年第 2 期。

罗常培：《释重轻》，《历史语言研究所集刊》1932 年第 4 期；《罗常培语言学论文选集》，中华书局 1963 年版。

丁惟汾：《〈方言〉音释》，齐鲁书社 1985 年版。

林语堂：《前汉方音区域考》，《语言学论丛》，开明书店 1933 年版、上海书店 1989 年版。

王步洲：《〈方言〉声类考叙例》，《河南大学学报》1934 年第 2 期。

李道中：《许氏〈说文〉所称别国殊语与扬氏〈方言〉异同条证》，《文澜学报》1936 年第 2 期。

郭豫才：《〈说文〉方言迻录后记》，《河南博物馆馆刊》1936年第4—5期、1937年第7—8期。

蔡凤圻：《〈方言〉声转说》，《说文月刊》1940年第8期。

杜道生：《〈方言〉用古地名说》，《志学》1944年第15期。

沈兼士：《扬雄〈方言〉中有切音》，《沈兼士学术论文集》，中华书局1986年版。

马汉麟：《扬雄〈方言〉有切音辨》，《新生报》（北平）1948年3月9日、3月16日。

罗常培、周祖谟：《扬雄〈方言〉和汉代方言的地理区域》，《汉魏晋南北朝韵部演变研究》（第一分册），科学出版社1958年版。

马宗霍：《〈说文解字〉引方言考》，科学出版社1959年版。

黄绮：《关于上古汉语鼻音尾的问题——"扬雄方言音辨"问题之一》，《河北大学学报》（哲学社会科学版）1962年第3期。

黄绮：《论声母分合——"扬雄方言音辨"问题之一》，《河北大学学报》（哲学社会科学版）1962年第3期、1963年第4期、1964年第5期。

濮之珍：《〈方言〉母题重见研究》，《中国语文》1966年第1期。

孔在锡：《汉代〈方言〉朝鲜方音》，《东洋学》1975年6月第5期。

严耕望：《扬雄所记先秦方言地理区》，《新亚书院学术年刊》1975年第17期。

易祖洛：《〈楚辞〉方言今证》，吴文祺主编：《语言文字研究专辑》（下），上海古籍出版社1986年版。

周振鹤、游汝杰：《两汉时代方言区划的拟测》，《方言与中国文化》，上海人民出版社 1986 年版、1998 年版、2006 年版、2015 年版、2019 年版。

黄树先：《〈方言〉转语的声纽研究》，华中师范学院硕士学位论文，1987 年。

李敬忠：《〈方言〉中的少数民族语词试析》，《民族语文》1987 年第 3 期。

冷玉龙：《〈方言〉"通语"再研究》，《南充师院学报》（哲学社会科学版）1988 年第 1 期。

王一军：《扬雄〈方言〉语转说探微》，《十堰职业技术学院学报》1989 年第 2 期。

余行达主编：《扬雄〈方言〉》，《古代汉语》，东北师范大学出版社 1989 年版。

赵振铎：《扬雄〈方言〉里的同源词》，吕叔湘等：《语言文字学术论文集——庆祝王力先生学术活动五十周年》，知识出版社 1989 年版。

郭振兰：《〈尔雅〉中的方言词》，《语言文学论丛》（三），北京师范学院出版社 1990 年版。

刘宜善：《试论〈方言〉名物的联类同名》，《语文学刊》1990 年 4 期。

于皿：《读〈方言〉拾零》，《苏州科技学院学报》（社会科学版）1990 年第 2 期。

袁晖、宗廷虎：《扬雄的文质并重观》，《汉语修辞学史》，安徽教育出版社 1990 年版。

郑子瑜：《扬雄》，《中国修辞学史》，文史哲出版社 1990 年版。

丁启阵：《秦汉方言》，东方出版社 1991 年版。

李恕豪：《〈方言〉中的齐鲁方言》，《天府新论》1991年第3期。

汪寿明：《〈广韵〉与方言》，《华东师范大学学报》（哲学社会科学版）1991年第6期。

周振甫：《扬雄》，《中国修辞学史》，商务印书馆1991年版。

李恕豪：《〈方言〉中的卫宋方言》，《天府新论》1992年第1期。

李恕豪：《〈方言〉中的秦晋方言》，《四川师范大学学报》（社会科学版）1992年第1期。

杨钢：《〈方言〉研究三题》，《古汉语研究》1992年第3期。

刘君惠、李恕豪、杨钢、华学诚：《扬雄方言研究》，巴蜀书社1992年版。

汪启明：《扬雄〈方言〉中的"东齐"考辨》，《四川大学学报》（哲学社会科学版）1993年第3期。

刘世俊、张博：《说"转语"》，《宁夏社会科学》1993年第5期。

张步天：《古代方言地理》，《中国历史文化地理》，湖南教育出版社1993年版。

周祖谟：《汉代的方言》，《周祖谟学术论著自选集》，北京师范学院出版社1993年版。

李敬忠：《扬雄〈方言〉中的少数民族语词》，《语言演变论》，广州出版社1994年版。

王群生：《扬雄〈方言〉中的荆沙方言词》，《湖北荆沙方言》，武汉大学出版社1994年版。

庞月光：《注解〈方言〉札记》，《北京教育学院学报》1995年第1期。

曹小云：《王国维〈方言〉研究述略》，《江苏大学学报》（高教研究版）1995年第3期。

徐复：《〈方言〉补释》，《徐复语言文字学论稿》，江苏教育出版社1995年版。

冯蒸：《〈说文〉中方言和非汉语同义词考》，《〈说文〉同义词研究》，首都师范大学出版社1995年版。

刘川民：《〈蜀语〉引〈方言〉考》，《川北教育学院学报》1996年第1期。

叶爱国：《〈方言〉无“阿婸”》，《中国语文》1996年第1期。

李昭莹：《扬雄〈方言〉同源词研究——以秦晋方言和楚方言为例》，台湾大学硕士学位论文，1997年。

汪寿明：《〈广韵〉引扬雄〈方言〉考》，《语言文学学刊》第一辑，汉语大词典出版社1998年版。

赵振铎、黄峰：《扬雄〈方言〉里的外来词》，《中华文化论坛》1998年第2期。

赵振铎、黄峰：《〈方言〉里的秦晋陇冀梁益方言》，《四川大学学报》（哲学社会科学版）1998年第3期。

马重奇：《〈类篇〉方言考——兼评张慎仪〈方言别录〉所辑唐宋方言》，《汉语音韵学论稿》，巴蜀书社1998年版。

汪启明：《先秦两汉齐语研究》，巴蜀书社1998年版。

白兆麟：《〈方言〉双音词探析》，《古籍整理研究学刊》1999年第2期。

李建国：《扬雄和方言研究》，《汉语规范史略》，语文出版社2000年版。

吴永焕：《从〈方言〉所记地名看山东方言的分区》，《文史哲》2000年第6期。

赵彤：《汉代方音研究》，北京大学硕士学位论文，2000 年。

张隆华、曾仲珊：《司马迁、扬雄的语文实践及其对语文教育的影响》，《中国古代语文教育史》（第 2 版），四川教育出版社 2000 年版。

陈立中：《论扬雄〈方言〉中南楚方言与楚方言的关系》，《湘潭大学社会科学学报》2001 年第 5 期。

华学诚：《扬雄〈方言〉“奇字”考——兼析〈方言〉“奇字”的表词特点》，《汉语方言学史研究》，台湾艺文印书馆 2001 年版。

涂良军：《云南方言的纵向比较》，《云南方言词汇比较研究》，云南大学出版社 2001 年版。

王临惠：《〈方言〉中所见的一些晋南方言词琐谈》，《山西师大学报》（社会科学版）2001 年第 1 期。

赵和平：《〈方言〉音义关系例释》，《沙洋师范高等专科学校学报》2001 年第 1 期。

邹酆：《试论扬雄的字典编纂论》，《辞书学探索》，湖北人民出版社 2001 年版。

陈立中：《从扬雄〈方言〉看汉代南岭地区的方言状况》，《韶关学院学报》（社会科学版）2002 年第 4 期。

张丽霞：《扬雄〈方言〉词汇嬗变研究》，山东师范大学硕士学位论文，2002 年。

李恕豪：《扬雄〈方言〉中仅见于楚地的方言词语研究》，《语言历史论丛》（第二辑），巴蜀书社 2008 年版。

华学诚：《〈方言〉“奇字”研究》，《周秦汉晋方言研究史》，复旦大学出版社 2003 年版、2007 年版；上海人民出版社 2014 年版。

刘红花：《〈广韵〉所记“方言”词》，《古汉语研究》2003 年第2期。

蔡晓：《由扬雄〈方言〉看泌阳话中古语的遗留》，《天中学刊》2003年第3期。

曹小云：《〈方言〉学史札记二则》，《黄山学院学报》2003年第3期。

黄革：《见于〈方言〉中的柳州方言词》，《广西右江民族师专学报》2003年第5期。

李恕豪：《扬雄〈方言〉与方言地理学研究》，巴蜀书社2003年版。

汪启明：《扬雄〈方言〉中的"东齐"考辨》，《汉小学文献语言研究丛稿》，巴蜀书社2003年版。

于建松：《语转源流说略》，山东师范大学硕士学位论文，2003年。

柏亚东：《〈文选〉李善注引〈方言〉考》，华东师范大学硕士学位论文，2004年。

李莉：《扬雄〈方言〉与现代关中话相关词汇之比较研究》，《中山大学研究生学刊》2004年第1期。

黄志明：《〈方言〉母题研究》，华中科技大学硕士学位论文，2004年。

张兵：《扬雄〈法言〉语言艺术特色初探》，《西华师范大学学报》（哲学社会科学版）2004年第3期。

陈灿、顾丹霞：《从〈方言〉看〈周易〉古经中的方言词》，《湖州师范学院学报》2005年第3期。

陈若愚：《扬雄〈方言〉全称语意辨》，《大理学院学报》2005年第4期。

董志翘：《扬雄〈方言〉与中古、近代汉语词语溯源二例》，

《语文研究》2005年第4期。

方敏：《从〈说文〉看扬雄、杜林的小学贡献》，《汉字研究》第1辑，学苑出版社2005年版。

华学诚：《〈方言〉校释商补》，《文史》2005年第2辑。

梁晓虹等：《佛经音义与方言词研究》，《佛经音义与汉语词汇研究》，商务印书馆2005年版。

王彩琴：《〈方言〉中的字与方言词》，《漳州师范学院学报》（哲学社会科学版）2005年第4期。

徐时仪：《玄应〈众经音义〉引〈方言〉考》，《方言》2005年第1期。

张文轩：《兰州方言的历史演变（一）——由〈方言〉所见西汉方言词汇》，《甘肃高师学报》2005年第4期。

赵振兴、顾丹霞：《从〈方言〉看〈周易〉部分方言语词与传统解经》，《语言研究》2005年第2期。

顿嵩元、王云英：《扬雄〈方言〉及其对〈说文〉的影响》，《说文学研究》第2辑，崇文书局2006年版。

富翠红、赵力楠：《浅析〈方言〉词汇的演变》，《辽宁行政学院学报》2006年第11期。

华学诚：《〈方言〉校释零札八则》，《古汉语研究》2006年第1期。

康素娟：《〈方言〉秦语音义考释》，《陕西教育学院学报》2006年第1期。

马莲：《〈扬雄集〉词汇研究》，华东师范大学博士学位论文，2006年。

王彩琴：《扬雄〈方言〉借音字考》，《河南大学学报》2006年第1期。

王彩琴：《扬雄〈方言〉用字研究》，华东师范大学博士学位论文，2006 年。

王智群：《试论〈方言〉中的“或曰”“亦曰”“又曰”》，《中文自学指导》2006 年第 6 期。

吴根平：《〈文选〉李善注引〈方言〉考辨（四则）》，《江西省语言学会 2006 年年会论文集》（尚未出版）。

李长兴：《〈方言〉时代汉苗源词研究》，彰化师范大学硕士学位论文，2006 年。

华学诚：《〈孙诒让札迻方言校语〉笺记》，《民俗典籍文字研究》第 3 辑，商务印书馆 2006 年版。

柏亚东：《〈文选〉李善注误引〈方言〉例考》，《兰州学刊》2007 年第 11 期。

查学军：《〈方言〉〈续方言新校补〉〈方言别录〉方言词分布及词义研究》，华中科技大学硕士学位论文，2007 年。

富翠红：《扬雄〈方言〉疑难字疏说》，兰州大学硕士学位论文，2007 年。

柳玉宏：《说“通语”——扬雄〈方言〉术语商榷》，《兰州学刊》2007 年第 5 期。

宋玉昆：《西汉方言区的划分》，广陵书社 2007 年版。

王彩琴：《〈方言〉用字与〈说文〉初探》，《河南社会科学》2007 年第 6 期。

王彩琴：《试论〈方言〉用字中的方音标音材料》，《洛阳工业高等专科学校学报》2007 年第 4 期。

王祎、张玉春《〈汉书·艺文志〉著录小学类文献琐议》，《兰州大学学报》（社会科学版）2008 年第 1 期。

张丽霞：《扬雄〈方言〉词汇的历史嬗变及其现代意义》，《管子学刊》2007 年第 4 期。

柏亚东：《〈文选〉李善注征引〈方言〉的特点及评价》，《南阳师范学院学报》2008 年第 11 期。

华学诚、马莲：《扬雄〈蜀都赋〉词语札记》，《语言科学》2008 年第 2 期。

华学诚、马莲：《扬雄〈蜀都赋〉词语注商》，《语文研究》2008 年第 2 期。

齐畅：《浅析〈方言〉中地域对古方言的影响》，《吉林省教育学院学报》2008 年第 1 期。

王彩琴：《扬雄〈方言〉联绵词初探》，《平顶山学院学报》2008 年第 6 期。

杨晓红：《〈方言〉与鲁南农村生活用语本字考》，《农业考古》2008 年第 3 期。

杨晓宏：《〈方言〉与鲁南方言词汇的古今词义演变》，《宿州教育学院学报》2008 年第 4 期。

杨晓红：《〈方言〉与鲁南方言词义的古今传承》，《济南职业学院学报》2008 年第 3 期。

陈正杰：《西汉方言地理区研究——以〈方言〉地名组合的试算为例》，台湾淡江大学硕士学位论文，2008 年。

王彩琴：《试论扬雄〈方言〉的“用字之奇”》，《洛阳理工学院学报》2009 年第 1 期。

王彩琴：《扬雄〈方言〉用字考论》，《民俗典籍文字研究》第 6 辑，商务印书馆 2009 年版。

连淑敏：《扬雄〈方言〉中“杯”这一词条中词的词源浅探》，《和田师范专科学校学报》2009 年第 3 期。

聂宛忻：《高丽藏本慧苑音义征引的〈方言〉》，《语言研究》

2009 年第 3 期。

谢荣娥：《论扬雄〈方言〉的“楚”与“南楚”》，《求索》2009 年第 8 期。

芜崧：《扬雄〈方言〉中的荆楚方言词汇释》，《荆楚理工学院学报》2009 年 10 期。

刘信芳：《楚简释读与〈方言〉补例试说》，《文献》2010 年第 3 期。

魏锦：《以扬雄〈方言〉为依据的汉代方言分区研究综述》，《重庆广播电视大学学报》2010 年第 5 期。

高光新：《从〈方言〉看西汉时期的河北方言》，《唐山师范学院学报》2010 第 6 期。

刘兴策：《从扬雄〈方言〉到现代汉语方言学》，《刘兴策文集》，武汉大学出版社 2010 年版。

华学诚：《〈康熙字典〉引〈扬子方言〉考》，《汉语史学报》第 11 辑，上海教育出版社 2011 年版。

路广：《从语言运用看文学风格差异——以〈法言〉〈扬雄集〉为例》，《社会科学家》2011 年第 7 期。

马莲：《从〈扬雄集〉看〈汉语大词典〉的修订》，《现代语文》（语言研究版）2011 年第 5 期。

马莲：《〈扬雄集〉词汇研究》，高等教育出版社 2011 年版。

王智群：《扬雄〈方言〉词汇与汉代农牧业》，《台州学院学报》2011 年第 2 期。

孙玉文：《扬雄〈方言〉与方言特征词的判定问题——以〈方言〉部分方言词的重复注释为例证》，《湖北大学学报》2011 年第 5 期。

孙玉文：《扬雄〈方言〉折射出的秦汉方音》，《语言学论丛》

第 44 辑，商务印书馆 2011 年版。

王彩琴：《扬雄〈方言〉用字研究》，高等教育出版社 2011 年版。

王智群：《〈方言〉与扬雄词汇学》，高等教育出版社 2011 年版。

吴吉煌：《两汉方言词研究——以〈方言〉〈说文〉为基础》，高等教育出版社 2011 年版。

谢荣娥：《秦汉时期楚方言区文献的语音研究》，高等教育出版社 2011 年版。

魏现军、孙强：《〈玉篇〉引〈方言〉考探》，《宁夏大学学报》2012 年第 3 期。

孙长彦：《〈方言〉的语境思想》，《传统训诂学的语境思想》，中国社会科学出版社 2012 年版。

锺如雄、杨华东：《西汉语言学家“扬雄”本姓再考》，《汉语史研究集刊》（第十五辑），巴蜀书社 2012 年版。

陈琳：《“党”“懂”之知晓义考》，《现代语文》（学术综合版）2013 年第 12 期。

陈树：《从扬雄〈方言〉看扬州话中的古语遗留》，《宁夏大学学报》2013 年第 1 期。

杜俊平、高亮：《论偃师话中保存的〈方言〉古语词》，《衡水学院学报》2013 年第 5 期。

王雪冰：《司马相如与扬雄赋对于〈楚辞〉语词祖述之异》，《六盘水师范学院学报》2013 年第 1 期。

张钰翰：《北宋扬雄〈法言〉〈太玄〉疏解著述考》，《理论界》2013 年第 7 期。

梁超：《〈睡虎地秦墓竹简〉中所见方言词汇拾补——以〈方

言〉〈说文〉为基础》，《河北北方学院学报》（社会科学版）2014年第5期。

郑漫、赖慧玲：《扬雄〈方言〉词汇与汉代社会体系管窥》，《重庆三峡学院学报》2014年第6期。

王彩琴：《扬雄〈方言〉里的河洛方言》，《河南社会科学》2014年第12期。

宫婕：《〈反离骚〉“綦”字考释与文学解读》，《文学评论》2015年第8期。

谢荣娥：《论扬雄〈方言〉楚地词“革”源自古越语》，《中南民族大学学报》（人文社会科学版）2015年第3期。

杨春宇、王媛：《扬雄〈方言〉所见的幽燕方言》，《辽宁师范大学学报》（社会科学版）2015年第6期。

郑漫：《扬雄〈方言〉词汇与汉代日常生活》，《西昌学院学报》（社会科学版）2015年第1期。

朱皋：《〈方言〉所记古朝鲜语与现代朝鲜语“无一近似”解》，《濮阳职业技术学院学报》2016年第2期。

吴吉煌：《〈方言〉“标音材料”及其与“转语”的关系》，《语文研究》2016年第3期。

谢荣娥：《论扬雄〈方言〉楚地词“蘸苤”》，《中南民族大学学报》（人文社会科学版）2016年第3期。

谢荣娥：《论扬雄〈方言〉楚地词“摩”》，《民族语文》2016年第6期。

刘洪涛：《〈方言〉“散，杀也”疏证》，《语言科学》2017年第1期。

王彩琴：《扬雄〈方言〉中的文化词语探析》，《盐城工学院学报》（社会科学版）2017年第1期。

王欢、邵则遂：《探析古楚方言词“飵”》，《绍兴文理学院学报》（哲学社会科学版）2017 年第 2 期。

周玉萍：《扬雄《法言》语言学思想研究》，《六盘水师范学院学报》2017 年第 2 期。

董志翘：《扬雄〈方言〉辩证一则》，《中国语文》2017 年第 3 期。

陈红：《〈方言〉中的“知”与“晓”》，《文教资料》2017 年 12 期。

刘智明：《扬雄〈方言〉注音释义研究》，湖南师范大学硕士学位论文，2018 年。

王雪波：《从语言风格角度试证〈方言〉作者》，《文献语言学》第 5 辑，中华书局 2018 年版。

孙改霞：《上古词语在晋南方言中的遗存——以〈尔雅〉与〈方言〉为例》，《山西大同大学学报》（社会科学版）2018 年第 2 期。

裴新华：《扬雄〈方言〉在今侯马方言中的痕迹》，《戏剧之家》2018 年第 6 期。

张文烨：《历史比较语言学角度解析扬雄〈方言〉》，《农家参谋》2018 年第 21 期。

向格：《说扬雄〈方言〉中的“假”》，《山西青年》2019 年第 3 期。

朱敏、肖福平：《扬雄〈方言〉之称谓词探析》，《科教文汇》（上旬刊）2019 年第 2 期。

谢荣娥：《论扬雄〈方言〉楚地词“赵”与南方民族桃木崇拜》，《广西民族大学学报》（哲学社会科学版）2019 年第 2 期。

华学诚：《〈方言〉“陶”之训“养”说》，《扬州大学学报》

（人文社会科学版）2019年第2期。

孙玺铭、张喜贵：《扬雄〈方言〉语言学研究方法探析》，《现代语文》2019年第5期。

四、注家研究类

甲、郭璞

王国维：《书郭注〈方言〉后一》《书郭注〈方言〉后二》《书郭注〈方言〉后三》，《观堂集林》卷五，中华书局1959年版。

吴承仕：《〈方言〉郭璞注》，《经籍旧音辨证》，中华书局1986年版。

黄侃：《〈经籍旧音辨证〉笺识——〈方言〉郭璞注》，《量守庐群书笺识》，武汉大学出版社1985年版。

朱芳圃：《晋代方言考》，《东方杂志》1931年第3期。

周因梦：《博闻强记的郭璞——中国语言学史话之二》，《中国语文》1956年第7期。

陆志韦：《古反切是怎样构造的》，《中国语文》1963年第5期。

吴雅美：《郭璞〈尔雅注〉与〈方言注〉之比较》，《中国语文学报》1970年第3期。

董志翘：《试论郭璞注释的成就》，《江苏师范学院学报》1980年第4期。

董志翘：《郭璞训释中的"轻重"、"声转、语转"》，《中国语文》1980年第6期。

陈亚川：《〈方言〉郭璞注的反切上字》，《中国语文》1981年第2期。

徐德庵：《汉语早期构词法——以〈尔雅〉〈方言〉同郭注的对照为例》，《西南师范学院学报》1981 年第 4 期。

陈亚川：《〈方言〉郭璞注的反切下字》，《中国语文》1983 年第 6 期。

王平：《郭璞〈方言〉注释中的“声转”和“语转”》，《山东师范大学学报》1984 年第 3 期。

陈静言：《郭璞与历史方言学》，《河北师范学院学报》1984 年第 3 期。

何耿镛：《郭璞的〈尔雅注〉和〈方言注〉》，《汉语方言研究小史》，山西人民出版社 1984 年版。

杨端志：《〈方言〉类——郭璞〈方言注〉》，《训诂学》，山东文艺出版社 1985 年版。

赵振铎：《训诂学家郭璞》，《训诂学史略》，中州古籍出版社 1988 年版。

何志华：《郭璞注中一些创新的术语》，《四川大学学报》（哲学社会科学版）1988 年第 2 期。

何志华：《郭注双音词中的同素反序现象》，《南昌大学学报》（人文社会科学版）1988 年 2 期。

何志华：《郭璞训诂语言中的双音词》，《西南师范学院学报》（哲学社会科学版）1989 年第 1 期。

简启贤：《郭璞音》，《云南教育学院学报》1990 年第 3 期。

张和生：《郭璞训诂初探》，《语言学新探》，高等教育出版社 1990 年版。

华学诚：《〈方言〉郭璞〈注〉条例述补》，《潜斋语文丛稿》，南京大学出版社 1991 年版。

华学诚：《论郭璞〈方言注〉》，《潜斋语文丛稿》，南京大学出版社 1991 年版；《汉语方言学史研究》，台湾艺文印书馆 2001 年版。

路广：《〈法言〉〈扬雄集〉词类研究》，高等教育出版社 2011 年版。

马莲：《〈扬雄集〉词汇研究》，高等教育出版社 2011 年版。

徐德庵：《从中古训诂资料中反映出来的汉语早期构词法——以〈尔雅〉〈方言〉同郭注的对照为例》，《古代汉语论文集》，巴蜀书社 1991 年版。

沈榕秋：《从郭璞注看晋代方言地理及其汉代方言地理的关系》，《衡阳师专学报》1991 年第 3 期。

沈榕秋：《方言注》，胡裕树主编：《中国学术名著提要·语言文字卷》，复旦大学出版社 1992 年版。

沈榕秋：《郭璞》，濮之珍主编：《中国历代语言学家评传》，复旦大学出版社 1992 年版。

徐朝华：《郭璞》，吉常宏、王佩增主编：《中国古代语言学家评传》，山东教育出版社 1992 年版。

顾汉松：《郭璞在我国语言学上作出过哪些贡献》，陈必祥主编：《古代汉语三百题》，上海古籍出版社 1993 年版。

李智明：《郭璞的〈尔雅注〉和〈方言注〉》，《中国古代语言学史稿》，贵州教育出版社 1993 年版。

吴庆峰：《〈方言·郭注〉述例》，《古汉语研究》1995 年第 1 期。

萧黎明：《郭璞注的历史方言学价值》，《衡阳师专学报》（社会科学版）1997 年第 5 期。

萧黎明：《从郭注所引〈方言〉等材料看〈尔雅注〉〈方言注〉完成时间及先后》，《黔南民族师专学报》（哲学社会科学版）1998

年第 1 期。

张全真：《从〈方言〉郭注看晋代〈方言〉的地域变迁》，《古汉语研究》1998 年第 4 期。

张全真：《郭璞〈方言注〉中的晋代方言》，《语言研究集刊》（第六辑），江苏教育出版社 1999 年版。

赵振铎：《语言学家郭璞》，《中国语言学史》，河北教育出版社 2000 年版、商务印书馆 2017 年版。

李恕豪：《从郭璞注看晋代的方言区划》，《天府新论》2000 年第 1 期。

华学诚：《郭璞〈方言注〉条例述补》，《汉语方言学史研究》，台湾艺文印书馆 2001 年版。

华学诚：《从郭璞注看晋代方言词汇》，《语言研究》2002 年第 3 期。

吴庆峰：《郭璞的词语注音法》，《汉字文化》2002 年第 4 期。

曾和平：《郭璞注释语汇研究》，北京大学硕士学位论文，2002 年。

唐丽珍：《〈尔雅〉〈方言〉郭注研究》，南京师范大学硕士学位论文，2002 年。

丛晓静：《郭璞训诂学研究》，山东师范大学硕士学位论文，2002 年。

华学诚：《郭璞的方言研究与〈方言注〉》，《周秦汉晋方言研究史》，复旦大学出版社 2003 年版、2007 年版；上海人民出版社 2014 年版。

唐丽珍：《再论郭璞训释中的“声转、语转、语声转”》，《苏州科技学院学报》（社会科学版）2004 年第 1 期。

曾昭聪：《郭璞的语言学成就》，《重庆工商大学学报》（社会科学版）2005 年第 2 期。

孟晓妍：《〈方言〉郭璞注双音词研究》，苏州大学硕士学位论文，2005 年。

胡晓华：《郭璞注释语言词汇研究》，浙江大学博士学位论文，2005 年。

李清桓：《郭璞〈方言注〉探求词的理据析》，《学术论坛》2006 年第 1 期。

李清桓：《郭璞〈方言注〉在辞典编纂中的价值》，《学术论坛》2006 年第 11 期。

李清桓：《郭璞〈方言注〉研究》，崇文书局 2006 年版。

陆元兵：《从郭璞〈方言注〉看魏晋时期共同语中吸收方言词的情况》，《语文学刊》2006 年第 6 期。

华学诚：《论郭璞的〈方言〉校理》，《中文自学指导》2007 年第 2 期。

萧黎明：《试论郭璞〈方言注〉音切的性质》，《时代文学》（理论学术版）2007 年第 1 期。

孟晓妍：《〈方言〉郭璞注中新词产生的途径》，《学术交流》2008 年第 1 期。

唐丽珍：《〈尔雅〉〈方言〉郭注指瑕》，《苏州科技学院学报》（社会科学版）2008 年第 1 期。

胡晓华：《郭璞注同素异序词语特点探析》，《浙江师范大学学报》（社会科学版）2008 年第 6 期。

胡晓华、杜伊：《从东晋郭璞注谈注释体例与词汇双音化的关系》，《现代语文》（语言研究版）2008 年第 10 期。

李清桓：《郭璞〈方言注〉条例再述补》，《湖北社会科学》2011 年第 10 期。

孙晓剑：《郭璞注训诂研究》，山东师范大学硕士学位论文，2012年。

华学诚：《〈方言〉郭注“党朗”解》，《语文研究》2018第2期。

杨华：《〈方言〉郭璞注异体字考》，《开封教育学院学报》2018年第11期。

乙、戴震

王平：《戴震〈方言疏证〉中的“声转”和“语转”》，《山东师范大学学报》（哲学社会科学版）1988年第1期。

华学诚：《论戴震的〈方言疏证〉》，《潜斋语文丛稿》，南京大学出版社1991年版；《汉语方言学史研究》，台湾艺文印书馆2001年版。

李开：《戴震〈方言疏证〉的词义学成就》，《汉语语言研究史》，江苏教育出版社1993年版。

李开：《〈方言疏证〉的校勘和注疏》，《戴震语文学研究》，江苏古籍出版社1998年版。

吴庆峰：《戴震在〈方言〉研究上的贡献》，《音韵训诂研究》，齐鲁书社2002年版。

冯晓丽：《戴震、卢文弨〈方言〉校勘比较研究》，吉林大学硕士学位论文，2004年。

刘巧芝：《戴震〈方言疏证〉同族词研究》，西南师范大学硕士学位论文，2005年。

邓跃敏：《戴震〈方言疏证〉的校勘成就》，《求索》2007年第1期。

邓跃敏：《戴震的转语理论及其用于〈方言疏证〉取得的训诂成就》，《学习与探索》2007年第6期。

徐玲英：《论〈方言疏证〉因声求义之法》，《现代语文》（语言研究版）2007 年第 2 期。

徐玲英：《从〈方言疏证〉看戴震的校勘特点》，《古籍整理研究学刊》2007 年第 5 期。

邱玉、徐玲英：《整理〈方言疏证〉之我见——戴震〈方言疏证〉校勘方法之研究》，《合肥工业大学学报》2007 年第 6 期。

刘川民：《论〈方言疏证〉的“同”与“通”》，《文化学刊》2009 年第 1 期。

徐道彬：《论戴震〈方言疏证〉的学术价值与地位》，《中国典籍与文化》2009 年第 4 期。

徐玲英：《从〈方言疏证〉看戴震的训诂特色》，《四川师范大学学报》（社会科学版），2011 年第 6 期。

项云莎：《戴震〈方言疏证〉研究》，山东师范大学硕士学位论文，2011 年。

徐玲英：《〈方言疏证〉中体现的语法观念》，《黄山学院学报》2012 年第 4 期。

徐玲英：《论戴震对扬雄〈方言〉的贡献》，《淮北师范大学学报》（哲学社会科学版）2012 年第 4 期。

徐玲英：《戴震〈方言疏证〉校改内容疏议》，《大学图书情报学刊》2012 年第 5 期。

华学诚：《论戴震〈方言疏证〉的整理——古代语言学著作的文献学研究之一》，《语文研究》2013 年第 3 期。

徐玲英：《论戴震对训诂学理论体系的构建》，《四川师范大学学报》（社会科学版）2014 年第 4 期。

徐玲英：《戴震〈方言疏证〉中音转规律研究》，《安徽农业大学学报》（社会科学版）2014 年第 1 期。

华学诚：《戴震〈方言疏证〉校勘记》，《文献语言学》第1辑，中华书局2015年版。

石开玉：《戴震古文献语言解释学的主要方法研究》，《重庆科技学院学报》（社会科学版）2017年第7期。

丙、卢文弨

华学诚：《论卢文弨〈重校方言〉》，《潜斋语文丛稿》，南京大学出版社1991年版；《汉语方言学史研究》，台湾艺文印书馆2001年版。

丁、刘台拱

华学诚：《刘台拱〈方言补校〉略论》，《潜斋语文丛稿》，南京大学出版社1991年版。

华学诚：《论刘台拱〈方言补校〉》，《汉语方言学史研究》，台湾艺文印书馆2001年版。

戊、王念孙

华学诚：《论王念孙的〈方言〉研究》，《潜斋语文丛稿》，南京大学出版社1991年版；《汉语方言学史研究》，台湾艺文印书馆2001年版。

刘君惠：《读王念孙〈方言疏证补〉》，《古汉语论集》（第二辑），湖南教育出版社1998年版。

张锦少：《从〈广雅疏证〉看王念孙的〈方言〉学》，2002年香港中文大学硕士学位论文（尚未出版）。

华学诚：《王念孙手校明本〈方言〉的初步研究》，《文史》2006年第1期。

张锦少：《王念孙〈方言〉校本研究》，《中国文化研究所学报》2009年第49期。

张锦少：《从〈方言〉校本到〈方言疏证补〉：论王念孙早年

研究〈方言〉的情况》，《中国训诂学研究会2010年学术年会福建省语言学会会议论文集》（尚未出版）。

华学诚、徐研雁：《论王念孙〈方言〉遗说的重建——古代语言学著作的文献学研究之三》，《语言研究》2015年第3期。

己、钱绎

华学诚：《论〈方言笺疏〉的“因声求义”》，《扬州师院学报》（社会科学版）1989年第1期。

华学诚：《评〈方言笺疏〉的“训诂校勘”》，《云南教育学院学报》1989年第2期。

华学诚：《论钱绎的〈方言笺疏〉》，《潜斋语文丛稿》，南京大学出版社1991年版；《汉语方言学史研究》，台湾艺文印书馆2001年版。

刘川民：《略论〈方言笺疏〉中的“声转”和“语转”》，《杭州大学学报》（哲学社会科学版）1996年第4期。

刘川民：《〈方言笺疏〉同源词研究简析》，《杭州师范学院学报》1997年第4期。

刘川民：《论〈方言笺疏〉在古音推求中存在的问题》，《台州学院学报》1998年第1期。

刘川民：《〈方言笺疏〉研究》，浙江大学博士学位论文，1998年。

刘川民：《〈方言笺疏〉校勘评议》，《浙江大学学报》（人文社会科学版）1999年第4期。

徐朝东：《〈方言笺疏〉同族词的研究方法及其评价》，《古籍整理研究学刊》2000年第5期。

王宝刚：《〈方言笺疏〉因声求义研究》，复旦大学博士学位论文，2001年；上海辞书出版社2004年版。

王宝刚：《论〈方言笺疏〉中的“古同声”》，《淮阴师范学院学报》2002年第1期。

刘川民：《〈方言笺疏〉研究》，台海出版社2002年版。

郭珑：《钱绎〈方言笺疏〉的训诂特点》，《学术论坛》2005年第6期。

徐道彬：《论钱绎〈方言笺疏〉对戴震学术的继承与发展》，《湖北大学学报》（哲学社会科学版）2009年第2期。

李依一：《〈方言笺疏〉词义训释研究》，喀什大学硕士学位论文，2019年。

庚、周祖谟

胡芷藩：《书周祖谟〈方言校笺〉后》，《中国语文》1963年第5期。

华学诚：《周祖谟〈方言校笺〉浅探》，《潜斋语文丛稿》，南京大学出版社1991年版。

华学诚：《论周祖谟的〈方言校笺〉》，《汉语方言学史研究》，台湾艺文印书馆2001年版。

华学诚：《〈方言校笺〉拾补》（1—5卷），《汉语方言学史研究》，台湾艺文印书馆2001年版。

辛、华学诚

虞万里：《〈方言〉研究史上的丰硕成果——读〈扬雄方言校释汇证〉》，《书品》2007年第1辑。

吴金华：《简评〈扬雄方言校释汇证〉》，《古籍整理出版情况简报》2007年第9期。

董志翘、汪祎：《评〈扬雄方言校释汇证〉》，《杭州师范大学学报》2007年第6期。

孙玉文：《〈扬雄方言校释汇证〉评介》，《语言科学》2008年第 1 期。

方一新、姜兴鲁：《读华学诚〈扬雄方言校释汇证〉》，《古汉语研究》2008 年第 2 期。

许威汉：《扬雄〈方言〉集释读后》，《许威汉语文研究文存》，中华书局 2008 年版。

汪维辉：《〈方言〉校释的集大成之作》，《光明日报》2009 年 4 月 15 日。

汪维辉：《〈扬雄方言校释汇证〉读后》，《燕山大学学报》2009 年第 3 期。

杨军：《〈扬雄方言校释汇证〉读札》，《合肥师范学院学报》2010 年第 5 期。

后　记

本书是四川省扬雄研究中心年度规划项目“百年扬雄研究综录”的成果之一。四川省扬雄研究中心是2017年成立的实体性研究机构，是四川省委宣传部、四川省教育厅、四川省社会科学界联合会批准的首批十个四川历史名人文化研究中心之一。

扬雄《方言》是世界上第一部方言研究著作，国内的扬雄语言学研究基本围绕该著作进行，产生了大量研究成果。想要在短期内对如此丰富的研究成果进行搜集分类、阅读提炼、综合评述，实非易事，亦非我个人能力所能及。所幸扬雄《方言》研究专家华学诚先生的研究为本书提供了丰富的资料。华先生站在方言学史和扬雄《方言》研究史的高度，做了大量研究工作，推出了一系列研究精品，如《周秦汉晋方言研究史》《扬雄〈方言〉校释汇证》《扬雄〈方言〉校释论稿》，这些重要成果是本书内容的直接重要来源。华先生的两篇综述性文章《近15年来的扬雄〈方言〉研究与我们对〈方言〉的整理》《20世纪以来的〈方言〉整理》也为本书提供了骨干和血肉。此外，白彦的《近60年来扬雄〈方言〉研究》也是本书“研究综述”部分的重要参考资料。本书是已有研究成果的汇编，受个人能力所限，挂一漏万、取舍不当之处，定当不少。

本书按时间先后顺序选录 20 世纪以来国内正式出版的扬雄研究文献，从研究综述、论著提要、论著选登（全录或摘录）、论著目录四个方面展示了国内百年来的扬雄语言学研究情况。具体而言，研究综述部分概要论述扬雄语言学研究的简要历史以及 20 世纪以来的发展、成就和新课题；论著提要部分将扬雄研究专著的作者、版本信息、思想内容、学术特点及方法等作概括介绍；论著选登部分收录了最具代表性的论著原文；论著目录部分将专著、论文按发表时间的先后依次排列。

在本书的编纂过程中，诸多师友给予我关心和帮助。在扬雄研究中心学术委员会名誉主任、著名扬雄《方言》研究专家华学诚先生的影响下，我开始关注并着意学习扬雄《方言》，华先生慷慨地将其研究成果“《方言》及其注家研究论著索引”电子版发送给我，为我省去了逐字录入的工夫。中心首席专家熊良智教授、中心主任刘敏教授都给予了我关怀、宽容、指引和鼓励，在此一并谨致谢忱。

本书的责任编辑沈泽如女士专业而严谨，对编辑出版工作充满热情。本书能顺利出版，她付出了很多心血，特致诚挚感谢。

王　勇

2019 年 4 月 9 日于四川省扬雄研究中心